党史　新中国史　改革开放史　社会主义发展史

"四史"十八讲

曹普　主编

人民出版社

前　言

重视历史、研究历史、借鉴历史是中华民族 5000 多年文明史的一个优良传统。党的十八大以来，习近平总书记多次就学习党史、新中国史、改革开放史、社会主义发展史提出要求，反复强调："一个不记得来路的民族，是没有出路的民族。"① "学习党史、国史，是我们坚持和发展中国特色社会主义、把党和国家各项事业继续推向前进的必修课。"② "党的历史是最生动、最有说服力的教科书。"③ 要"组织广大党员、干部深入学习党史、新中国史、改革开放史、社会主义发展史，教育引导广大党员、干部永葆初心、永担使命，自觉在思想上政治上行动上同党中央保持高度一致，矢志不渝为实现中华民族伟大复兴而奋斗"④。我们这本《"四史"十八讲》，就是响应习近平总书记的号召，作为在全社会开展"四史"宣传教育的学习辅助读物而编写

---

① 习近平：《在纪念红军长征胜利 80 周年大会上的讲话》，《人民日报》2016 年 10 月 22 日。

② 习近平：《论中国共产党历史》，中央文献出版社 2021 年版，第 15—16 页。

③ 《习近平在参观"'不忘初心、牢记使命'中国共产党历史展览"时强调　铭记奋斗历程担当历史使命　从党的奋斗历史中汲取前进力量》，《人民日报》2021 年 6 月 19 日。

④ 习近平：《论中国共产党历史》，中央文献出版社 2021 年版，第 161 页。

并呈现在广大读者面前的。

中国共产党的百年史，概括来说，就是党团结带领中国人民为实现中华民族伟大复兴而不懈奋斗、接续奋斗的历史——具体地说，就是浴血奋战、百折不挠，创造新民主主义革命伟大成就；自力更生、发愤图强，创造社会主义革命和建设伟大成就；解放思想、锐意进取，创造改革开放和社会主义现代化建设伟大成就；自信自强、守正创新，创造新时代中国特色社会主义伟大成就的历史。新中国史，就是中华人民共和国成立以来，在中国共产党领导下，中国人民巩固新政权，确立社会主义基本制度，推进社会主义建设，改变国家一穷二白面貌，创造世所罕见的经济快速发展奇迹和社会长期稳定奇迹的历史。改革开放史，就是党的十一届三中全会以来，在前人艰辛探索的基础上，我们党提出和实施改革开放政策，在改革开放中开创、坚持、捍卫、发展中国特色社会主义，推动中国特色社会主义进入新时代，实现从高度集中的计划经济体制到充满活力的社会主义市场经济体制、从封闭半封闭到全方位开放转变，实现经济实力、综合国力大幅度跃升，人民生活从温饱不足到总体小康再到在中华大地上全面建成小康社会，中国大踏步赶上时代，中华民族迎来从站起来、富起来到强起来伟大飞跃的历史。社会主义发展史，就是社会主义从空想到科学，从理论到实践，从一国到多国，从取得巨大成就到遭遇严重挫折，再到中国特色社会主义于逆境中经受考验彰显优势、振兴奋起昂首阔步进入新时代的历史，总时长 500 余年。

党史、新中国史、改革开放史、社会主义发展史，相互联系，内在统一，学习时必须全面整体把握、融会贯通理解，重点是学习中国共产党的历史。需要说明的是，本书作为"四史"学习的辅助性读本，限于篇幅，所叙述和呈现的并非"四史"各自的完整框架和全部内容，而只是选取对"四史"中的若干重点问题作专题性梳理讲解。

学习"四史"，根本目的是加深对党的历史和党的理论的理解认识，更加坚定中国特色社会主义道路自信、理论自信、制度自信、文化自信，更加深刻地体悟中国共产党为什么"能"、马克思主义为什么"行"、中国特色社会主义为什么"好"等基本道理。中共中央办公厅在 2021 年 5 月印发的《关于在全社会开展党史、新中国史、改革开放史、社会主义发展史宣传教育的通知》中提出，要通过广泛开展"四史"宣传教育，普及党史知识，推动党史学习教育深入群众、深入基层、深入人心，引导广大人民群众深刻认识中国共产党为国家和民族作出的伟大贡献，深刻感悟中国共产党始终不渝为人民的初心宗旨，学习中国共产党推进马克思主义中国化形成的重大理论成果，传承中国共产党在长期奋斗中铸就的伟大精神，坚定不移听党话、跟党走，在全面建设社会主义现代化国家伟大实践中建功立业。愿本书恰当其时的出版能够为达到上述目的作出绵薄的贡献。

目　录

C O N T E N T S

第一讲　近代中国的命运与中国共产党的创建 ……………………… 1

一、中国共产党创立的历史背景 ……………………… 2

二、中国共产党早期组织的建立 ……………………… 9

三、中国共产党第一次全国代表大会召开 …………… 12

四、中国共产党创立的特点及其伟大意义 …………… 15

第二讲　第一次国共合作与大革命的兴起和失败 ……………… 20

一、国共合作的建立与革命新局面的出现 …………… 20

二、轰轰烈烈大革命的兴起与高潮 …………………… 24

三、北伐战争的胜利进军 ……………………………… 27

四、工农群众运动的迅速高涨 ………………………… 29

五、国共合作的破裂与大革命的失败 ………………… 31

第三讲　揩干血迹"继续战斗"，掀起土地革命风暴 …………… 36

一、以武装斗争反抗国民党的反动统治 ……………… 36

二、毛泽东领导开创井冈山革命根据地 ……………… 39

三、在艰辛探索中经受考验，推进革命 ……………… 42

四、遵义会议和红军长征的胜利 ……………………… 44

第四讲　全民族抗日战争的中流砥柱 ·························· 52

一、推动形成全国抗战局面 ······························· 52

二、制胜强敌的战略理论 ······························· 56

三、奋力开辟敌后抗日战场 ····························· 61

四、发展、坚持和维护国共合作抗日的局面 ············· 67

第五讲　争取和平民主的斗争与伟大的战略决战 ········· 72

一、为和平、民主而斗争 ······························· 72

二、粉碎国民党军重点进攻，揭开战略反攻序幕 ········· 77

三、巩固和扩大全民族统一战线，争取最广大民心 ······· 79

四、赢得伟大的战略决战 ······························· 82

第六讲　新中国的建立与新政权的巩固 ················· 91

一、开国奠基："中国人从此站立起来了" ··············· 91

二、土地制度改革和"三反""五反"运动 ··············· 97

三、国民经济的恢复和各项建设的展开 ················ 103

第七讲　中国社会主义基本制度的建立 ················ 109

一、社会主义政治文化制度的建立 ···················· 109

二、过渡时期总路线的酝酿和提出 ···················· 115

三、生产资料私有制社会主义改造的完成 ·············· 121

四、中国建立社会主义制度的重大意义 ················ 126

第八讲　中国社会主义建设的探索和曲折发展 ·········· 130

一、党的八大和社会主义建设的良好开端 ·············· 130

二、社会主义道路的艰辛探索 ……………………………… 136

三、"文化大革命"爆发：探索走入歧途 ………………… 148

四、宝贵的成果，有益的启示 …………………………… 150

第九讲　伟大历史转折的实现与改革开放决策 …………… 153

一、"文化大革命"造成严重危难与对
　　"什么是社会主义"的反思 …………………………… 153

二、初步拨乱反正和关于真理标准问题的讨论 ………… 157

三、积极主动开展对外交往与改革开放的酝酿 ………… 160

四、十一届三中全会决策改革开放，实现伟大历史转折 … 164

第十讲　改革开放的实施与中国特色社会主义的开创 …… 169

一、城乡经济体制改革和对外开放起步 ………………… 169

二、拨乱反正胜利完成，启动政治体制改革 …………… 173

三、提出"建设有中国特色的社会主义"命题与
　　改革开放的展开 ……………………………………… 176

四、科教文化体制改革和民主法制、精神文明建设 …… 181

五、党的十三大与社会主义初级阶段理论的确立 ……… 185

第十一讲　"应变局、平风波"，改革开放进入新阶段 …… 189

一、经受政治风波考验，进一步治理整顿和推进改革 … 189

二、沉着应对西方"制裁"和苏东剧变外部挑战 ……… 193

三、邓小平南方谈话与改革开放新阶段 ………………… 196

四、跨世纪的改革发展部署与总体小康的实现 ………… 198

五、加强党的建设，提出"三个代表"重要思想 ……… 202

第十二讲 全面建设小康社会与改革开放的拓展 …………… 207

一、全面建设小康社会与提出科学发展观 …………… 207

二、完善社会主义市场经济体制的部署和相关改革 …………… 210

三、确立构建社会主义和谐社会的战略目标 …………… 215

四、高举伟大旗帜，应对危机考验，深化改革开放 …………… 216

五、以改革创新精神加强执政党的自身建设 …………… 221

第十三讲 夺取新时代中国特色社会主义伟大胜利 …………… 226

一、提出"中国梦"，形成"四个全面"战略布局 …………… 227

二、决胜全面建成小康社会，党的指导思想实现与时俱进 … 233

三、党和国家事业取得历史性成就、发生历史性变革 …………… 250

四、新时代中国特色社会主义的坚强领导和坚强保障 …………… 257

第十四讲 从莫尔到三大空想社会主义思想家 …………… 271

一、莫尔与 16—17 世纪早期空想社会主义 …………… 272

二、18 世纪"直接共产主义" …………… 277

三、19 世纪初三大空想社会主义思想家 …………… 282

四、空想社会主义的贡献与历史局限性 …………… 288

第十五讲 马克思恩格斯创立科学社会主义 …………… 292

一、科学社会主义创立的社会历史条件 …………… 292

二、科学社会主义的诞生 …………… 297

三、科学社会主义理论的发展成熟 …………… 301

四、科学社会主义理论体系的完善 …………… 304

第十六讲　社会主义从理论到现实的飞跃⋯⋯⋯⋯⋯⋯ 310

一、新型无产阶级政党的建立 ⋯⋯⋯⋯⋯⋯⋯⋯⋯ 310

二、十月革命的伟大胜利 ⋯⋯⋯⋯⋯⋯⋯⋯⋯⋯⋯ 318

三、建设社会主义国家的初步探索 ⋯⋯⋯⋯⋯⋯⋯⋯ 324

四、十月革命的历史意义 ⋯⋯⋯⋯⋯⋯⋯⋯⋯⋯⋯ 327

第十七讲　苏联模式的形成与世界社会主义遭受重大挫折⋯⋯ 330

一、对苏联如何建设社会主义的探索 ⋯⋯⋯⋯⋯⋯⋯ 330

二、苏联社会主义模式的形成与评价 ⋯⋯⋯⋯⋯⋯⋯ 334

三、苏联东欧的改革探索与苏东剧变 ⋯⋯⋯⋯⋯⋯⋯ 339

四、苏联东欧剧变的原因和教训 ⋯⋯⋯⋯⋯⋯⋯⋯⋯ 342

第十八讲　中国特色社会主义在社会主义发展史上的地位⋯⋯ 348

一、把中国特色社会主义放在社会主义发展史中把握 ⋯⋯⋯ 348

二、社会主义发展史上的多次飞跃 ⋯⋯⋯⋯⋯⋯⋯⋯ 353

三、中国特色社会主义实现了社会主义新飞跃 ⋯⋯⋯⋯⋯ 357

后　记 ⋯⋯⋯⋯⋯⋯⋯⋯⋯⋯⋯⋯⋯⋯⋯⋯⋯⋯⋯⋯ 364

第 一 讲

近代中国的命运与中国共产党的创建

党的十九大闭幕不久，习近平总书记率领新当选的中共中央政治局常委专程来到上海兴业路 76 号和浙江嘉兴南湖红船，瞻仰党的一大旧址，重温党的创建史。习近平总书记强调："上海党的一大会址、嘉兴南湖红船是我们党梦想起航的地方。我们党从这里诞生，从这里出征，从这里走向全国执政。这里是我们党的根脉。""毛泽东同志称这里是中国共产党的'产床'，这个比喻很形象，我看这里也是我们中国共产党人的精神家园。"①"只有不忘初心、牢记使命、永远奋斗，才能让中国共产党永远年轻。"② 走得再远都不能忘记来时的路，回顾我们党的光辉历程特别是建党时的历史，了解党是怎么创立的，对于我们做到"不忘初心、牢记使命"，具有很强的现实意义。

---

① 杜尚泽、霍小光：《梦想，从这里启航——记习近平总书记带领中共中央政治局常委赴上海瞻仰中共一大会址、赴浙江嘉兴瞻仰南湖红船》，《人民日报》2017年 11 月 1 日。
② 《习近平在瞻仰中共一大会址时强调 铭记党的奋斗历程时刻不忘初心 担当党的崇高使命矢志永远奋斗》，《人民日报》2017 年 11 月 1 日。

一、中国共产党创立的历史背景

中国共产党诞生于 20 世纪 20 年代，这不是历史的偶然，它是人民的选择，历史的选择，是中国革命发展的客观需要，是中国近代历史进程的必然产物。它的诞生，标志着中国革命翻开了新的一页，中国近代史进入了一个新的历史时期。

近代中华民族危亡的现状，呼唤一个能够带领中国人民进行奋斗的先进政党，以实现中华民族独立、人民解放的目标！著名历史学家蒋廷黻（1895—1965），曾对鸦片战争前后中国在国际上的地位变化，做过这样尖锐的评价："在鸦片战争以前，我们不肯给外国平等待遇；在以后，他们不肯给我们平等待遇。"① 由此开始，中国丧失一个独立国家所拥有的完整主权，"国家蒙辱、人民蒙难、文明蒙尘，中华民族遭受了前所未有的劫难"②。中国人在自己的国土上，到处可以看到那些傲慢的、把中国人视为劣等民族、趾高气扬地支配一切的洋人老爷，看到那些用步枪、刺刀乃至机枪、大炮任意杀戮中国百姓的外国军队，看到那些在工厂、矿山中冷酷地榨尽中国劳苦大众最后一滴血的外国资本家们。中国的命运不能掌握在中国人自己手里而任人摆布。亡国灭种的阴影，沉重地笼罩在不止一代中国人的心头。对于当时的国家状况，著名爱国华侨谢缵泰形象地画了一幅《时局图》。画的左上方题诗一首："沉沉酣睡我中华，那知爱国即爱家。国民知醒宜今醒，莫待土分裂似瓜。"这幅图画极其生动形象地向国人展现了19 世纪末年帝国主义列强瓜分豆剖中国河山的严重危机，令人触目

---

① 李刚：《大清帝国最后十年：清末新政始末》，当代中国出版社 2008 年版，第5 页。

② 习近平：《在庆祝中国共产党成立 100 周年大会上的讲话》，《人民日报》2021 年 7 月 2 日。

惊心，催人觉醒奋起，很有教育意义。

　　面对山河破碎，爱国志士谭嗣同悲愤地写下这样的诗句："世间无物抵春愁，合向苍冥一哭休。四万万人齐下泪，天涯何处是神州？"①身处如此水深火热之中，不能不深深地刺痛每一个对祖国怀有深厚感情的爱国者的心，驱使他们苦心焦虑地去寻求救国救民的道路。为了"振兴中华"，一些先知先觉者首先尝试着进行改良维新，先是1862年的洋务运动，主张"师夷长技以制夷"，认为只要这样就可以回到"一喜四海春，一怒四海秋"的盛世时代。于是建立了强大的北洋舰队：实力曾是东亚第一，世界第九。②但是结果出人意料，北洋舰队在1894年甲午海战中全军覆灭，宣告洋务运动的破产。此后进行的其他改良维新运动，如戊戌变法、立宪运动，也都失败。美国著名学者亨廷顿认为："改革者必须比革命者具备更高超的政治技巧。……一个成功的革命者无须是政治巨匠；而一个成功的改革者则必是一流的政治家。"③很可惜，晚清没有这样"一流的政治家"式的改革者。

　　国家愈来愈糟糕，民众的生活处境也愈来愈恶劣，革命就必然爆发。因为"改革无法在封建王朝的控制下实现，而被改革动员起来的社会力量和被改革戕害的群体就只能走向革命"④。1911年10月10日凌晨武昌起义的枪声，打垮了清朝统治。革命虽然胜利了，政权也实现了更替，但是民主和共和并没有深入人心，国家和生活在这个国家

---

① 谭嗣同：《有感一章》，《谭嗣同全集》，中华书局1981年版，第488页。
② 采用当年《美国海军年鉴》的排名，前八名分别为：英、法、俄、普（鲁士）、西、奥（斯曼）、意、美。
③ 李刚：《大清帝国最后十年：清末新政始末》，当代中国出版社2008年版，第14—15页。
④ 李刚：《大清帝国最后十年：清末新政始末》，当代中国出版社2008年版，第4页。

的老百姓也并没有因此变得好起来。相反，一切变得更加糟糕。"多次奋斗，包括辛亥革命那样全国规模的运动，都失败了。国家的情况一天一天坏，环境迫使人们活不下去。"① 怎么办？正如林伯渠所说："辛亥革命前觉得只要把帝制推翻便可以天下太平，革命以后经过多少挫折，自己所追求的民主还是那样的遥远，于是慢慢的从痛苦经验中，发现此路不通，终于走上了共产主义的道路，在这不仅是一个人的经验，在革命的队伍里是不缺少这样的人的。"② 哪里有更科学的理论和更有效的办法呢？大家都在盼望，都在寻找。怎么从头做起？谁来领导大家从头做起？中国近代历史的走投无路，呼唤科学理论武装的、具有担当精神的一个先进政党的产生。

正是在历史的急切呼唤声中，中国共产党走上了近代政治舞台。

没有革命的理论，就没有革命的运动。马克思主义在中国的早期传播，为中国共产党的创立及其以后领导的革命运动提供了科学的理论指导。

鸦片战争以来，无数有识之士都在不断探索救国救民的道路，学习西方的政治体制，仿效西方的洋务运动，鼓吹君主立宪的戊戌变法，等等，都只是在仿照西方器物技术或者照搬西方制度设计层面搞"中体西用"或"西化"。唯独忽视对根深蒂固的封建思想进行革命式的清算，而这正是这些改良运动包括革命运动失败的根本原因，也是导致中国社会久病不愈的痼疾，只是当时的人们都没有意识到这一点。在无可奈何之下，很多人只能彷徨、苦闷，甚或呐喊！

1915 年 6 月，陈独秀从日本回到上海。他认为要从根本上改造中国，必须首先进行思想革命，必须在文化的觉醒和思想的启蒙上下

---

① 《毛泽东选集》第四卷，人民出版社 1991 年版，第 1470 页。

② 林伯渠：《荏苒三十年》，延安《解放日报》1941 年 10 月 10 日。

功夫。1915 年 9 月 15 日，《青年杂志》创立，1916 年 9 月 1 日该杂志出版第二卷第一期时改名为《新青年》。《新青年》的创办，意义重大，影响深远，它启发并影响了一代人甚至几代人，其中杰出的代表人物就是毛泽东、周恩来等。在民主与科学的旗帜指引下，在中国社会上掀起了一股生气勃勃的思想解放的潮流，这就为马克思列宁主义在中国的传播提供了有利的开放社会气氛。

根据研究分析，从传播者的渠道看，欧洲、日本和俄国是马克思主义在中国早期传播的三条不同渠道。欧洲渠道的传播主要依靠日记，记载自己在旅欧期间的所见所闻。从 20 世纪初直至五四时期的大约 20 年时间里，日本是马克思主义传播到中国最主要的渠道。"这种状况一直到中国共产党创建以后，俄国渠道才逐渐取代日本成为马克思主义传入中国的主要渠道。"① 毛泽东指出："中国人找到马克思主义，是经过俄国人介绍的。在十月革命以前，中国人不但不知道列宁、斯大林，也不知道马克思、恩格斯。十月革命一声炮响，给我们送来了马克思列宁主义。"② 十月革命帮助了全世界也帮助了中国的先进分子，学会运用无产阶级的世界观作为观察国家命运的工具，重新考虑中国的问题。因而十月革命以后，俄国成为传播马克思主义最重要的渠道。马克思主义的传播，使处于迷茫彷徨中的中国人看到了希望，"我们在这黑暗的中国，死寂的北京，也仿佛分得那曙光的一线，好比在沉沉深夜中得一个小小的明星，照见新人生的道路"③。于是出现了学习、研究、宣传马克思主义的高潮。在此过程中，逐渐形成了两个代表性的群体。

---

① 孙建华：《马克思主义中国化思想通史》第一卷，人民出版社 2019 年版，第 138 页。

② 《毛泽东选集》第四卷，人民出版社 1991 年版，第 1470—1471 页。

③ 《李大钊文集》上卷，人民出版社 1984 年版，第 608 页。

第一个群体是以陈独秀、李大钊、李达、杨匏安、陈望道等为代表，他们是当时研究宣传马克思主义的中坚力量，并且逐渐成为传播马克思主义学说的主流。在早期宣传马克思主义思想过程中，这个群体最有代表性。1918 年 7 月，李大钊在《言治》杂志上发表《法俄革命之比较观》，认为："法兰西之革命是十八世纪末期之革命，是立于国家主义上之革命，是政治的革命而兼含社会的革命之意味者也。俄罗斯之革命是二十世纪初期之革命，是立于社会主义上之革命，是社会的革命而并著世界的革命之采色者也。"[1]1918 年 11 月在《新青年》杂志第 5 卷第 5 号发表《庶民的胜利》《Bolshevism 的胜利》，预言"试看将来的环球，必是赤旗的世界！"[2]1919 年 5 月、11 月，李大钊写了《我的马克思主义观》，连续刊登在《新青年》第 6 卷第 5—6 号上，全文 26000 多字。这是近代中国人系统介绍的第一篇比较全面、系统地介绍马克思主义的文章。在李大钊的领导下，1920 年 3 月 31 日，北京大学马克思学说研究会正式成立。陈望道第一个翻译了中文全译本《共产党宣言》，为马克思主义的宣传作出了特殊贡献。

第二个群体是国民党系知识分子，代表人物有戴季陶、胡汉民、邵力子、朱执信、廖仲恺等。日本研究中共创建史的著名学者石川祯浩认为："1919 年下半年，在上海最积极地宣传社会主义学说的是国民党系的知识分子，其刊物有《民国日报》《星期评论》《建设》等。"[3]国民党人士之所以研究宣传马克思主义，缘因他们中一些人起初也信仰过马克思主义学说，甚至参加了共产党早期组织。

历史风云变幻，大浪淘沙。通过理论宣传和斗争实践，最后逐渐

---

① 李大钊：《法俄革命之比较观》，《言治》季刊第 3 册，1918 年 7 月 1 日。

② 李大钊：《Bolshevism 的胜利》，《新青年》第 5 卷第 5 号，1918 年 11 月 15 日。

③ [日] 石川祯浩：《中国共产党成立史》，袁广泉译，中国社会科学出版社 2006 年版，第 22 页。

形成了中国最早一批坚定的马克思主义信仰者和共产主义运动事业的奋斗者。

20世纪初，中国近代工业取得了较快的发展。民族资本主义经济的发展，引起中国社会关系的新变动，这就是无产阶级队伍的成长和壮大。到1919年"五四"前后，全国约有产业工人300万。[①] 应该说，以当时中国有4.4亿人口来看，产业工人并不算多，但同其他国家共产党产生时相比，这个数字也不算太少。如俄国建党时工人有279万，日本建党时工人有150万。所以，认为中国共产党成立时缺乏足够的社会阶级基础，理由是不充分的。

与世界其他国家的无产阶级性质不同的是，中国无产阶级具有自己的特点：一是受剥削最重，斗争性最强；二是人数少但很集中；三是与农民保持天然的联系，了解广大农村社会底层情况。这些特点决定了中国无产阶级革命最坚决、最勇敢，这是中国革命最终能够取得胜利的重要保证。

无产阶级队伍的成长和壮大为中国共产党的建立准备了阶级基础。

从某种意义上来讲，中国共产党的诞生正是适逢其"时"。20世纪的世界发生了两件大事，其中之一是第一次世界大战爆发。1914年，世界资本主义国家为了争夺殖民地和重新划分势力范围，进行了一场世界大战。第一次世界大战是人类历史上的一场灾难。据粗略统计，大战中死亡的人数约1000万人，受伤的达2000万人。这场战争使西方资本主义制度固有的矛盾和弊端暴露出来，战争打破了西方资本主义文明完美优越的神话。本来中国很多人在战争之前，对西方的物质文明和精神文明很崇拜很向往。但是第一次世界大战中暴露出来

---

① 刘立凯、王真：《1919—1927年的中国工人运动》，工人出版社1953年版，第9页。

的资本主义制度的腐朽与道德风尚的败坏，使人们改变了原来的看法，开始对西方资本主义制度进行反思和批判。西方社会许多人自己也感到"西方文明已经破产了"，"全社会人心都陷入怀疑、沉闷、畏惧之中，好像失了罗针的海船遇着风遇着雾，不知前途怎生是好"。① 在这种情况下，自然促醒了本来羡慕资本主义文明的中国人，正如李大钊所说："此次战争，使欧洲文明之权威大生疑念。欧人自己亦对于其文明之真价不得不加以反省。"② 关于第一次世界大战对中国思想界的影响，时任《东方杂志》主编的杜亚泉曾有过一段精辟论述，他说："近年以来，吾国人之羡慕西洋文明无所不至，自军国大事以至日用细微，无不效法西洋，而于自国固有之文明，几不复置意。然自欧战发生以来，西洋诸国，日以其科学发明之利器戕杀其同类，悲惨剧烈之状态，不但为吾国历史之所无，亦且为世界从来所未有。吾人对于向所羡慕之西洋文明，亦不胜其怀疑之意见。"③

在这种怀疑下，正好俄国十月革命取得了胜利，给怀疑彷徨中的中国人指明了方向。俄国十月革命于 1917 年 11 月 7 日（俄历 10 月 25 日）爆发。与中国国情相近的俄国十月革命的胜利，给失望中的人们极大的鼓舞。正如瞿秋白所言："中国这样黑暗悲惨的社会里，人都想在生活的现状开辟一条新道路，听着俄国旧社会崩裂的声浪，真是空谷足音，不由得不动心。因此，大家都要来讨论研究俄国。"④ 于是，很多知识青年对俄国十月革命不仅表示同情和支持，而且内心充满憧憬。邓颖超当时已经在天津组织和参加觉悟社的活动，对于俄

---

① 《梁启超选集》，人民文学出版社 2004 年版，第 719 页。
② 《李大钊文集》上卷，人民出版社 1984 年版，第 565 页。
③ 周月峰编：《中国近代思想家文库·杜亚泉卷》，中国人民大学出版社 2014 年版，第 315 页。
④ 《瞿秋白文集·文学编》第 2 卷，人民文学出版社 1986 年版，第 248 页。

国十月革命对自己思想的影响，她记忆深刻："那时我是年纪最小的一个，不常参加正规的讨论，但常听到比我年长的男女社员们谈论着社会主义、无政府主义、基尔特社会主义等等。大家都还没有一定的信仰，也不懂的共产主义，只听说最理想的社会是'各尽所能'、'各取所需'，只知道有列宁，苏联十月革命成功了；只知道他们的革命是把多数被压迫者解放了，要实现一个没有阶级的社会，引起了我们的同情和对十月革命的憧憬。"① 既然俄国人民可以通过革命取得胜利，中国人民当然也可以！"十月革命帮助了全世界的也帮助了中国的先进分子，用无产阶级的宇宙观作为观察国家命运的工具，重新考虑自己的问题。走俄国人的路——这就是结论。"② 在榜样的作用下，中国共产党以崭新的面貌登上中国政治舞台。

二、中国共产党早期组织的建立

早在 1919 年 1 月，陈独秀就意识到组建政党的必要性。1919 年 1 月，陈独秀在《每周评论》上发表《除三害》一文，提出中国若不除去"军人害""官僚害"和"政客害"这"三害"，中国政治便无"清宁的日子"。至于如何除掉这"三害"，陈独秀号召社会中坚分子，"挺身出头"组织"有政见的有良心的"政党。至于这究竟是何种性质的政党，还没有成为马克思主义者的陈独秀此时不可能说清楚。直到 1920 年 2 月，李大钊亲自赶着马车把受到北洋军阀政府通缉的陈独秀送往天津，他们两人在路上，才开始商议"计划组织中国

---

① 邓颖超：《五四运动的回忆》，中国社会科学院近代史研究所编：《五四运动回忆录》（上），中国社会科学出版社 1979 年版，第 75 页。

② 《毛泽东选集》第四卷，人民出版社 1991 年版，第 1471 页。

共产党"。①

1920 年 4 月，经共产国际批准，俄共（布）远东局海参崴分局外国处派俄共党员维经斯基（1893—1953）来到中国，目的是了解五四运动后，中国革命运动发展的情况和能否建立共产党组织的问题。维经斯基一行抵达北京，就通过北大俄籍教师鲍立维的介绍，首先会见了李大钊，向李大钊介绍苏俄十月革命以来的情况及其对外政策，并多次讨论建立中国共产党的问题。为了加速中国共产党的创建，李大钊介绍维经斯基一行去上海会见陈独秀，共商建党大计。

经过一段时间紧张的准备工作，在陈独秀主持下，1920 年 8 月下旬，共产党组织在上海法租界老渔阳里 2 号《新青年》编辑部正式成立。在使用什么名字的问题上，1920 年 6 月陈独秀同李汉俊、俞秀松、施存统、陈公培等人开会商议时，初步定名为社会共产党，还起草了党的纲领。但是在围绕着是用"社会党"还是用"共产党"命名问题上，陈独秀写信征求李大钊的意见，李大钊主张定名为："就叫共产党"。② 陈独秀表示完全同意。

在陈独秀领导的上海共产党早期组织的指导下，各地先后建立了共产党组织。旅日共产党成立于 1920 年六七月，党员有施存统、周佛海 2 人，是由上海共产党早期组织成员施存统到日本后，联络周佛海成立的，负责人为施存统。1920 年九十月间，刘伯垂主持召开会议，成立武汉的共产党早期组织，取名为"共产党武汉支部"，包惠僧任第一任支部书记。③ 参加成立会议的有董必武、张国恩、陈潭秋、郑凯卿、包惠僧、赵子健等。北京共产党早期组织于 1920 年 10 月在北京大学图书馆李大钊办公室正式成立，当时取名为"共产党小

---

① 高一涵：《李守常先生传略》，汉口《民国日报》1925 年 5 月 24 日、25 日。

② 《"一大"前后》（二），人民出版社 1980 年版，第 221 页。

③ 《包惠僧回忆录》，人民出版社 1982 年版，第 36 页。

组"，党组织的最初成员有李大钊、张申府、张国焘 3 人。①1920 年底，北京党组织召开会议，决定成立"共产党北京支部"，由李大钊任书记，张国焘负责组织工作，罗章龙负责宣传工作。1920 年 11 月，毛泽东收到陈独秀和李达的来信，正式接受在湖南建党工作的委托。11 月期间，毛泽东还打算邀请陈独秀到长沙出席湖南社会主义青年团的成立会，但因陈独秀去广州赴任广东省教育委员会委员长，而未成行。经过慎重考察，毛泽东和何叔衡、彭璜等 6 人在建党文件上签了名，长沙共产党早期组织建立，时间应该在 1920 年 11 月。②广州共产党早期组织是在陈独秀的亲自主持下，于 1921 年春成立，取名为"广州共产党"，先由陈独秀，后由谭平山任书记，陈公博负责组织工作，谭植棠负责宣传工作，成员有袁振英、李季等。上海共产党早期组织成立后，陈独秀曾写信给王乐平请他筹建济南共产党组织，但是王乐平对此不是很感兴趣。不过，王乐平介绍王尽美、邓恩铭进行这个工作，本人未参加。之后，王尽美、邓恩铭等人在学习、研究和宣传马克思主义及与工人运动相结合的过程中，又得到了陈独秀、李大钊等人不断地帮助和推动。于 1921 年春，王尽美、邓恩铭、王翔千等先进分子成立了济南共产党早期组织。旅法共产党早期组织成立于 1921 年三四月间，是受陈独秀委托建立的，其主要成员来自上海、北京共产党早期组织成员。他们是张申府、赵世炎、周恩来、刘清扬、陈公培等人，负责人张申府。

　　这样，在上海、武汉、北京、长沙、广州、济南等国内 6 个城市成立了共产党早期组织，加上海外的旅日、旅法共产党早期组织，一共有 8 个共产党早期组织。关于当时党员的人数，过去说法不一，最

---

① 沙健孙主编：《中国共产党的创建》，湖南教育出版社 1995 年版，第 304 页。

② 金冲及主编：《毛泽东传（1893—1949）》，中央文献出版社 2004 年版，第 78 页。

新最权威的著作则有了明确的论述："在陈独秀、李大钊等人积极努力下，在比较短的时间里，就先后建立了海内外 8 个党的组织，发展党员 58 名。"[①] 最早接受马克思主义理论的革命者建立了党的早期组织，并拥有了一定数量的党员，这为党的正式成建准备了思想条件和组织基础。

三、中国共产党第一次全国代表大会召开

共产党早期组织在中国上海、北京等地的先后成立，为统一的全国性党组织的建立，准备了组织基础；而不断高涨的革命运动，也迫切需要成立一个统一的党组织来领导。这样一来，正式成立统一的、中国共产党的条件就基本具备了。

维经斯基于 1921 年 1 月离开中国后，共产国际执委会决定向中国派驻代表。第一位被共产国际选中的是具有长期地下斗争经验的马林（1883—1942）。马林于 1921 年 6 月 3 日抵达中国上海。共产国际远东书记处代表尼克尔斯基（1889—1938）几乎同期到达上海。马林和尼克尔斯基在了解了中国的建党情况后，主张尽快召开全国代表大会，正式成立中国共产党。在上海主持党的工作的李汉俊、李达积极与在广州的陈独秀、在北京的李大钊联系商议，决定在上海召开中国共产党第一次全国代表大会。在得到陈独秀和李大钊的同意后，随即写信通知北京、武汉、长沙、济南、广州和旅日、旅法华人的党组织，要求各地派 2 名代表到上海出席会议。旅法共产党接到开会通知后，因路途遥远，来不及派代表回国参加。其他各地党组织接到通知

---

① 中共中央党史研究室：《中国共产党的九十年》（新民主主义革命时期），中共党史出版社、党建读物出版社 2016 年版，第 29—30 页。

后，积极响应，推派代表前来上海参加大会。

参加会议的代表有：北京的张国焘、刘仁静；长沙的毛泽东、何叔衡；武汉的董必武、陈潭秋；济南的王尽美、邓恩铭；上海的李汉俊、李达；广州的陈公博；旅日的周佛海；包惠僧受陈独秀的派遣，出席了会议。

中国共产党第一次全国代表大会于 1921 年 7 月 23 日晚正式开幕。① 大会开幕式是在博文女校楼上举行的，正式会议是在上海法租界贝勒路树德里 3 号（今兴业路 76 号），② 也称上海法租界望志路 106 号李汉俊之兄李书城的住宅内，一层 18 平方米的客厅中间摆着一张大餐桌。③ 各地代表 13 人，以及共产国际代表马林和共产国际远东书记处代表尼克尔斯基也出席了会议。一共 15 人。

会议条件的简单，并不影响会议的质量。会议开幕当晚，首先拟定议事日程，主要有两点：第一，各地代表汇报工作；第二，起草党的纲领和工作计划。大会在开始这两个问题之前，共产国际代表马林和共产国际远东书记处代表尼克尔斯基首先作主题报告。马林、尼克尔斯基报告完，时间已不早，即宣告散会。7 月 24 日，即第二天继续开会，各地代表向大会报告本地区党、团组织的情况。7 月 25 日、26 日，休会两天，由张国焘、李达、董必武起草供会议讨论的党纲和今后实际工作计划。7 月 27 日、28 日和 29 日，连续三天举行三次会议，对委员会起草的党的纲领和决议，代表们进行了详尽深入的讨论。7 月 30 日晚，代表们如前几日一样，围坐在一起开始讨论问题。原定这是最后一次会议，共产国际代表马林和共产国际远东书记处代表尼克尔

---

① 中共中央党史研究室：《中国共产党的九十年》（新民主主义革命时期），中共党史出版社、党建读物出版社 2016 年版，第 36 页。

② 杨青：《何叔衡传》，河北人民出版社 1997 年版，第 91 页。

③ 沙健孙主编：《中国共产党的创建》，湖南教育出版社 1995 年版，第 403 页。

斯基也都出席了。然而，会议开始不久，突然有一个陌生的中年男子闯进会场，环视一周后，声称走错地方，而后迅速离开。具有丰富地下工作经验的国际代表马林意识到这可能是特务侦探，于是，建议会议马上中止，代表分散，再定期开会。代表们很快疏散完毕，只留下李汉俊和广州代表陈公博。稍后，法租界的警察包围了李汉俊的住所，翻箱倒柜，搜查了 1 个多小时，结果一无所获。虚惊一场后，在上海肯定是开不了会了。因在上海找不到适宜开会的安全的地方，李达的夫人王会悟提出，如果在上海一时找不着适当的地点，可以到她的家乡浙江嘉兴南湖的游船上开会，以游湖作掩护，不易被人发现。王会悟的建议得到大家一致同意。根据预先安排，代表们先后来到嘉兴。李汉俊、陈公博两个代表没有来，马林和尼克尔斯基也没有来。因此，出席嘉兴会议的只有 11 个人。

党的一大确定党的名称为"中国共产党"，规定党的纲领是：革命军队必须与无产阶级一起推翻资本家阶级的政权；承认无产阶级专政，直到阶级斗争结束，即直到消灭社会的阶级区分；消灭资本家私有制，没收机器、土地、厂房和半成品等生产资料，归社会公有；联合共产国际。纲领明确提出要把工人、农民和士兵组织起来，并确定党的根本政治目的是实行社会革命。党的一大通过的纲领，表明中国共产党从建党开始就旗帜鲜明地把实现社会主义、共产主义作为奋斗目标。中国的先进分子经过长时期的艰苦探索，找到马克思主义这个正确的革命理论，认识到只有社会主义、共产主义才能救中国。这是他们对中国革命问题认识的一次具有划时代意义的飞跃。同纲领规定的奋斗目标相适应，大会要求党集中力量领导工人运动，首先是组织工会和教育工人。党的一大通过的《关于当前实际工作的决议》，对开展工人运动的组织工作和宣传工作，作了具体的规定。

党的一大考虑到党员数量少和地方组织尚不健全，决定暂不成立中央执行委员会，只设立中央局作为中央临时领导机构。大会选举陈独秀、张国焘、李达组成中央局。陈独秀为中央局书记，张国焘分管组织工作，李达分管宣传工作。①

四、中国共产党创立的特点及其伟大意义

中国共产党的创立具有适合中国国情的独有特点。正是因为基于这个特点，才能在之后形成中国特色的革命道路和中国特色社会主义建设道路。随着中国共产党的诞生，中国人民和中国革命有了主心骨和领导者。

与世界上其他国家的共产党成立时间相比较，中国共产党的创立从理论发动到组织建立，时间是很短的。比如在俄国，从普列汉诺夫1883 年创办俄国第一个马克思主义组织"劳动解放社"起，到1895年列宁建立"工人阶级解放斗争协会"，开始马克思主义同工人运动相结合；1903 年俄共（布）第一次代表大会召开，才宣布俄国共产党正式成立，前后共 20 年之久。中国则不同，马克思主义在中国的传播及其与工人运动的结合，几乎是同一过程，从五四运动到党的成立只有 2 年多时间，如果从 1920 年 8 月上海共产党早期组织发起成立算起，则只有 1 年左右的时间。之所以这么快在中国就建立了共产党，一是因为俄国十月革命的影响并得到共产国际的指导帮助，避免了走弯路，组织建立工作比较顺利；二是因为早期马克思主义者的努力宣传，使马克思主义在短时间内发展起来，信奉马克思主义的人数日益增长。

---

① 中共中央党史研究室：《中国共产党的九十年》（新民主主义革命时期），中共党史出版社、党建读物出版社 2016 年版，第 38 页。

15

中国共产党是按照列宁的建党原则，以俄国布尔什维克党为榜样建立起来的无产阶级政党。列宁的建党原则是：无产阶级政党是工人阶级先进的、有组织、有觉悟的部队，是工人阶级的最高组织形式，是工人阶级和劳动群众密切联系的体现，是按照集中制原则组织起来，实行统一的无产阶级纪律的战斗组织。中国共产党成立于十月革命以后，有俄国布尔什维克党作榜样，有俄国革命成功的经验，又得到共产国际的指导和帮助，所以在建党问题上走了较少的弯路，没有或很少受第二国际修正主义和社会改良主义的影响，从一开始就是一个具有坚强革命性和战斗性、为实现共产主义理想而奋斗的党。

维护中央的集中统一领导。欧洲国家无产阶级政党的成立很复杂，俄、德、法等许多欧洲国家的共产党，都有很复杂的派别关系。中国共产党则不同，在其成立前，虽然也有江亢虎的中国社会党和李石曾的无政府主义党，但到中国共产党成立时，这些本来就很脆弱的派别已没有什么力量了。中国共产党强调维护中央的集中统一领导权威，这种集中统一领导权威的建立，保证了我们党的团结，这是我们党的一个突出特点和优势。在组织上健全自上而下的领导体制。一大通过的纲领对党的组织建设作了比较具体的规定，要求每个地方，凡是有党员 5 人以上的，必须成立委员会；党员超过 30 人，应成立地方执行委员会；党员人数超过 500 人，或已成立 5 个地方执行委员会时，应由全国代表大会选出 10 名委员组成中央执行委员会。由此可见，一大就明确规定从基层到中央，必须自下而上建立严密的组织。并且明确规定全党服从中央的集中统一领导。这对于维护党的团结统一，增强党的凝聚力和战斗力，起到了积极有力的组织制度保证。

中国共产党从发动到正式成立，始终以马克思主义作为自己的理论指导。当中国共产党人初步掌握了马克思主义理论后，就逐渐学会了用马克思主义的立场、观点、方法来分析和指导中国革命的实践，最终实现了马克思主义中国化。中国共产党人之所以能够战胜苦难，走过曲折，迎来胜利；中国共产党的事业之所以能够不断创造奇迹，收获辉煌；中国共产党领导的社会主义事业之所以能够经历曲折之后，一枝独秀，很重要的一个原因就是中国共产党人近百年来坚持马克思主义旗帜不动摇。1920 年 11 月 25 日毛泽东在给罗章龙的信中说："主义譬如一面旗子，旗子立起了，大家才有所指望，才知所趋赴。"① 正是中国共产党人坚持马克思主义不动摇，中国共产党人的事业才永葆坚强的战斗力和旺盛的生命力。

中国共产党成立后就是一个有严明纪律的革命组织。1920 年 11 月在上海出版的《共产党》月刊，曾专门介绍了俄国十月革命和布尔什维克党的历史、章程和建党经验，有关列宁的革命活动和著作，以及第三国际的成立情况，等等。在借鉴学习的基础上，形成中国共产党的组织原则和纪律。在一大召开前夕，陈独秀委托包惠僧带去了致各代表的信及向大会提出的 4 点意见：1.慎重发展党员，严格履行入党手续，加强党员教育，以保证党的先进性和战斗力；2.实行民主集中制，既要讲民主，又要集中；3.加强党的组织纪律；4.目前主要工作是争取群众，为将来夺取政权做准备。② 作为一个无产阶级政党，中国共产党十分注意纪律，比如在一大《决议》第二部分"宣传"就强调：一切出版物，不论中央的或地方的，均应在党的领导下出版。任何出版物，无论中央的或地方的，都不得刊登违背党的原则、政策和决议的文章。③ 一大通过的《中国共产党纲领》中还有不准党员做

---

① 金冲及主编：《毛泽东传（1893—1949）》，中央文献出版社 2004 年版，第 70 页；《毛泽东早期文稿》，湖南人民出版社 1990 年版，第 554 页。

② 张国焘：《我的回忆》第 1 册，现代史料编刊社 1980 年版，第 136 页；《包惠僧回忆录》，人民出版社 1983 年版，第 368 页。

③ 《"一大"前后》（一），人民出版社 1980 年版，第 12—13 页。

官的纪律规定：党员除非迫于法律，不经党的特许，不得担任政府官员或国会议员。士兵、警察和职员不受此限。① 正是因为有严明的纪律，才保证了中国共产党能够保持优良的作风，使其组织体现出强大的纪律意识和战斗力量，也树立了中共优良的社会形象，从而赢得越来越多的群众对中共的拥护支持。

中国共产党是在反动统治的严酷社会环境中秘密成立的，除了会场一度遭到帝国主义的暗探和巡捕骚扰外，当时"在社会上并没有引起多大注意，好象什么事也没有发生。但是，就在这时，一个新的革命火种已在沉沉黑夜的中国大地上点燃起来了"。"中国共产党的成立，是近代中国革命历史上划时代的里程碑。自从有了中国共产党，灾难深重的中国人民有了可以信赖的组织者和领导者，中国革命有了坚强的领导力量。"② 对于党成立的伟大意义，毛泽东给予了高度评价，他说："中国产生了共产党，这是开天辟地的大事变。""从此以后，中国改换了方向。"③"自从有了中国共产党，中国革命的面目就焕然一新了。"④ 党的十九大指出：中国自从有了中国共产党，"中国人民谋求民族独立、人民解放和国家富强、人民幸福的斗争就有了主心骨，中国人民就从精神上由被动转为主动"⑤。2021 年 7 月 1 日，习近平总书记在庆祝中国共产党成立 100 周年大会上的讲话中，又对党的创立的

---

① 中央档案馆编：《中共中央文件选集》第一册（1921—1925），中共中央党校出版社 1982 年版，第 4—5 页。

② 中共中央党史研究室：《中国共产党历史》第 1 卷（1921—1949）上册，中共党史出版社 2011 年版，第 69、71 页。

③ 《毛泽东选集》第四卷，人民出版社 1991 年版，第 1514 页。

④ 《毛泽东选集》第四卷，人民出版社 1991 年版，第 1357 页。

⑤ 习近平：《决胜全面建成小康社会 夺取新时代中国特色社会主义伟大胜利——在中国共产党第十九次全国代表大会上的报告》，《人民日报》2017 年 10 月 28 日。

伟大意义进行了精辟论述，指出："中国产生了共产党，这是开天辟地的大事变，深刻改变了近代以后中华民族发展的方向和进程，深刻改变了中国人民和中华民族的前途和命运，深刻改变了世界发展的趋势和格局。""中国共产党一经诞生，就把为中国人民谋幸福、为中华民族谋复兴确立为自己的初心使命。一百年来，中国共产党团结带领中国人民进行的一切奋斗、一切牺牲、一切创造，归结起来就是一个主题：实现中华民族伟大复兴。"① 中国共产党的先驱们在创党中形成的"坚持真理、坚守理想，践行初心、担当使命，不怕牺牲、英勇斗争，对党忠诚、不负人民"的伟大建党精神，是中国共产党的精神之源，是我们党传承百年的宝贵财富。

---

① 习近平：《在庆祝中国共产党成立 100 周年大会上的讲话》，《人民日报》2021年 7 月 2 日。

第一次国共合作与大革命的兴起和失败

中国共产党成立后便高举反帝反封建的大旗，将主要力量放在城市集中力量领导和发动工人运动。在北洋政府的武力镇压下，1923年工人运动陷入低潮。中国共产党转而与国民党合作，掀起国民革命的风暴，加速了革命进程。从1924年到1927年，在中国大地上掀起了一场轰轰烈烈的席卷全国的革命运动，这在中国历史上是前所未有的，被称为"大革命"。在大革命的洪流中，进行了北伐战争，北伐战争胜利进军，占领了长江流域和黄河流域的大部，工农运动迅速发展，将这场大革命推向高潮。这场规模空前的、以工农群众为主体的革命大风暴，是中国人民对帝国主义和封建军阀统治长期郁积的愤怒和仇恨的集中爆发，它沉重打击了帝国主义在华势力，基本上推翻了北洋军阀的反动统治。

一、国共合作的建立与革命新局面的出现

中国共产党关于民主革命纲领的制定，有一个逐渐成熟的过程。而作为民主革命纲领主要内容的建立民主联合战线的问题，即联合国民党的问题，大致经历了从反对到同意、从党外合作到党内合作的

过程。

中共一大没有对国共合作问题做出相应决议。之所以出现这种情况，有多种原因。中国共产党成立伊始，党的领导人对形势的把握还不够，作为党的创始人的陈独秀没有参加中共一大，共产国际代表马林参加了中共一大前几天的会议，但最后一天的会议没有参加，会议上缺少一个起决定性作用的核心人物。陈独秀在中共一大上被选为党的中央局书记，辞去了广东省教育委员会委员长的职务来到上海，专门从事党的领导工作，此后国共合作才提到议事日程上来。陈独秀到达上海后，马林提出一个很重要的政治问题，就是联合国民党，发动政治斗争。

中共成立后通过中国革命实践逐渐认识到争取同盟军，建立革命统一战线的重要性。1922 年 6 月 15 日，中国共产党发表了由陈独秀起草的《第一次对时局的主张》，放弃了过去对任何党派都采取排斥态度的关门主义观点，第一次提出了建立"民主主义联合战线"的主张。7 月，中共二大通过了《关于"民主的联合战线"的决议案》，指出中国共产党必须联合资产阶级民主派，组成民主联合战线。8 月29 日、30 日，在杭州西子湖畔举行中央特别会议即西湖会议，经过讨论决定接受共产国际的决议，共产党员加入国民党和国民党建立统一战线。恰在此时，陈炯明在广州炮轰大元帅府，孙中山被迫离开广州，于 8 月回到上海。孙中山不得不重新思考革命的出路，在绝望里重新看待十月革命和中国共产党，对革命及时局有了清醒的认识。西湖会议后，马林和陈独秀、李大钊赶赴上海去见孙中山。孙中山对共产党员加入国民党欣然表示同意，应允取消打手模等原有入党的办法，依照民主主义精神改组国民党组织。他主动邀请共产党员加入国民党。此后，李大钊最先加入国民党。随后，陈独秀、张太雷、蔡和森、张国焘等也先后加入国民党。1923 年 1 月，共产国际作出《关于中国共产党与国民党的关系问题的决议》，再次肯定了中国共产党与国民党合作的必要性，肯定了"中国共产党员留在国民党内是适宜的"，同时强调中国共产党绝对不能与国民党合并，必须保持自己原有的组织和严格集中的领导机构。当指示传到中国时，正值"二七"惨案发生。"二七"惨案使年轻的共产党人看到，单靠工人阶级是不可能独自建立自己的无产阶级政权的，要取得胜利还要有革命同伴，对实现国共合作的必要性和迫切性的认识有了进一步提高。

从1922年8月开始，孙中山着手进行改组国民党工作。1923年1月，孙中山与苏俄代表越飞签订了《孙文与越飞联合宣言》，正式确定了联俄政策。不久，应孙中山的邀请，苏联政府派鲍罗廷到达广州。鲍罗廷先后被孙中山聘为国民党组织教练员和政治顾问，参与指导国民党改组的各项工作。到1923年初，国共合作的形势瓜熟蒂落、水到渠成。中国共产党就需要统一全党的思想认识，正式解决与国民党合作的问题。为了解决上述问题，统一全党认识，中央决定提前召开党的第三次全国代表大会，并决定在广州召开。孙中山已经把广州建设成为一个反对军阀、开展民主革命的根据地。中共中央也迁到广州，在广州公开革命活动，环境也相对安定，不用再躲躲藏藏打一枪换一个地方了。

中共三大于1923年6月12日在广州开幕，6月20日闭幕。会议的中心议题是共产党员加入国民党的问题。大会讨论通过了《中国共产党第三次全国大会宣言》《中国共产党中央执行委员会组织法》《劳动运动决议案》《农民问题决议案》等决议案。这些文件明确规定共产党员以个人身份加入国民党，同时党须在政治上、思想上、组织上保持自己的独立性。中共三大以后，中国共产党投入建立统一战线和帮助改组国民党、筹备国民党一大的工作。

中共三大的召开及鲍罗廷的来华，推动了孙中山加速改组国民党的步伐。1923 年 11 月，国民党临时中央执委会发表《中国国民党改组宣言》，进一步阐述了国民党改组的必要性和改组的基本要求。在改组国民党工作中，孙中山在共产国际和中国共产党人的帮助及其国民党左派的支持下，采取果断措施，同反对国共合作和改组国民党的顽固分子进行了坚决斗争，从而保证了国民党一大的召开。同月，孙中山发表了《中国国民党党纲》草案，确定了联俄、联共、扶助农工三大政策。至此，国民党改组工作全面完成。

1924 年 1 月 20 日至 30 日，在孙中山的主持下，中国国民党第一次全国代表大会在广州召开。大会通过了有共产党人参与起草的《中国国民党第一次全国代表大会宣言》，对作为国民党政纲的三民主义作了重新解释，主张对外反对帝国主义，对内各民族一律平等；民权主义强调民权为一般平民所共有，不为少数人所私有；民生主义提出了"平均地权"和"节制资本"的口号。大会实际上"在中国共产党帮助下，把旧三民主义发展为新三民主义，实行联俄、联共、扶助农工三大政策，改组中国国民党"①。

新三民主义的政纲同中国共产党的民主革命纲领在基本原则上是一致的，成为国共合作的政治基础和革命统一战线的政治纲领。大会决议承认共产党员、青年团员以个人身份加入国民党；选举出的中国国民党中央执行委员会中，共产党员李大钊、谭平山、林伯渠、毛泽东、瞿秋白等 10 人当选为中央执行委员或候补执行委员，约占委员总数的 1/4。随后，又有一些共产党人担任国民党中央机构的领导工作，并在各地建立了以共产党员和国民党左派为骨干的各级国民党地方党部，吸收了大批工农群众和青年学生加入国民党。虽然国民党内

---

① 习近平：《在纪念孙中山先生诞辰 150 周年大会上的讲话》，《人民日报》2016年 11 月 12 日。

部情况仍相当复杂，但的确已开始成为工人、农民、城市小资产阶级和民族资产阶级的民主革命联盟，成为第一次国共合作的统一战线的组织形式。

实行党内合作，有利于实现共产党员对民主革命的领导。共产党员参加国民党，可以利用国民党的旗帜来发展革命力量，可以把国民党改造成为工人、农民、城市小资产阶级和民族资产阶级的民主革命联盟，成为革命统一战线的组织形式，以利于团结一切反帝反封建的革命力量。同时，使国民党革命化，便于共产党从内部发挥领导作用，以实现无产阶级对民主革命的领导。建立国共合作的统一战线，既有必要又有可能。它不是少数人的主观愿望，而是中国革命发展的规律，是国共两党的共同需要，是当时中国革命发展的必然趋势。毛泽东把三民主义纲领、统一战线政策、艰苦奋斗精神并称为孙中山先生"留给我们的最中心最本质最伟大的遗产"，是"对于中华民族最伟大的贡献"。

二、轰轰烈烈大革命的兴起与高潮

国民党一大开创了国共合作的局面。在中国共产党的积极帮助下，改组后的国民党组织发展很快。国民党一大之后，各地共产党员、共青团员、大批工农革命知识分子纷纷加入国民党，使国民党增加了新鲜的血液，扩大了群众基础，迅速成为一个具有革命活力的民主革命联盟，广州也成为全国革命力量汇集的中心。

为了培养革命武装的力量，在共产党人的建议下，1924年5月，孙中山在广州黄埔创办了一所陆军军官学校，简称"黄埔军校"。一批共产党员和青年团员被选派军校学习，他们都成为军校的骨干力量。经中共提议，1924年7月国民党中央农民部开始在广州开办了农民运动讲习所，成为专门培养农民干部的专门机构。到 1926 年 9 月，先后办了 6 届，毛泽东、彭湃、罗绮园、阮啸仙、谭植棠等共产党人都担任过各届农讲所主任。国共合作的建立，使"二七"惨案后处于低潮的工人运动得到恢复和初步发展，并促成了第二次工人运动高潮的出现。

为了加强对日益高涨的革命运动的领导，迎接革命高潮的到来，1925 年 1 月 11 日至 22 日，中国共产党第四次全国代表大会在上海召开。出席大会的代表有 20 人，代表全国党员 994 名。共产国际代表维经斯基参加了大会。陈独秀主持大会，并代表第三届中央执行委员会作了工作报告。大会集中讨论了党如何加强对日益高涨的革命运动的领导，以及组织工作、群众工作上如何准备等问题。会议顺利地通过了《中国共产党第四次全国代表大会宣言》《中国共产党第二次修正章程》《对于职工运动之议决案》《对于农民运动之议决案》等 11 个决议案。大会提出了无产阶级在民主革命中的领导问题和工农联盟问题，明确指出："无产阶级的政党应该指导无产阶级参加民族运动，不是附属资产阶级而参加，乃以自己阶级独立的地位与目的而参加"。"无产阶级是最有革命性的阶级"。民主革命"必须最革命的无产阶级有力的参加，并且取得领导的地位，才能够得到胜利"。[①] 关于如何取得革命领导权的问题，决议强调："若要民族革命运动得到较彻底的胜利，固然需要最革命的无产阶级站在领导地位，同时这领导阶级也要能够抓住被压迫的各社会阶级的力量，向共同的敌人——帝国主义及其工具（国内军阀及地主买办阶级）——作战，才免得处在孤立地位，这是一个重

---

① 中共中央文献研究室、中央档案馆编：《建党以来重要文献选编（1921—1949）》第二册，中央文献出版社 2011 年版，第 216、218、219 页。

要问题。"① 关于工农联盟，大会强调"农民问题在中国尤其在民族革命时代的中国，是特别的重要"②，指出：如果不发动农民起来斗争，无产阶级的领导地位和中国革命的成功是不可能取得的。大会对中国民主革命的内容作了较完整的规定，指出在"反对国际帝国主义"的同时，既要"反对封建的军阀政治"，又要"反对封建的经济关系"，党已把新民主主义革命基本思想的要点提出来了。

党的四大后几个月，革命运动迅速发展起来，爆发了一场中国人民反对帝国主义的革命运动，这就是著名的五卅运动，它以磅礴的气势掀起了第一次大革命的高潮，对全国产生了广泛的影响，出现了全国范围的革命高潮。5月14日，上海日资内外棉第三厂的资本家无理开除两名工人，引起工人罢工反抗。15日，上海内外棉七厂日本资本家开枪打死中国工人顾正红，打伤10余人。顾正红事件激起了上海广大人民的极大愤慨。上海工人立即罢工反抗。部分学生上街进行反对帝国主义暴行的宣传，有数名学生遭到外国巡捕拘捕。28日晚，中共中央召开紧急会议，决定以反对帝国主义屠杀中国工人为口号，发动学生和工人在30日到租界内举行大规模的反帝示威活动。30日，上海各校学生3000多人到公共租界繁华的马路宣传讲演，抗议帝国主义的暴行。英国巡捕向群众开枪射击，造成震惊中外的"五卅惨案"。当晚，中共中央召开紧急会议，决定在上海开展以罢工、罢课、罢市为主体的三罢斗争。紧接着，上海市总工会和上海工商学联合会成立，召开了20万市民参加的大会，对帝国主义的暴行进行了有力声讨。五卅风暴迅速席卷全国。北京、天津、武汉、南

---

① 中共中央文献研究室、中央档案馆编：《建党以来重要文献选编（1921—1949）》第二册，中央文献出版社2011年版，第222页。

② 中共中央文献研究室、中央档案馆编：《建党以来重要文献选编（1921—1949）》第二册，中央文献出版社2011年版，第239页。

京、济南、长沙、广州、重庆、郑州等 30 多个大中城市和工矿区的工人、市民、学生投入斗争，广东、湖南、河南等省部分农民也参加了运动。全国约有 1700 万民众直接参加了这场斗争。其中规模最大、影响最深远的是广州和香港工人的罢工，即省港大罢工。

五卅运动沉重地打击了帝国主义，提高了中国共产党在全国人民中的威望，推动了中国革命运动的深入发展，全国革命高潮由此出现。中国共产党在领导五卅运动的过程中，也得到极大的锻炼和发展。中共四大召开时全国有 994 名党员，到年底就达到了 1 万人，一年之内就增加了 10 倍。五卅运动以后，工人运动迅速发展，1926 年上半年，全国已有 699 个工会组织，会员达 124 万余人。

五卅运动以来的实践，使共产党人进一步从时代条件、领导力量和斗争目标等方面，把中国的国民革命同欧美国家的资产阶级革命区别开来，这是认识上的巨大进步。从五卅运动到 1926 年上半年，中共中央和党的一些领导人从总结五卅运动以来的革命实践经验出发，对中国革命一系列理论和策略作了广泛论述和多方面探索。毛泽东在《中国社会各阶级的分析》等文章中，精辟阐述了无产阶级在中国革命中的领导地位，赞颂农民特别是贫农是无产阶级"最接近的朋友"，并对资产阶级进行了科学的分析。瞿秋白、邓中夏、李大钊等著文对中国革命的领导权等进行了阐述。这些都是中国共产党人在坚持把马克思主义普遍原理同中国革命具体实践相结合方面的一个重大进步，是中国共产党新民主主义革命理论的萌芽，为后来形成新民主主义革命理论作了准备。

三、北伐战争的胜利进军

1926 年 2 月，中共中央在北京召开特别会议，分析了当时敌我斗争形势，认为中国革命的根本出路在于广东国民政府北伐的胜利，只有举行北伐才能巩固和发展国民革命胜利的局面，确定党在现时的主要的任务"是从各方面准备广东政府的北伐"，并决定要在北伐经过的湖南、湖北、河南、河北等地加紧群众工作，特别要注意发动和组织农民群众。会议还决定"中央应建立一强有力的军委"，以加强党的军事工作。5月，第三次全国劳动大会和广东省第二次农民代表大会在广州召开，对发动工农群众支援北伐战争作了具体部署。

北伐战争的直接目标是推翻帝国主义支持下的北洋军阀的反动统治，打击的主要对象有三个，即直系军阀吴佩孚，兵力约20万，从直系分化出来的军阀孙传芳，兵力有20多万，奉系军阀张作霖兵力为30万。当时广东国民革命军约10万。虽然北洋军阀在数量上占着优势，但北洋军阀之间矛盾重重，互相倾轧，人心背离，士气低落；而国民革命军士气高涨，人心归向。

1926年5月，国民革命军第七军一部和第四军叶挺独立团作为先头部队进军湖南，揭开了北伐战争的序幕。7月9日，国民革命军在广州誓师北伐。北伐战争开始后，两湖战场是北伐军主攻方向。北伐军相继攻占株洲、醴陵、湘潭、长沙等地。8月，乘胜北上，进入湖北，攻克敌人重兵设防的汀泗桥和贺胜桥。9月初，攻占汉口、汉阳。10月10日，攻克武昌。至此，歼灭了吴佩孚部的主力，北伐军在两湖战场取得了重大胜利。

北伐军在江西战场集中兵力攻击孙传芳。11月上旬，相继占领九江、南昌。在北伐军节节胜利的影响下，孙传芳在福建的部队纷纷倒戈，12月，北伐军进占福州。1927年初，北伐军继续向长江下游进军。3月，连克安庆、芜湖、南京、杭州，进逼上海，孙传芳的反动势力基本被消灭。在革命胜利发展的形势下，原依附北洋军阀的贵州、四川、山西等地方军阀，也先后宣布归顺广东国民政府。

在南方北伐军取得重大胜利的同时，退守绥远的冯玉祥国民军，在苏联和中国共产党的帮助下，1926 年 9 月在绥远五原誓师，发表宣言，实行孙中山倡导的三民主义，全体将士集体参加国民党，改西北国民军为国民军联军，冯玉祥接着率军经甘肃、陕西，进军河南，策应北伐军。

从 1926 年 5 月至 1927 年的北伐战争，不仅直接推翻了吴佩孚和孙传芳两支军阀势力，把奉系军阀张作霖逐回到黄河以北地区，革命势力从珠江流域发展到长江流域，相继占领湖南、湖北、江西、安徽、福建等省，控制了大半个中国，动摇了帝国主义和封建势力在中国统治的基础，推动着国民革命在全国范围内出现高潮。北伐战争是国共合作发动的一场空前规模的反帝反封建的革命正义战争，是一场翻天覆地的大革命，推动国民革命发展并取得重大胜利。在北伐战争中，共产党人在军队政治工作和发动工农群众方面作出了巨大的贡献，北伐军建立了政治工作制度，以共产党员和国民党左派为骨干的政治工作人员，进行了卓有成效的政治工作，得到全国人民的拥护和工农群众的有力支援。北伐战争获得了工农群众的积极支援，工农运动以空前的规模迅速高涨起来。

四、工农群众运动的迅速高涨

1927 年春，全国工会会员达到 280 万人，工人运动迅猛发展。长沙、武汉、九江、南昌等城市相继发生了大规模的经济罢工和政治罢工。

1927 年 1 月初，汉口市民集会庆祝北伐战争的胜利。会后革命群众上街演讲，英国水兵登陆用刺刀刺死、刺伤在江汉关附近讲演的革命群众 30 余人，接着又在九江打死、打伤多名罢工工人。为抗议英帝国主义的暴行，在李立三、刘少奇等领导下，武汉工人和其他市民占领了汉口英租界。国民革命军独立第二师也接管了九江英租界。经武汉国民政府与英国驻华公使的谈判，2月19日、20日，英驻华公使代表英国政府分别在收回汉口、九江英租界的协定上签了字，正式承认汉口、九江英租界归还中国，这是中国人民反帝斗争史上的一大壮举。

长江下游地区特别是上海工人的斗争也迅速发展起来。1926年10月至1927年3月，上海工人阶级为配合北伐的胜利进军，在中共领导下先后进行了三次武装起义。在总结前两次武装起义失败教训的基础上，1927年3月21日，党领导上海80万工人发动全市总同盟罢工，随即在全市7个区同时举行武装起义。工人武装纠察队经过30小时的浴血奋战，击溃北洋军警，于3月22日下午全部占领上海，取得了起义的胜利，成立了上海市民政府。上海工人第三次武装起义的胜利，沉重地打击了帝国主义和封建军阀势力，充分表现了中国工人阶级的英雄气概和伟大力量，在全国工人运动史和近代革命史上谱写了光辉的一页。

在工人运动高涨的同时，全国农民运动迅速地发展起来。为了加强对农民运动的领导，1926年8月，中共中央发出通告要求各区委从速建立各级地方农民运动委员会，扩大农会组织。11月，中共中央制定《关于农民政纲的草案》，提出推翻农村劣绅政权，建立农民政权等主张。同月，中共中央成立农民运动委员会，由毛泽东任书记，领导全国农民运动。至1927年初，农民运动遍及全国16个省区，组织起来的农民近千万人。湖南是全国农民运动的中心。在中共湖南区委领导下，1926年12月，召开了湖南省第一次农民代表大会，成立了湖南省农民协会。至1927年4月，全省有65个县成立了农民协会，会员达518万人。农民运动迅猛兴起，动摇了帝国主义和封建主义的统治基础。

在工农群众运动迅猛发展的过程中，中国共产党的组织也发展起来。到 1926 年 12 月，中共党员增加到 18500 余人。全国绝大部分省区都有了党的地方组织或有了共产党员的活动，党在广大群众中的威望得到很大的提高。但也在此时，这些城市工人运动中出现了工人、店员的工资增加过速，工时减少过多，对中小工商业者进行过火斗争等"左"的倾向，对国民经济和人民生活造成不良影响。

五、国共合作的破裂与大革命的失败

第一次国共合作形成后，国共两党之间，中国共产党同共产国际及其代表之间以及中国共产党内部，都存在着各种各样的矛盾。随着国民革命进入高潮，革命阵营内部的矛盾逐渐暴露出来，革命联合战线的分裂趋势逐渐明显。作为中国共产党领导人的陈独秀等人，在蒋介石进一步加紧对军队和政权控制之时，右倾思想逐步发展。工农群众运动的不断高涨，引起国民党右派的恐惧和仇视。尤其在孙中山逝世后，国民党右派分子加紧了反动活动，统一战线中争夺领导权的斗争逐渐激烈化。在革命阵营内部发生了围绕着坚持还是反对国民党一大的政治纲领，坚持还是反对孙中山的联俄、联共、扶助农工的三大政策等问题的激烈斗争。

1925 年 8 月，国民党右派指使暴徒刺杀了支持国共合作的国民党左派领袖廖仲恺，对国共合作造成了严重损失。同年 11 月，谢持、张继、邹鲁、林森等国民党老右派在北京西山碧云寺非法召开国民党一届四中全会。会议决定取消共产党员的国民党党籍，开除国民党中央执行委员会中的共产党员，解除苏联顾问鲍罗廷的职务，公开反对孙中山的联俄、联共、扶助农工的三大政策，形成了西山会议派。他们在上海另立国民党中央党部，与广州国民党中央对抗。共产党人和国民党左派坚决回击。1926年1月，在广州召开的国民党第二次全国代表大会，继续坚持反帝国主义和军阀势力的政治主张，继续坚持联俄、联共、扶助农工的政策，对参加西山会议的国民党老右派分子予以弹劾，决定永远开除邹鲁、谢持党籍，责令与西山会议派有联系的戴季陶作出书面检查。国民党二大对维持国共合作，对革命的继续发展和随后的北伐战争起了积极作用。但是，大会选出的国民党中央执行委员会36人中，国民党右派、中派占到了15人，蒋介石在国民党二大上当选为国民党中央执行委员，接着当选为中央执行委员会常务委员，还被任命为国民革命军总监，在国民党和国民革命军中的地位大大提高。

1926年3月20日，蒋介石借"中山"号军舰调动一事，在广州实行紧急戒严，监视并软禁共产党人。22日，蒋介石在国民党中央政治会议上提出在黄埔军校和国民革命军第一军中排除共产党的提案，并获得通过。事件发生后，毛泽东、周恩来等主张依靠中国共产党直接领导的武装力量，发动工农群众，联合国民党左派和一切可能联合的力量，给蒋介石以坚决回击。但是，陈独秀和在广东的苏联顾问季山嘉等人主张退让，使蒋介石更加放胆地开始了限共的活动。

在同年5月15日召开的国民党二届二中全会上，蒋介石提出所谓《整理党务案》，规定：共产党员在国民党省、市以上高级党部任执行委员的人数不得超过总数的1/3；共产党员不能担任国民党中央各部部长；加入国民党的共产党员名单全部交出；共产党对参加国民党的共产党员的指示，须事先提交国共两党联席会议通过；等等。鲍罗廷在未同中共中央协商的情况下，同意了蒋介石的要求，《整理党务案》获得通过。于是担任国民党中央部长的共产党员辞职，换上了国民党右派，蒋介石当上了国民党中央组织部部长兼军政部部长，随后当上了国民党中央常务委员会主席和国民革命军总司令，基本上掌握了国民党的党政军大权。

7月，陈独秀为党的四届三中全会起草的决议中，对北伐战争特别是对农民运动表现出许多右倾错误，认为刚刚兴起的农民运动在各地均发生"左"倾的毛病，规定现有农民协会"不能带有阶级色彩"；农民武装"不要超出自卫的范围"。蒋介石在北伐中继续扩充自己的军事力量，但中共中央并没有采取削弱蒋介石的政策，反而一定意义上"助成了蒋介石地位的提高"①。

在革命阵营急速分化的同时，帝国主义势力加紧武力干涉中国革命，加紧分化国共合作的革命统一战线，引诱中国资产阶级叛变革命。蒋介石叛变革命的活动日益加快，在各地杀害共产党干部，破坏各地党组织。1927年4月12日，蒋介石在上海公开发动"四一二"反革命政变，向工人群众拿起了屠刀。据中共六大统计，在此期间被国民党屠杀的共产党员和革命群众有31万人之多，革命势力受到极大的损失，大革命遭到了局部的严重失败。

在中国革命的危急关头，4月27日至5月9日，中国共产党第五次全国代表大会在武汉召开。大会明确提出现阶段革命的主要任务，"是土地问题的急进的解决"，"现在革命的趋势，是要推翻土豪乡绅的政权，没收大地主及反革命派的土地，以贫农为中坚，建立农民的政权，实行改良农民的经济地位，一直到分配土地"②。但是大会在面临危机的时刻，没有制定对付危机的有力措施。

党的五大后，武汉地区的形势更趋严重，反革命活动日益猖獗。以汪精卫为首的武汉政府，也由动摇走向反动，下令压制工农运动，

---

① 《周恩来选集》上卷，人民出版社1980年版，第124页。
② 中共中央文献研究室、中央档案馆编：《建党以来重要文献选编（1921—1949）》第四册，中央文献出版社2011年版，第193页。

革命形势急转直下。1927 年 7 月 15 日，汪精卫不顾宋庆龄等左派的反对，在汉口召开武汉国民党中央常务委员会扩大会议，正式作出"分共"的决定，公开背叛了孙中山的三大政策和反帝反封建的纲领。随后，汪精卫集团对共产党员和革命群众实行血腥的屠杀。至此，第一次大革命遭到惨重失败。

大革命的失败，从客观上看，是由于敌我力量对比悬殊，帝国主义和封建势力的力量大大超过了革命联合力量；同盟者国民党内的反动集团背信弃义地叛变革命，投入反革命营垒；而革命力量特别是中国共产党直接领导的武装力量还过于弱小，还不能战胜强大敌人的联合进攻。从主观上看，处于幼年时期的中国共产党缺乏革命经验，对马克思列宁主义和中国国情都了解得不多，对于马克思列宁主义理论和中国革命的具体实践还没有完整的、统一的认识。当时共产国际及其代表犯了不少脱离中国实际的右倾错误，对中共中央产生了很大影响，这是大革命失败的又一个重要原因。在大革命时期，中国共产党受共产国际、联共（布）的双重领导。陈独秀为首的中共中央领导人的右倾错误是在共产国际和联共（布）及其代表指导下形成的，他们是错误政策的执行者。共产国际和联共（布）对中国共产党的指导中坚持一种右倾政策，如中山舰事件、整理党务案上的退让，对蒋介石、汪精卫的妥协态度，不重视中国共产党直接领导的军队建设等。

第一次国内革命战争给中国共产党和革命人民留下了极其深刻的经验教训。第一，坚持无产阶级领导权是革命成功的关键。大革命的历史表明，当中国共产党坚持了革命领导权，并制定了正确的政策和策略时，革命就会发展，就会取得胜利；当放弃无产阶级领导权，革命就遭到严重挫折，甚至失败。大革命的失败首先是共产党放弃了对农民运动的领导。实现对农民的领导是无产阶级领导权的中心问题。必须放手发动农民进行土地革命，必须坚决把广大农民作为自己的可靠同盟军，无产阶级革命领导权才能保持和巩固。其次是共产党放弃了对武装力量的领导权。中国革命的主要形式是武装斗争，主要组织形式是军队。没有革命的军队就没有一切，共产党必须掌握革命武装，否则，就不可能实现和保持无产阶级的领导权，不可能取得革命的胜利。第二，中国革命必须建立包括工人、农民、城市小资产阶级和民族资产阶级在内的广泛的革命统一战线。在统一战线中，必须坚持无产阶级的领导权，必须对资产阶级实行又联合又斗争的政策，否则，统一战线就不可能巩固。第三，必须加强党的建设。坚持马克思列宁主义基本原理与中国革命具体实践相结合的原则，把中国共产党建设成为一个坚强的、有一条马克思主义路线的无产阶级的革命政党，这是取得革命胜利的根本保证。

轰轰烈烈的大革命虽然失败了，但这场大革命风潮，极大地唤起了中国人民的革命觉悟，基本上推翻了北洋军阀的反动统治，把近代中国革命推进到了崭新的阶段。通过这场革命，中国共产党提出的"反帝反封建"的口号成了广大人民的共同呼声，促进了民族的进步和国家的统一，党在群众中的政治影响迅速扩大，党的组织得到很大发展，尤其是通过革命的胜利和失败的反复，党经历了深刻的锻炼和严峻的考验，初步积累了领导中国民主革命的正反两方面的经验。

| 第 三 讲 |

揩干血迹"继续战斗",掀起土地革命风暴

大革命失败后,中国共产党面临严峻挑战。经过艰辛探索,以毛泽东同志为主要代表的中国共产党人,把马克思列宁主义的普遍原理与中国革命的具体实践相结合,找到了一条适合中国国情的以农村包围城市、最后夺取全国胜利的革命道路。但由于出现了"左"倾错误,导致第五次反"围剿"失败,中央红军被迫开始长征。遵义会议力挽狂澜,确立毛泽东在红军和党中央的领导地位,实现伟大历史转折。在抗日民族统一战线政策的指导下,全民族抗战洪波涌起。

一、以武装斗争反抗国民党的反动统治

大革命失败后,中国共产党遇到了前所未有的生死考验。在严酷的白色恐怖面前,中国共产党和中国人民并没有被吓倒、被征服、被杀绝。真正的革命者是吓不倒的。"他们从地下爬起来,揩干净身上的血迹,掩埋好同伴的尸首,他们又继续战斗了。"[①]受尽压迫的工农群众,重新在党的周围聚集起来。

---

① 《毛泽东选集》第三卷,人民出版社 1991 年版,第 1036 页。

　　1927 年 7 月，共产国际提出改组中共中央，并明确要求共产党公开宣布退出国民政府，开展土地革命、武装工农。7 月 12 日，由张国焘、李维汉、周恩来、李立三、张太雷组成的中央临时常务委员会，断然决定三件大事：将党所掌握和影响的部队向南昌集中，准备起义；组织湘鄂赣粤四省的农民，在秋收季节举行暴动；召集中央会议，讨论和决定新时期的方针和政策。

　　为了彻底清算并纠正党在过去工作中的严重错误，制定新的方针，中共中央于 1927 年 8 月 7 日在汉口秘密召开紧急会议，即著名的"八七会议"。毛泽东总结大革命失败的教训，提出了"枪杆子里面出政权"的著名论断。会议彻底清算了大革命后期陈独秀的右倾机会主义错误，确定了土地革命和武装起义的方针，并选出以瞿秋白为首的中央临时政治局。按照中共中央的部署，党派出许多干部分赴各地，恢复和整顿党的组织，组织以夺取中心城市为目标的武装起义，其中著名的起义就是 1927 年八一南昌起义、九月秋收起义和十二月广州起义。

　　周恩来等同志到南昌组织起义，成立了由周恩来、李立三、恽代英、彭湃组成的前敌委员会，作为南昌起义的领导机构。南昌起义"打响了武装反抗国民党反动派的第一枪，党领导的人民军队从此诞生"[①]。起义成功后，以宋庆龄等人的名义发表了《中央委员宣言》，揭露蒋介石、汪精卫背叛革命、弃毁孙中山"三大政策"的种种罪行。起义后按照原计划是先到广东去占领出海口，接受苏联许诺的武器援助，而没有深入农村去独立自主地建设根据地，结果劳师远征，在潮汕地区被国民党军队打败。

---

① 习近平：《在纪念周恩来同志诞辰 120 周年座谈会上的讲话》，《人民日报》2018 年 3 月 2 日。

八七会议后，毛泽东以中央特派员身份回到湖南。1927 年 8 月 18 日，改组后的湖南省委在长沙市郊的沈家大屋召开会议，讨论制定秋收起义的计划，决定以中国共产党的名义号召群众，并确定集中力量在湘东赣西发动以长沙为中心的武装起义。为了领导秋收起义，中共湖南省委确定成立由各军事负责人组成的党的前敌委员会，任命毛泽东为书记，作为武装起义的军事指挥机关；并成立党的行动委员会，由起义地区各地方党委负责人组成，任命易礼容为书记，负责地方工作。前委将参加起义的 5000 多人统一编为工农革命军第一军第一师。9 月 9 日，湘赣边界秋收起义爆发，"取浏阳直攻长沙"以夺取湖南长沙为目标。由于敌人力量强大，各路起义军的进攻先后受挫。毛泽东当机立断，下令起义各部队调整进攻，通知到浏阳县文家市集中。9 月 19 日，各路起义部队到达湖南省浏阳县文家市，毛泽东主持召开了前敌委员会，改变了攻打长沙的计划，决定将部队向南带到敌人统战力量薄弱的农村山区，寻求立足之地，保存革命力量，再图发展。

1927 年 12 月，在张太雷等领导下广州起义也是想占领大城市，但在敌我力量悬殊极大的条件下，也无可避免地遭到失败。

到 1928 年初，党在全国各地领导和发动了 100 多次武装起义，基本上都以夺取和占领中心城市为主要目标，但大部分都因为时间和条件不成熟，敌我力量过于悬殊，而很快归于失败。这就说明了在敌人拥有强大武力的情况下，企图在短时期内通过城市武装暴动，占领大城市来夺取革命胜利是不可能的；即使取得暂时胜利，也不可能在城市长期坚持下去。正如毛泽东所言："这时的党终究还是幼年的党，是在统一战线、武装斗争和党的建设三个基本问题上都没有经验的党。"①

---

① 《毛泽东选集》第二卷，人民出版社 1991 年版，第 610 页。

二、毛泽东领导开创井冈山革命根据地

1927年9月29日,毛泽东率领秋收起义部队到达江西永新县三湾村。由于起义部队不足千人,部队思想混乱,组织纪律性差。毛泽东主持召开了前敌委员会,对部队进行整编,这就是著名的"三湾改编"。前委将原来的3个团缩编为1个团,称工农革命军第一军第一师第一团,下辖两个营十个连;从组织上建立党的各级组织,设立党代表制度,党的支部建在连上,班、排有小组,连以上设党代表,营、团以上有党委;在军队内部实行民主制度,连以上建立士兵委员会,在政治上官兵平等,经济上公平。这是中国共产党建设新型人民军队的重要开端。10月上旬,毛泽东率领部队到达井冈山北麓的宁冈县茅坪,在当地农民武装袁文才、王佐的帮助下,把部队拉上井冈山安了家。

从1927年11月到1928年3月,先后恢复重建了中共茶陵县委、遂川县委、永新县委、宁冈县委、莲花县委。1927年11月,湘赣边界第一个县级红色政权——茶陵县工农兵政府诞生。在各县工农兵政府建立的基础上,成立了湘赣边界工农兵政府,毛泽东担任政府主席。工农兵政权的建立,改变了中国几千年来由王公贵族、地主豪绅统治人民的历史。1928年5月在宁冈茅坪召开了中共湘赣边界第一次代表大会,成立了以毛泽东为书记的中共边界特委。湘赣边界的党组织得到了全面恢复和发展,党员人数增加到1万余人。同时,毛泽东对袁文才、王佐部进行团结改造,将其改编为工农革命军第一军第一师第二团。1928年4月,朱德、陈毅率领的湘南起义部队来到井冈山,与毛泽东领导的秋收起义部队胜利会师,使根据地正规红军由2000余人增加到1万余人,革命武装扩大了。5月,成立了工农革命军第四军,下辖3个师9个团。毛泽东开始了创建井冈山革命根据地

的伟大斗争，为中国革命开辟了一条正确的道路。

井冈山革命根据地的创立和发展，促进了全国各地工农武装割据局面的形成。到1930年上半年，全国已建立十几个农村革命根据地；红军发展到7万余人，连同地方革命武装共10万余人，分布在湖南、湖北、江西、广东等十几个省的边界地区或远离中心城市的偏僻山区。

毛泽东领导部队上井冈山，并实现工农武装割据局面，并认识到工农武装割据是取得革命胜利的一个有效途径，这是一条符合中国国情的正确革命道路。他开始总结斗争的经验，提出了"工农武装割据"的思想。1928年10月、11月，毛泽东先后写成了《中国的红色政权为什么能够存在?》和《井冈山的斗争》两篇重要著述，在《中国的红色政权为什么能够存在?》中写道："不但小块红色区域的长期存在没有疑义，而且这些红色区域将继续发展，日渐接近于全国政权的取得。"①从国情出发揭示了红色政权产生和发展的历史必然性，系统阐述了工农武装割据的内容，提出了红军和红色政权发展的一系列政策。

在农村游击战争环境下，红军以农民为主要成分，在这种情况下，如何克服党内和红军内的非无产阶级的思想，把党建设成为无产阶级先锋队，把军队建设成为一支无产阶级领导的人民军队，是摆在中国共产党人面前的一个根本性问题。这个问题在共产国际的一切文献中都没有讲到，而又非回答和解决好不可的，否则中国共产党和中国革命难以前进。

1929年12月28日至29日，红四军第九次党的代表大会在福建上杭县古田村召开。古田会议通过了《中国共产党红军第四军第九次

---

① 《毛泽东选集》第一卷，人民出版社1991年版，第50页。

代表大会决议案》(以下简称《古田会议决议》)。《古田会议决议》集中了从中央到红四军党内的集体智慧,总结了红军创建以来军队建设的经验,确立了中国共产党领导下人民军队建设的根本原则,是中国共产党建党建军的纲领性文献,也是第一次比较系统地论述思想建党的历史性文献。它与当时中国革命所必须回答的问题紧密相连。

《古田会议决议》开宗明义地指出:"红军第四军的共产党内存在着各种非无产阶级的思想,这对于执行党的正确路线,妨碍极大。"[①]由于红四军刚建立不久,其主要成分是北伐军的雇佣士兵和大量的农民出身及解放过来的兵员,旧军队作风和各种非无产阶级思想,大量地反映到红军中来。在古田会议上,毛泽东针对党内和军队中存在的种种非无产阶级思想及其危害,提出了思想建党的原则,要经常注意用无产阶级思想改造和克服各种非无产阶级思想。《古田会议决议》详细列出了进行党员思想教育的10种材料,还规定了开展政治思想教育和学习的18种方法,坚持正确的建军路线,用无产阶级思想教育党员、武装军队,加强军队中党的思想建设,使红军置于党的绝对领导之下,成为执行革命的政治任务的武装集团。《古田会议决议》明确红军的宣传工作是红军第一个重大工作。在古田会议结束不到半年时间里,为加强宣传队伍的建设,红军第四军政治部发布了新制定的《宣传员工作纲要》。采取群众易于接受的形式,加强红四军宣传队的组织和工作。提出宣传鼓动重于指派命令,反对命令主义。宣传要切合群众的斗争情绪,除一般地发布暴动口号外,还要有适合群众斗争情绪尚低地方的日常生活的口号,以发动日常斗争,去联系着那些暴动口号。用宣传鼓动提高战士的阶级觉悟,启发大家的革命英雄

---

① 中共中央文献研究室、中央档案馆编:《建党以来重要文献选编(1921—1949)》第六册,中央文献出版社 2011 年版,第 726 页。

主义。①《古田会议决议》明确了人民军队"是一个执行革命的政治任务的武装集团","除了打仗消灭敌人军事力量之外，还要负担宣传群众、组织群众、武装群众、帮助群众建立革命政权以至于建立共产党的组织等项重大的任务"。② 为了加强红军党的组织建设，《古田会议决议》要求在组织上厉行集中指导下的民主生活，并具体规定了实行民主集中制的办法。

古田会议是中国共产党建党建军史上一次具有里程碑意义的会议，对中国共产党加强党内教育、纯洁干部队伍，坚持党员标准、严肃组织纪律，深入调查研究、牢固树立群众观，坚持党对军队的绝对领导，起到了重要作用；为后来的农村包围城市、武装夺取政权道路思想的形成、发展和成功实践奠定了基础。

三、在艰辛探索中经受考验，推进革命

土地革命是中国革命的中心内容。在红军占领并建立起苏维埃政权的地方，共产党领导广大农民展开了土地革命斗争，先是发动群众打土豪，斗恶霸，接着是调查摸底，实行分田。1928 年中共六大明确规定没收地主阶级的一切土地，确定了依靠贫雇农、联合中农的阶级路线，对富农的策略也有调整，但土地所有权等问题依然没有解决。1928 年 12 月和 1929 年 4 月，党中央先后颁布了《井冈山土地法》《兴国土地法》。《兴国土地法》的内容较之《井冈山土地法》有一点重要的变更，就是把"没收一切土地"改为"没收一切公共土地

---

① 中共中央文献研究室、中央档案馆编：《建党以来重要文献选编（1921—1949）》第六册，中央文献出版社 2011 年版，第 745 页。

② 中共中央文献研究室、中央档案馆编：《建党以来重要文献选编（1921—1949）》第六册，中央文献出版社 2011 年版，第 727 页。

及地主阶级的土地"。这是一个原则的改正。这一内容在短时间的变化，表明土地革命的基本思想是随着革命实践不断发展的。经过三年多的土地革命实践，到 1931 年前后，土地所有权问题基本上得到解决。通过土地革命，极大地调动了农民支援红军进行革命战争、保卫和建设根据地的积极性。

1930 年 1 月和 5 月，毛泽东先后发表了《星星之火，可以燎原》《反对本本主义》，从理论上提出了农村包围城市、武装夺取政权的可能性和必要性，这标志着党已经成功探索出一条农村包围城市的道路。习近平总书记指出："毛泽东同志创造性地解决了马克思列宁主义基本原理同中国实际相结合的一系列重大问题，深刻分析中国社会形态和阶级状况，经过不懈探索，弄清了中国革命的性质、对象、任务、动力，提出通过新民主主义革命走向社会主义的两步走战略，制定了新民主主义革命总路线，开辟了以农村包围城市、最后夺取全国胜利的革命道路。"[①]

到 1930 年夏，中国共产党在全国建立了 15 个较大的农村革命根据地，党和红军也有了较大的发展，工农武装割据的局面基本形成。1931 年 11 月 7 日至 20 日，在江西瑞金举行第一次全国苏维埃代表大会，宣布成立中华苏维埃共和国临时中央政府，毛泽东被选为临时中央政府主席。中华苏维埃共和国实行工农兵代表大会制度，注重廉政建设、经济建设、文化教育事业的发展。中华苏维埃共和国成为新民主主义共和国的雏形，呈现出一番勃勃生机。中华苏维埃共和国是中国历史上第一个工农民主政权，是我们党在局部地区执政的重要尝试。它的建立，进一步加强了根据地建设，扩大了党和红色政权的影

---

① 习近平：《在纪念毛泽东同志诞辰 120 周年座谈会上的讲话》，《人民日报》2013
年 12 月 27 日。

响，开创了土地革命战争新局面。

创新理论不容易，让人们接受新的理论更需要时间，需要过程，也需要实践的检验。毛泽东在开创和实践中国特色革命道路理论的过程中，遭遇了来自党内教条主义者的多种障碍。一段时间里党内出现的马克思主义教条化、把共产国际指示和苏联经验神圣化的"左"倾错误，给革命造成了巨大危害。

从 1930 年 10 月起，蒋介石在结束了中原大战后，集中重兵，向南方各根据地发动大规模"围剿"，重点是毛泽东、朱德率领的红一方面军。从 1930 年 11 月到 1931 年 9 月，红一方面军在毛泽东、朱德等指挥下，贯彻积极防御的方针，实行"诱敌深入"等一整套行之有效的战术原则，先后粉碎国民党军队三次"围剿"。这期间，鄂豫皖、湘鄂西等根据地的反"围剿"也先后取得重大胜利。相隔一年后，1933 年二三月间，朱德、周恩来领导粉碎了国民党的第四次军事"围剿"。通过四次反"围剿"战争，保卫和巩固了根据地。但在蒋介石对中央根据地等发动第五次"围剿"时，由于博古、李德等的错误指挥，红军苦战一年未能打破"围剿"。面对日益严峻的形势，中央红军被迫进行战略大转移，放弃了以瑞金为中心的中央根据地，这是党在土地革命时期经历的最严重挫折。

四、遵义会议和红军长征的胜利

第五次反"围剿"失败后，从 1934 年 10 月至 1936 年 10 月，中国共产党领导下的中国工农红军第一、第二、第四方面军和第二十五军进行了伟大的长征，经历了生死存亡的严峻考验，实施了战略大转移——长征。

面对不断恶化的严峻形势，坚持"左"倾路线的中央领导只承认打而不承认走，实际上是不会走，当然就难以做到早走、快走，而在战略转移开始之初的一场大搬家式的军事行动，使自己处于处处挨打的被动地位，未能抓住一些有利时机消灭敌人的有生力量，以至于在转移中继续遭受更加严重的损失。起初尚得益于与粤军签订的借道合约，中央红军才突破了国民党军队的第一、二道封锁线。湘军也打"小算盘"，红军通过了第三道封锁线。

1934年11月27日至12月1日，中央红军苦战五昼夜，从广西全州、兴安间抢渡湘江，突破了国民党军的第四道封锁线。但担任后卫的红五军团第三十四师、红三军团第六师第十八团为掩护主力红军及中央纵队过江，被国民党军队阻隔在湘江东岸，大部在和敌人作战中牺牲；红八军团一部被击溃。红军面对的不仅是数量上占绝对优势的敌人，而且要以血肉之躯抵挡敌人飞机和重炮的狂轰滥炸，战斗的残酷可想而知。突破湘江虽粉碎了蒋介石的企图，但是中央红军也为此付出了极为惨重的代价。部队指战员和中央机关人员由长征出发时的8万多人锐减至3万余人。对军事指挥官的怀疑和不信任、对军队领导人是否应该更换的问题，逐渐在人们心目中产生，特别是在一些党和军队的高级领导人中首先生长起来。

此时，中央红军是继续执行数月前制定的既定战略继续向湘西，还是根据已经变化的敌情加以适时调整呢？当时的情况是，蒋介石已命令国民党军队在红军去往湘西的沿线构筑了多道封锁线，可谓是凶多吉少。如红军一意孤行，无疑是以数万红军战士的生命做赌注，是以中国革命的前途做赌注。许久隐忍未发的毛泽东审时度势，当机立断反对再向北走，在得到张闻天、王稼祥、周恩来支持的情况下，召开了通道会议，力主中央红军转入贵州。接着，又在黎平召开中共中央政治局会议，中央接受了毛泽东向黔边发展的主张，否定了"在湘西创立新的苏维埃根据地的决定"，改向川黔边区进军，开始了正式的战略转移，这是一次重要的战略转折。由于军事顾问李德几次干扰军事方针的实施，又在猴场召开会议，通过了"关于作战方针以及作战时间与地点的选择，军委必须在政治局会议上做报告"，限制了三人团的最高军事指挥权，为战略转移提供了可靠的组织保证，为遵义会议的召开准备了条件。

1935 年 1 月 15 日至 17 日，中共中央在遵义召开了政治局扩大会议。这次会议总结了第五次反"围剿"以来的经验教训，结束了博古、李德的"左"倾路线，"确立了毛泽东同志在红军和党中央的领导地位，开始确立了以毛泽东同志为主要代表的马克思主义正确路线在党中央的领导地位，开始形成以毛泽东同志为核心的党的第一代中央领导集体，这是我们党和革命事业转危为安、不断打开新局面最重要的保证"①。遵义会议上，共产党独立自主解决自身的革命问题，成为政治上走向成熟的重要标志。遵义会议之后，中国的革命事业以毛泽东为代表的红军在正确路线的指导下，走上了胜利发展之路。

四渡赤水是对遵义会议成果的一次真正检验。遵义会议之后，以毛泽东为代表的党中央、中革军委，改变了以往呆板的军事打法，根据革命战争的实际，敌变我亦变，在变化中寻找战机。此时，敌强我弱，又没有后方根据地的保障，怎么以少胜多、以弱胜强呢，只有虚实结合，实行大范围的机动作战，灵活用兵，才能在机动中歼敌，只有兵不厌诈，才会从主动走向主动。为此，毛泽东领导红军队伍时而声东击西，时而忽南忽北，时而即打即离，反复迂回曲折，不断纵横穿插于敌方重军之间，把国民党的作战部署整个打乱了。红军一渡赤水，轻装向西；二渡赤水，占领娄山关、遵义，取得长征以来最大的

---

① 习近平：《在纪念红军长征胜利 80 周年大会上的讲话》，《人民日报》2016 年 10 月 22 日。

胜利；三渡赤水，虚晃一枪；四渡赤水，威逼贵阳，兵临昆明，巧渡金沙江，将计就计，红军出兵石鼓渡口，终于突围成功，跳出了几十万敌人的包围圈，终于实现了从被动到主动的转变。红一方面军和红四方面军于1935年6月21日在懋功胜利会师，两军为之欢欣鼓舞。6月26日，中共中央政治局在四川懋功北部的两河口召开会议。会议的召开是为了统一北上建立川陕甘根据地的战略方针。中央认为，"总的方针应是占领川陕甘三省，建立三省苏维埃政权"，目前应当先夺取松潘、平武，消灭胡宗南部。张国焘却认为，革命形势低落了，红军是在退却。因此，他主张向西康发展，建立"川康政府"，实现其所谓"川康计划"。

1935年6月28日，中央政治局作出《关于一、四方面军会合后战略方针的决定》，明确了创造川陕甘苏区根据地的目标，同时提出要"必须坚决反对避免战争、退却逃跑以及保守偷安、停止不动的倾向"。中共中央确定了北上抗日的战略方针。两河口会议为实现党和红军北上抗日和领导全国抗日运动的伟大战略目标奠定了基础。为了增强红一、四方面军的团结和信任，进一步统一两大主力红军的行动，中央政治局于7月21日至22日在芦花召开了政治局扩大会议，要求张国焘指挥红四方面军迅速北进。中央政治局于8月4日至6日在沙窝召开会议，通过了《中央关于一、四方面军会合后的政治形势与任务的决议》，再次强调了必须在红一、四方面军中更进一步的加强党的绝对领导，提高党中央在红军中的威信，强调必须坚决反对"对于党中央所决定的战略方针表现怀疑"，"对革命前途悲观失望"，这都是当时"最大的危险"。面对张国焘一再迟缓的行动，党中央进行了大量的说服教育工作，在发生北上与南下之争并暂时难以扭转僵局的情况下，毛泽东当即带领红一方面军主力先行北上。党中央在哈达铺明确了向陕北挺进的战略，最后落脚陕北，奠基大西北。

此时，红二、六军团与红四方面军在甘孜会师后，改称为中国工农红军第二方面军，配合朱德、刘伯承及红四方面军广大指战员维护与执行了党中央的正确路线。同时对于削弱与牵制蒋介石的部队，配合红一方面军发挥了重大的战略作用。在党中央的命令下，在红二方面军的推动下，在朱德、任弼时、贺龙等反复劝说下，红二、四方面军共同北上陕北，实现了三大主力红军的胜利会师。西北是中国革命全盘战略中的薄弱环节，三军会师于此，可谓是上策之举。

九一八事变后，日本帝国主义加快了侵略中国的步伐，抗日救国运动日趋高涨。1935 年 8 月，中共驻共产国际代表团以中国共产党中央委员会的名义，发表了"八一宣言"，明确提出在以坚决的民族战争反对日本帝国主义进攻中国的总任务下，必须把国内战争与民族战争结合起来。面对如此蓬勃发展的抗日救国形势，在重大战略的转折关头，中共中央应时而变。1935 年 12 月在瓦窑堡召开了政治局扩大会议，制定了党的抗日民族统一战线政策，开始将主要矛盾从国内阶级矛盾向民族矛盾转化。随后，积极争取东北军和西北军，建立统一战线关系，确定首先造成西北抗日局面的战略方针，并命令红二、四方面军共同北上抗日。张学良、杨虎城发动了震惊中外的西安事变，从而使国内局势大大改观。虽然此前的北上抗日具有萌芽性的意义，也有策略性的意义。西安事变的和平解决，成为时局转换的枢纽，成为国内战争走向抗日民族战争的转折点。

"谁使长征胜利的呢？是共产党。没有共产党，这样的长征是不可能设想的。"[①] 理想与信念的最终体现和落脚点，就是坚决执行党的领导。跟党走，这是长征胜利的重要力量源泉。党的政治纪律，最核心的，就是坚持党的领导。所以，坚持党的领导，是红军创造长征奇

---

① 《毛泽东选集》第一卷，人民出版社 1991 年版，第 150 页。

迹的最重要原因。

　　长征的胜利之所以被世界称为奇迹，不仅因其路程之遥远，更是因其面临着众多难以计数之困难：道路难行、自然条件恶劣、数倍于自己的敌人以及长征初期党内的错误路线和错误政策。每一项都足以使红军面临石达开式的灭顶之灾。那么是什么力量激励和支撑着红军指战员跨过了激流汹涌的条条江河，翻越了陡峭险峻的座座高山，穿过了沼泽密布的茫茫草地，克服了数不清的艰难险阻，取得长征胜利的呢？1938 年 4 月，张闻天在陕北公学演讲时指出："原因就在于中国共产党在这次长征中充分地表现出了她为了自己的理想而牺牲奋斗与坚持到底的精神。"如果没有这种为理想而牺牲的精神，一千里的长征也是不可能的。看似几乎不能克服的困难，正是有了"无论如何要克服这些困难，要为自己的理想奋斗到底"[1]。中国共产党人的崇高理想就是北上抗日，实现民族独立，建立人民当家作主的政权。它激励着无数的红军战士，不管是如何残酷的战争环境，还是如何恶劣的自然条件，都坚信只要跟党走，就会有前途。"只要听从党中央的指挥，红军就能打胜仗"。在长征中，正是有了党的坚强领导，红军广大指战员在极端艰难的条件下，毫不动摇地保持着革命必胜的信念，以惊人的智慧和毅力，冲破国民党军队的重兵追堵，克服雪山草地的艰险，经受饥寒伤病的折磨，战胜党内分裂的危机，胜利地完成了长征，创造了战争史上的奇迹。

　　坚定的革命信念是红军胜利之根，铁的纪律则是其胜利之本。在艰苦卓绝的万里长征中，面对数十万国民党军队的围追堵截，面对严酷的自然环境和复杂的斗争生活，中国共产党领导工农红军坚守铁的

---

[1]　中央党史研究室张闻天选集传记组编：《张闻天文集》，中共党史出版社 2012 年版，第 270 页。

纪律，锤炼了红军队伍铁的纪律观念。无论环境多么艰苦，官兵都能严守纪律；无论情况多么危急，都不忘执行纪律；无论职务多么高，都能自觉遵守纪律，最终取得了长征的伟大胜利。严守党的铁的纪律，是长征取得最终胜利至关重要的因素。

一个党要立于不败之地，必须立于时代潮头，紧扣新的历史特点，科学谋划全局，牢牢把握战略主动，坚定不移实现党制定的战略目标；人民军队是革命的依托、民族的希望，党对军队绝对领导是人民军队赢得胜利的根本保证。长征锻炼了人民军队，长征磨炼了人民军队，最终成就了一支攻坚克难、无往而不胜的人民军队，从而开启了人民军队发展的新起点。革命队伍的亲密团结是长征精神发展的基本保证。红二、六军团坚持原则，服从大局，放弃了在滇黔建立根据地的计划，北上与红四方面军会师，并奉中央命令改为中国工农红军第二方面军，配合朱德、刘伯承和红四方面军广大指战员维护与执行党中央的正确路线，成为维护党的团结与统一的光辉典范。

在中国共产党的领导下，充分发扬民主集中制，制定正确的战略方针，发现问题及时解决，遇到失误及时纠正，并尽量避免与减少失误，以尽可能地减少革命的损失。在长征过程中，以毛泽东为代表的中国共产党人力挽狂澜，绝地逢生，领导红军以非凡的智慧和大无畏的英雄气概，战胜千难万险，付出巨大牺牲，胜利完成震撼世界、彪炳史册的长征，宣告了国民党反动派消灭中国共产党和红军的图谋彻底失败，宣告了中国共产党和红军肩负着民族希望胜利实现了北上抗日的战略转移，实现了中国共产党和中国革命事业从挫折走向胜利的伟大转折，开启了中国共产党为实现民族独立、人民解放而斗争的新的伟大进军，在中华民族伟大复兴的历史进程中，具有极其重大的历史意义。

伟大的共产党人创造了伟大长征精神，这就是把全国人民和中华民族的根本利益看得高于一切，坚定革命的理想和信念，坚信正义事业必然胜利的精神；就是为了救国救民，不怕任何艰难险阻，不惜付出一切牺牲的精神；就是坚持独立自主、实事求是，一切从实际出发的精神；就是顾全大局、严守纪律、紧密团结的精神；就是紧紧依靠人民群众，同人民群众生死相依、患难与共、艰苦奋斗的精神。伟大长征精神，是中国共产党人及其领导的人民军队革命风范的生动反映，是中华民族自强不息的民族品格的集中展示，是以爱国主义为核心的民族精神的最高体现。

第 四 讲

全民族抗日战争的中流砥柱

1937年卢沟桥事变后，伟大的抗日战争全面爆发。抗日战争是在国共合作的历史条件下进行的，共产党领导的敌后战场和国民党坚持的正面战场组成世界反法西斯的中国战场，并使之成为世界反法西斯的东方主战场。在这场深刻改变中国和影响世界历史进程的战争中，中国共产党和中国国民党都作出了重大的贡献，而中国共产党在其中发挥了中流砥柱的作用。

一、推动形成全国抗战局面

1931年9月18日，日本帝国主义制造九一八事变，发动了侵占中国东北的大规模战争。这是日本对中国的侵略战争，是日本帝国主义发动全面侵华战争的开端，性质非常严重。但东北军统帅张学良，根据蒋介石的"此非对日作战之时"，"宜隐忍自重，以待机会"的指示，下令东北军"不抵抗"。结果日本非常轻易地侵占了东北三省128万平方公里（相当于日本国土面积的3.5倍）的大好河山，东北变成日本的殖民地。

日本在侵占东北后，继续发动对中国关内的侵略。蒋介石把"攘外必先安内"作为应对方针，集中力量"围剿"共产党和打击国民党内的异己力量。对于日本的侵略，就是屈从、妥协退让，相继签订了丧权辱国的《淞沪协定》《塘沽协定》《何梅协定》《秦土协定》等。由此，中国陷入一个严重危机、循环演进的危险境况：日本的侵略越来越猖狂，国民党政府对日妥协对内战争的幅度越来越大，中华民族的灾难和危机一步步加深。

与国民党的不抵抗主义截然不同，中国共产党在九一八事变后旗帜鲜明地提出了坚决抗日的主张。9月20日，中共中央就九一八事变发表宣言，明确号召全中国工农兵劳苦民众，"实行坚决的斗争，一致反对日本强暴占领东三省实行帝国主义压迫的战争，以解放中国"。[①] 其后，中共一直秉持抗日的主张，并在1932年4月15日公开发表《对日战争宣言》："正式宣布对日战争……以民族革命战争驱逐日本帝国主义出中国"。

其时，中共遭受国民党大军的"围剿"和严酷镇压，面临非常险恶的环境，但仍艰难而坚定地推进全国抗日局面的形成。

第一，不断号召全国人民奋起抗日。举凡发生日本侵略的事件，中共中央都发表宣言、通电和文告一类文件，呼吁抗日救亡。如在1932年1月5日，发表《中国共产党为反对日帝国主义占领锦州号召民族的革命战争的宣言》。在淞沪抗战爆发之际，于1月27日发表《中国共产党中央委员会为武装保卫中国革命告全国民众（书）》。淞沪抗战爆发后，1月31日，发表《中国共产党中央为上海事变第二次宣言》；3月24日，针对英美等国使节设立上海"中立区"的提议和国民党对此的筹划，中共发表反对此提议的《中国共产党中央委员

---

① 《中国共产党为日本帝国主义强暴占领东三省事件宣言》（1931年9月20日），中央档案馆编：《中共中央文件选集》第七册（1931），中共中央党校出版社1983年版，第398页。

会告全国工农兵及劳苦民众书》；4月5日，针对《淞沪协定》发出《中国共产党中央委员会为以民族的革命战争反对帝国主义进攻苏联与瓜分中国告民众书》；5月9日，发出《中华苏维埃共和国临时中央政府反对国民党出卖淞沪协定通电》。其后，在国民党与日本的秘密交涉、华北事变等问题上，中共中央无一例外地发表抗日宣言，反复阐述了中共实行民族革命战争、反对日本帝国主义侵略的主张。

第二，部署在东北发动直接的抗日斗争。九一八事变后，中共中央指示中共满洲省委："加紧在北满军队中的工作，组织它的兵变与游击战争，直接给日本帝国主义以严重的打击"。[①] 据此，中共满洲省委领导东北各地党组织全力以赴，迅速掀起反抗日本侵略的武装。1932年5月，巴彦游击队成立，这是中共在东北组建的第一支抗日武装。继而，在磐石、汤原、饶河、珠河、密山、宁安等地相继组建了抗日游击队。从1933年起，中国共产党领导的抗日游击队成为东北抗日斗争的主力，并在艰苦卓绝的抗日斗争中不断发展。

1936年2月至1937年12月，中共领导的抗日部队统一整编为"东北抗日联军"，共编为11个军，总兵力达到3万多人，游击区扩大到70余县，形成了东南满、吉东和北满三大游击区，并建立了20余块游击根据地。东北抗日联军在非常艰苦的环境中坚持抗战到最后胜利。

第三，指示全党开展反对日本帝国主义侵略的斗争。中共中央频繁指示全党，对于日本帝国主义的野蛮侵略给予坚决的回击。九一八事变后，中共中央在9月22日决议中指出："党应该特别加紧反帝斗争，尤其是反日斗争的领导……尤其是'工农武装起来，反对日本帝

---

① 《关于日本帝国主义强占满洲事变的决议》，中共辽宁省委办公厅、中共辽宁省地方党史编委办公室：《中共满洲省委重要文件汇编》，1962年，第78页。

国主义'应该是党目前的中心鼓动口号。"1933 年 5 月 25 日针对国民党即将与日本签订《塘沽协定》的情况，中共中央发出《关于中日秘密谈判与国民党出卖平津及华北的问题》的党内紧急通知。指出，"在目前这样严重的时机，全党须战斗地动员起来，在组织民众进行武装的民族革命战争的中心口号之下，来组织广大群众反帝和反国民党的斗争"。8 月 10 日，中共中央在纪念"九一八"二周年的决定中，规定：各级党组织"必须以战斗的动员来进行"抗日斗争，如：抓紧对群众反日运动的宣传、鼓动、组织，"进行一切反日的组织与斗争"；"必须加紧开展领导反日的民族革命的战争"；有力地进行反日的斗争与罢工，特别抓紧日本企业中的反日的罢工运动。

第四，掀起抗日救亡运动。九一八事变后，抗日救亡运动很快在全国兴起。根据中共中央的指示，各地中共党组织积极参加和组织了这些抗日救亡运动，并在其中发挥了重要作用。1935 年 12 月爆发的一二·九运动，是在中共河北省委、北平临时市委和北平学联的领导下进行的。一二·九运动震动全国，得到天津、上海、南京、武汉等全国 70 多个大中城市的爱国学生的响应和声援，形成全国范围抗日救亡运动，强劲地推动了全国抗日的进程。

第五，积极支持和参与局部抗战。九一八事变后，针对日本帝国主义的侵略，中国军民举行了许多抗日斗争，如一·二八淞沪抗战、察哈尔民众抗日同盟军、绥远抗战等，史称"局部抗战"。中共积极与国民党地方当局和抗日军队进行了抗日合作。1932 年淞沪抗战爆发后，中共江苏省委、上海地下党组织策动各界人民积极支援十九路军抗战。对于傅作义的绥远抗战，中共给予了很多的支持。傅作义对中共的支持，影响深刻。他后来在《纪念抗日战争胜利二十周年》一文中写道："就我个人的抗日经历来说，是始终受到中国共产党和毛主席的鼓励和支持的。"这些实践，不仅对上述局部抗战是有力的支持，而且对推动全国抗战的发展产生了重要影响。

第六，首倡并全力推进抗日民族统一战线。中共中央部署抗日救亡斗争时，把反帝统一战线作为发动反对日本帝国主义侵略的民族革命战争的重要途径，并且在开展抗日斗争的实践中不断扩大统一战线的范围。1935年发表的《八一宣言》，呼吁停止内战，抗日救国，极大地鼓舞了全国人民，有力地促进了抗日救亡运动的发展。同年12月召开的瓦窑堡会议，明确提出了建立抗日民族统一战线的策略总方针，修改了与此不相适应、带有"左"倾错误的政策，实际实现了党的整个政治路线的转变。据此，经过一系列工作，中共和张学良东北军、杨虎城第十七路军形成"三位一体"的合作抗日的新局面。

第七，主张并实行与国民党合作抗日。1936年8月10日，中共中央政治局决定放弃"抗日必须反蒋"的主张。8月25日，中共中央发出致中国国民党书，正式提出愿与国民党"结成一个坚固的革命的统一战线"，公开宣示了中共与国民党合作抗日的意愿。据此，中共中央明确实行"逼蒋抗日""联蒋抗日"的方针。西安事变的和平解决，就是其重大的结果。由此，在卢沟桥事变后，国共两党在抗日目标下实现了第二次合作。而国共第二次合作的建立，标志着抗日民族统一战线的形成。这是一个对中国抗日战争有着全局性和意义深远的事件，是全国抗战形成的决定性因素。

二、制胜强敌的战略理论

全国抗战爆发后，如何进行抗日战争并争取抗战的胜利，非常现实地、急迫地、尖锐地摆在中国人面前。中日国力、军力悬殊，中国面对的是一个强大而凶恶的敌人，处于弱国和劣势的中国要与之搏斗并战胜之，需要有超乎寻常的一整套克敌制胜的战略、战术和策略。

但国民党没有提出行之有效、克敌制胜的方案，而中共在此关键时刻，鲜明地提出一系列符合抗日战争规律、夺取最后胜利的路线、方针、政策和策略，正确地回答了中国抗日战争迫切需要解答的现实问题。它的深邃的战略思考和切合中国抗日战争实际的理论，为这场伟大的民族解放战争提供了正确的指导。

第一，实行全民族抗战的全面抗战路线。

全国抗战一开始，中国共产党就提出了实行全体人民参加战争、支援战争的全面抗战路线。1937 年 8 月 22 日至 25 日召开的中共中央政治局会议（洛川会议），明确指出：争取抗战胜利的中心关键，是使已经发动的抗战发展为全面的全民族的抗战。"只有这种全面的全民族的抗战，才能使抗战得到最后的胜利。"同时明确规定：中国共产党的中心任务是："动员一切力量争取抗战的胜利"。[1] 会议通过的《中国共产党抗日救国十大纲领》，提出"打倒日本帝国主义"，实行全国人民、全国军队总动员和抗日的政治、经济、外交和文化、教育政策等，其中心是中华民族全体动员和参加抗日战争，全国所有的活动和工作都围绕抗日战争并为抗日战争服务。简言之，就是实行人民的抗日战争。实践证明，中国共产党的全面抗战路线，是中国坚持长期抗战、争取最后胜利的正确道路。

第二，《论持久战》指明了争取抗战胜利的正确道路。

为了揭示抗日战争发展的客观规律，给全国人民指明抗日战争的进程和光明的前途，1938 年 5 月，毛泽东集中全党智慧，写了《论持久战》，阐明了中国抗战的战略方针和争取抗战胜利的正确道路。

《论持久战》明确论证了抗日战争是持久战、最后胜利属于中国

---

[1]　中央档案馆编：《中共中央文件选集》第十一册（1921—1925），中共中央党校出版社 1991 年版，第 324、325 页。

的论断。

毛泽东根据中日战争的性质及时代特征,具体分析了中日双方存在着互相矛盾的四个基本特点:敌强我弱,敌小我大,敌退步我进步,敌寡助我多助。其第一个特点决定日本的进攻能在中国横行一时,而中国不能速胜,中国的抗战不可避免地要走一段艰难的路程。而第二、第三、第四个特点,决定中国能够在持久战中取得最后的胜利。即中国在进步的历史时期所进行的抗日战争是进步的正义的战争,因而能够唤起全国人民的抗战热情,同仇敌忾,利用中国地大、人多的有利条件来支持长期的战争,并将得到国际上的广大援助。而日本帝国主义发动的侵略战争是非正义的、退步的,它所进行的疯狂的战争冒险,只会加剧其本身的内外矛盾;其小国的人力、物力不足以支持长期战争;其推行侵略扩张政策,威胁和损害着其他国家的利益,这就必然会受到国际反对力量的遏制。中日双方的这些基本特点决定了抗日战争是持久战,最后的胜利是中国的。通过上述论述,毛泽东批驳了"亡国论"和"速胜论",论证中国抗日战争的前途:中国决不会亡,但也不能速胜,而是一场持久战。

《论持久战》预见持久的抗日战争将经过战略防御、战略相持和战略反攻三个阶段。

"第一个阶段,是敌之战略进攻、我之战略防御的时期。第二个阶段,是敌之战略保守、我之准备反攻的时期。第三个阶段,是我之战略反攻、敌之战略退却的时期。"[①] 毛泽东强调了战略相持阶段的极端重要性:"这个第二阶段是整个战争的过渡阶段,也将是最困难的时期,然而它是转变的枢纽。中国将变为独立国,还是沦为殖民地,不决定于第一阶段大城市之是否丧失,而决定于第二阶段全民族努力

---

① 《毛泽东选集》第二卷,人民出版社 1991 年版,第 462 页。

的程度。如能坚持抗战，坚持统一战线和坚持持久战，中国将在此阶段中获得转弱为强的力量。"①

《论持久战》阐明了夺取抗战胜利的基本途径。

一是实施持久战战略的具体战略方针，这就是主动地、灵活地、有计划地执行防御战中的进攻战，持久战中的速决战，内线作战中的外线作战。二是实施持久战的基础在于广大民众。毛泽东强调指出："兵民是胜利之本"，"战争的伟力之最深厚的根源，存在于民众之中"。争取抗战胜利的唯一正确道路是充分动员和依靠群众，实行人民战争。动员了全国的老百姓，就造成陷敌于灭顶之灾的汪洋大海，造成了弥补武器等等缺陷的补救条件，造成了克服一切战争困难的前提。

毛泽东关于持久战的论述，揭示了抗日战争发展的客观规律，清晰而有说服力地描绘了战争发展全过程的蓝图。它回答了人们思想中存在的种种问题，澄清党内外的混乱思想，它阐发了弱国战胜强国的战略理论，对坚定中国人民的抗日信心、坚持持久抗战、争取抗日战争的最后胜利，产生了极大的动员和指导作用。

第三，广泛发动抗日游击战的战略思想

1937 年 7 月，毛泽东在《反对日本进攻的方针、办法和前途》中，把游击战列为"坚决抗战的方针"之一。1937 年 10 月下旬，他在与英国记者贝特兰的谈话中，把游击战列为抗战的"政治上军事上必需的条件"之一，提议把"单单正规军作战的局面，改变为发展广泛的人民游击战争配合正规军作战的局面"②。他特别强调游击战是抗战相持阶段全国抗战的重大任务："在敌人后方，一定要坚持游击战争，

---

① 《毛泽东选集》第二卷，人民出版社 1991 年版，第 465 页。
② 《毛泽东选集》第二卷，人民出版社 1991 年版，第 377 页。

粉碎敌人的'扫荡',破坏敌人的经济侵略"①。

基于这样的认识,中共中央屡屡建议国民党部署和实行游击战。1937 年 8 月 4 日,中共中央在向国民政府国防会议提交的对整个国防问题的建议中,指出:"正规战与游击战相配合","发动人民的武装自卫战,是保证军队作战胜利的中心一环。对此方针游移是必败之道"。②1938 年 2 月 23 日,毛泽东在就保卫武汉作战的建议中,建议国民党在外线部署大量军队,实行游击战:"我们认为必须告诉国民党,如果近百万军队均退至黄河以南平汉以西之内线,而陇海、平汉尽为敌占,则将形成极大困难。故总的方针,在敌深入进攻条件下,必须部署足够力量于外线,方能配合内线主力作战,增加敌人困难,减少自己困难,造成有利于持久战之军事政治形势。"③1938 年 3 月,中共中央向国民党临时全国代表大会建议:"在前线,彻底执行阵地战、运动战、游击战三者适当配合的新战略,以击破敌人前进部队,消耗敌人力量。在敌人后方坚决援助与发展广泛的人民的自卫战,以达到收复失地创立许多抗日根据地与支点的目的。""用最大力量普遍组织民众的自卫队、联庄队、游击队"。④

历史已经证明,抗日游击战,在强弱力量悬殊的形势下,它成为抵抗强敌、与之对决并战胜之的主要途径之一,这是中共抗日游击战理论的最大功绩。中共对此出神入化的运用,极大地打击、消灭、牵制和消耗了庞大的日军,铸造了惊天地、泣鬼神的抗日业绩。可惜的

① 《毛泽东选集》第二卷,人民出版社 1991 年版,第 588 页。

② 中共中央文献研究室编:《毛泽东年谱(1893—1949)》(修订本)中卷,中央文献出版社 2013 年版,第 9、10 页。

③ 《毛泽东军事文集》第 2 卷,军事科学出版社、中央文献出版社 1993 年版,第164 页。

④ 中央档案馆编:《中共中央文件选集》第十一册(1921—1925),中共中央党校出版社 1991 年版,第 482、483 页。

是，尽管有中共关于抗日游击战的反复宣示、建议和成功实践，国民党却没有很好地运用。

三、奋力开辟敌后抗日战场

全国抗战爆发后，八路军迅速开赴山西抗日前线，配合国民党军保卫山西。1937 年 9 月 25 日，八路军 115 师取得平型关大捷，消灭日军 1000 余人。这是抗战以来中国军队获得的第一个大胜仗，轰动国内外。继而，在配合忻口会战的过程中，八路军连续取得雁门关伏击战、夜袭阳明堡机场和长生口、马山村、七亘村、黄崖底、广阳、户封村伏击战的胜利。八路军作战 100 余次，歼灭日军 1.1 万余人，毁伤敌机 24 架，击毁敌汽车、坦克、装甲车 400 余辆，有力地支援了正面作战的国民党军。蒋介石也对八路军的游击战赞誉有加。

1937 年 11 月 8 日，太原失守，国民党军向晋南、晋西撤退，其在华北的正规作战结束。毛泽东立即指示八路军："发挥进一步的独立自主原则，坚持华北游击战争，同日寇力争山西全省的大多数乡村，使之化为游击根据地"，从而"克服危机，实现全面抗战之新局面"。[①] 八路军随即开展大规模的敌后游击战，相继建立晋西北、晋东南、晋西南敌后抗日根据地。1938 年 4 月，中共中央发出开展平原游击战争的指示，八路军据此大规模分兵，挺进冀中、冀南、山东及大青山地区，帮助当地抗日武装建立、巩固和扩大抗日根据地。战斗至 1940 年 7 月，相继建立晋察冀、晋西北、晋冀豫、冀鲁豫、冀中、冀南、鲁西（含湖西）、鲁中、鲁南、滨海、胶东、清河、冀鲁

---

① 中共中央文献研究室编：《毛泽东年谱（1893—1949）》中卷，人民出版社、中央文献出版社 1993 年版，第 36、38 页；中共中央文献研究室编：《朱德年谱（1886—1976）》（新编本）（中），中央文献出版社 2006 年版，第 710 页。

边等抗日根据地,把游击战扩大到整个华北。在 3 年的抗日作战中,八路军进行大小战斗 9000 余次,毙伤日军 13 万人,击毙日军"名将之花"阿部中将及其他将佐 10 余人,曾收复县城 150 座。

1940 年 8 月至 1941 年 1 月间,八路军总部发动百团大战(105 个团 20 余万兵力),对华北日军的交通线、据点展开大规模的破袭作战。这次战役共进行战斗 1824 次,攻克据点 2993 个,歼日伪军 50920 人,给日伪军以沉重打击。其时,德国法西斯横扫欧洲、法国战败投降,日军占领宜昌、对重庆狂轰滥炸。在国内外反法西斯形势低迷的形势下,百团大战极大地鼓舞了中国军民抗战的斗志。

1938 年 4 月,新四军刚刚集结,就在当月下旬派出先遣支队挺进苏南敌后。5 月之后,除第三支队坚持皖南江防的抗日阵地外,第一、第二、第四支队和中共河南省委组建的新四军游击支队迅速深入敌后,开展游击战。至 1938 年底,初步建立了苏南、皖南和皖中抗日根据地。根据中共中央"发展华中"的战略要求,1939 年起,新四军执行"向南巩固,向东作战,向北发展"的战略方针,在八路军的配合、支持下,大规模展开于南京、上海、武汉、徐州、开封外围,直接威胁日军的统治中心地区,至 1940 年底,共对日、伪军作战 2700 次,毙伤俘敌 5.5 万人;在华中建立了皖东、豫皖苏、皖东北、苏北等抗日根据地,扩大了苏南、皖中根据地,沟通了华北与华中抗日根据地的联系。

1938 年 10 月广州沦陷后,经香港八路军办事处和中共广东省委部署,中共党组织领导开展了东江抗日武装斗争。12 月,惠(阳)宝(安)人民抗日游击总队成立;1939 年 1 月,东(莞)宝(安)惠(阳)边人民抗日游击大队成立,分别在当地开展游击战争。1940 年 9 月,这两支武装合编为广东人民抗日游击队,开辟了以大岭山和阳台山为中心的抗日根据地。同时期,长期在海南坚持斗争的琼崖游击队，抗日斗争颇为活跃。华南的敌后抗日斗争蓬勃发展。

与此同时，中共领导的东北抗日斗争发展到鼎盛阶段。举国抗日的形势激励了东北抗日联军的斗志，为了配合全国抗战，他们主动出击，积极牵制与打击日伪军。先后取得了奇袭日军正在修筑中的通（化）辑（安）铁路老岭隧道工程；重创伪军景索清旅，歼其300余人；袭击宝清县凉水泉子伪警察所、桦川县孟家岗伏击战、聚宝山警察署、五道岗伏击战等战斗的胜利。此时，东北抗日联军总兵力达到3万多人，游击区也由40余县扩大到70余县，有的游击区连接成片，形成了东南满、吉东和北满三大游击区，并建立了20余块游击根据地。东北抗日联军的斗争环境非常艰苦，但他们英勇抗日，牵制和消耗了大量日军。

这样，中国共产党领导的抗日游击战争，形成一个遍及全国、纵贯南北、大量牵制和消耗日军的敌后战场。

敌后战场是在战略防御阶段后逐步形成的，得到了正面战场的掩护，而它在形成过程中的作战同时给予正面战场强有力的战略支援。比如武汉会战期间，八路军积极地策应和配合国民党军的大小战斗近1000次，给日军沉重打击。1938年9月15日，日本华北方面军司令官寺内寿一向前来视察的侍从武官承认：在日本占领区，中共领导的游击活动"十分猖獗，破坏铁路、袭击各地等不祥事件反复发生，实际上恢复治安地区只不过是主要交通线两侧数公里而已"。正是因为八路军的突出战绩，1938年11月2日，国民政府军事委员会军令部以八路军"忠实奋发、迭予敌重创"，致电朱德、彭德怀，对部队"传谕嘉奖"。[①] 日军大量兵力用于和敌后八路军的作战，自然就削减了

---

① 郭汝瑰、黄玉章主编：《中国抗日战争正面战场作战记》（上），江苏人民出版社2005年版，第38页。

其对正面战场的攻击力，八路军敌后游击战之功效由此可见一斑。

众所周知，日军在占领武汉之后，因战线太长、兵力不足而停止战略进攻。而其中一个主要的原因是八路军、新四军在敌后大规模的游击战，搅得其占领区颇不安宁，因此需要大量分兵把守，并用前线兵力回填，结果造成进攻的兵力不足。也就是说，敌后广泛的游击战是日军停止战略进攻的一个主要原因。1940 年在遭受八路军百团大战的沉重打击后，日军被迫向华北增加 2 个师团。1940 年日本军方报告称："日军在华北有九个师团和十二个旅团的强大兵力被钉死在那里。""华北治安的症结所在，并非国民党政府，而是中共"。

由此，在抗日战争进入相持阶段后，敌后战场在中国抗日战争中的作用越来越大，逐渐成为中国抗日的一个主战场。

第一，牵制和消耗大量日军的兵力。敌后十分广泛和活跃的游击战，给日本侵略军形成巨大的威胁。1939 年 12 月初，日本华北方面军情报主任会议认为："共产党势力渗透到了华北全境，就连北平周围，共产党组织也深入到了通县、黄村（大兴）县的民众之中。在山东方面，共产党势力的扩张更为剧烈。山西、河北的共产党军队，以前的行动目的是扰乱我后方，消耗我战力，牵制我兵力，乘机进行游击战争。最近他们接受的任务，规模既大而且行动积极。"这种形势随着中共抗日力量在敌后的发展，对日军的打击越来越大。为了防范敌后军民的抗日斗争、维持其统治秩序，日军被迫大量调用军队于占领区。1942 年，日军用于华北、华中的兵力有 55 万余人，其中用于巩固占领区的约有 33.2 万人。据统计，敌后战场抗击侵华日军的比例，1938 年是 58.8%，1939 年是 62%，1940 年是 58%，1941 年是 75%，1942 年是 63%。这 5 年中，还一直抗击着全部伪军。

第二，迫使日军动用庞大的兵力"扫荡"。由于面临抗日武装的巨大威胁，日军就频繁动用重兵疯狂"扫荡"敌后抗日根据地。比如日军对华北抗日根据地的"扫荡"，在1939年和1940年的两年中，出动主力千人以上的大规模"扫荡"达109次，使用总兵力在50万人以上；1941年和1942年的"扫荡"更甚，一次使用兵力在千人以上至万人的达132次，万人以上至7万人的27次，总计使用兵力达83.9万余人；1943年和1944年的"扫荡"，千人以上者177次，使用兵力66万余人，其中万人以上的大"扫荡"22次，使用兵力29.7万余人。日军屡屡动用重兵频繁"扫荡"，说明敌后战场使之头疼和恐惧，而敌后军民在与日军不断的斗争中，在承受了巨大的危险、牺牲和损失的同时，给日本侵略军造成重大的伤亡，使其消耗巨大。

第三，沉重打击了日本"以战养战"的战略。日本国内资源匮乏，战略物资主要依靠进口，因此经不起长期战争的消耗。在其"速战速决"企图破产后，掠夺占领区物资，成为其维持战争的主要手段。而敌后军民频繁的游击战，破袭日军交通线、攻拔日军据点、破坏日军设施、扰乱日军统治秩序等等。在给日军造成重大杀伤和消耗的同时，有力地打击了其"以战养战"的战略。如百团大战破坏日军控制的铁路474公里、公路2600余公里、桥梁和车站及隧道261处。[①]1940年10月15日，日军华北方面军在向日本陆军省的《破坏修复情况》报告中说："石太线被破坏之广泛及其规模之大，远非其他地方可比，敌人采用爆炸、焚烧、破坏等方法，企图对桥梁、轨道、通信网、火车站设施等重要技术设备，予以彻底摧毁。在进行破坏时，隐秘伪装得极为巧妙。"[②]百团大战破坏日军控制的煤矿5所，特别是严重破坏了日军的燃料基地井陉煤矿，使之在很长时间不能出煤。正因如此，

[①] 袁旭：《百团大战》，新华出版社1991年版，第47页。一般著作都称百团大战破坏公路3044里。

[②] 中国人民革命军事博物馆《百团大战历史文献资料选编》编审组编：《百团大战历史文献资料选编》，解放军出版社1991年版，第602页。

日军华北方面军承认：百团大战使日军"三年来惨淡经营积累的资材几乎全部耗尽"。① 百团大战还沉重地打击了日本占领区的经济，百团大战"使平、津、太原、石家庄等大城市人民大为兴奋，影响伪币大跌价"。②

应重视敌后游击战在打击日本"以战养战"战略方面的重大作用，在一定程度上，它对日军的打击、削弱和消耗更沉重。

第四，敌后战场对正面战场形成有力的支持。不能否认国民党抗战的功绩，正面战场国民党军的抗日行动，无论成败均是对着民族敌人的，应当肯定。但是，在相持阶段之后，由于国民党军队固有的问题越来越突出，如蒋介石所批评的："上层官兵不知奋发补进，而且弛懈偷安"，士气低落，军队"真是一天不如一天"，"敌人来了，不能抵抗，敌人退了，不能追击。几次战斗，毫无俘获"。③ 国民党军作战的积极性较之战略防御阶段大为减弱，对日作战主要呈现出敌攻我防、敌退我守的态势。较之正面战场，敌后军民主动作战的积极性很高，游击战十分活跃，使日军防不胜防，穷于应对，不断增兵防守，其主战场的作用就非常突出。敌后战场和正面战场是互相支持的，敌后游击战牵制、消耗大量的日军，就大大减轻了正面战场的压力，形成对正面战场的重大支持。

日本帝国主义是因为长期深陷中国战场、被严重削弱而遭遇灭顶之灾的，敌后战场无疑就是致其死命的一个主要因素。

---

① 日本防卫厅战史室编：《华北治安战》（上），天津人民出版社1982年版，第342页。

② 《晋冀豫区党委关于开展沿线工作之补充意见》（1941年），转引自彭德怀传记组：《彭德怀全传》（二），中国大百科全书出版社2009年版，第476页。

③ 蒋介石：《柳州军事会议闭幕训词》（1940年4月25日），《第三次南岳军事会议训词》（1941年10月22日），《国军入缅作战经过和决心与我军对世界战局演变应有之认识与准备》（1942年5月3日）。

四、发展、坚持和维护国共合作抗日的局面

国共合作之始，中国共产党就坚定地认识到：以国共合作为主干的抗日民族统一战线，"将给予中国革命以广大的深刻的影响，将对于打倒日本帝国主义发生决定的作用"[①]。因此，坚持、充实、维护和完善的立场非常明确："我们的政策，无论如何要一个长期的民族统一战线，要一个长期合作"[②]，"在整个抗日战争时期，无论在何种情况下，我党的抗日民族统一战线的政策是决不会变更的"[③]。在中共六届六中全会上，毛泽东提出了"巩固和扩大抗日民族统一战线，巩固和扩大国共合作"的任务，号召全党为抗日民族统一战线的"广大的发展与高度的巩固"而不懈努力。[④] 中共曾多次就抗战的战略战术向国民党提出建议。1938 年 3 月，针对国民党死守一城一地、大打阵地战的战法，中共中央决定向国民党提出军事建议书，建议：战略方针以运动战为主，包括阵地战，以游击战为辅。[⑤] 在军事斗争方面，先是直接的军事配合，全力协助国民党保卫山西，其后通过敌后战场的积极作战，从战略上配合正面战场。周恩来还接受国民党邀请出任国民政府军事委员会政治部副部长，派出叶剑英等干部帮助国民党开办南岳游击干部训练班等。对国民党的抗战建国纲领，中共"站在主动的积极地位，赞助国民党实施这个纲领，在实施中发展与提

---

① 《毛泽东选集》第二卷，人民出版社 1991 年版，第 364 页。

② 中央档案馆编：《中共中央文件选集》第十一册（1921—1925），中共中央党校出版社 1991 年版，第 623 页。

③ 《毛泽东选集》第二卷，人民出版社 1991 年版，第 762 页。

④ 中央档案馆编：《中共中央文件选集》第十一册（1921—1925），中共中央党校出版社 1991 年版，第 604 页。

⑤ 中共中央文献研究室编：《周恩来年谱（1898—1949）》，人民出版社、中央文献出版社 1989 年版，第 406 页。

高它"①。

　　1939 年 1 月召开的国民党五届五中全会，主题是"强化"国民党，"与共产党作积极之斗争"，会议制定了"溶共""防共"和"限共"的方针。由此，国民党的反共行为愈来愈烈，从到处制造磨擦，发展到制造大量惨案，进而在 1939 年冬和 1940 年春掀起第一次反共高潮，1941 年制造皖南事变，掀起第二次反共高潮。这些反共行为，严重地破坏合作、破坏抗战，危及中共抗日力量的生存。

　　针对国民党顽固派的反共行径，中共中央采取了准备自卫和争取好转两方面的措施。一是提醒"全党努力从思想上组织上准备自己，并准备舆论，准备群众，随时可以对付事变——各种意料之外的袭击，各种大小事变"。二是推动国民党向好的方面转化，"积极帮助蒋与督促蒋向好的一边走"。②为此，中共采取了革命的两面政策，即一方面，坚持团结抗战，坚持国共合作，帮助和推动国民党进步，使局势向好的方向发展；另一方面，对其妥协动摇和倒行逆施，进行坚决的斗争，以便通过斗争，求得团结。中共在斗争中坚持有理、有利、有节的原则。打退国民党第一次反共高潮后，1940 年 2 月，毛泽东给阎锡山写信，表示愿意和平解决山西发生的磨擦事件，并派萧劲光、王若飞同阎锡山谈判。皖南事变严重地损害了国共关系，进一步暴露了国民党独裁、反共的面目。但为团结国民党继续抗战，中国共产党从抗日的大局出发，坚持"和国"的方针，力图缓和同国民党的关系。1941 年 4 月下旬，毛泽东致电周恩来，要他在见蒋介石时，"表示我党愿意同国民党继续团结抗日，惟望国民党改变对内政策，

① 《中共中央文件选集》（内部本）（11），中共中央党校出版社 1985 年版，第 508—509 页。

② 金冲及主编：《毛泽东传（1893—1949）》（下），中央文献出版社 1996 年版，第 540 页。

并对八路军发饷，合理解决新四军问题"①。毛泽东在《一九四二年的中心工作任务》中指出："对国民党以疏通团结为主，以防制其反共为辅。"②1942年7月9日，毛泽东又致电在华中的刘少奇："我们的方针是极力团结国民党，设法改善两党关系，并强调战后仍须合作建国。"③1943年在打退国民党第三次反共高潮后，中国共产党继续采取"拉蒋抗日"的方针。1944年初，根据蒋介石希望中共派代表到重庆谈判的信息，中共中央决定派林伯渠赴重庆谈判。关于这次谈判的方针，毛泽东说：总的态度是不卑不亢，表示我们是求和，要求抗战到底，团结到底。

1944年9月，中共中央根据豫湘桂战役后的中国抗日的严峻形势，提出了建立民主联合政府的主张。但其基本立场仍然是和国民党合作。"联合政府仍然是蒋介石的政府，不过我们入了股，造成一种条件。为着大局，可能还要忍耐一点。"④联合政府主张实质上提出了国共合作的一种新形式，是在新的形势下国共合作的一种新形式。

国共合作是抗日民族统一战线的基础，虽然抗战时期国共矛盾丛生，两党关系复杂多变，曾一再发生冲突，尤其是国民党曾发动了三次反共高潮，把国共关系推到危险的边缘，但中共不计前嫌，顾全抗日大局，努力维护和国民党的关系。特别是，中共虽然屡受国民党的压迫和进攻，但不因此而改变合作的立场，从防御的角度而不是主动进攻的方式处理两党冲突，这是保全全国合作抗日的重要原因。

---

① 《皖南事变（资料选辑）》，中共中央党校出版社1982年版，第240页。

② 《毛泽东文集》第二卷，人民出版社1993年版，第386页。

③ 中共中央文献研究室编：《毛泽东年谱（1893—1949）》中卷，人民出版社、中央文献出版社1993年版，第393页。

④ 中共中央文献研究室编：《毛泽东年谱（1893—1949）》中卷，人民出版社、中央文献出版社1993年版，第587、576页。

以国共合作为主干的抗日民族统一战线,是抗日战争坚持、发展和胜利的前提条件和基础。中共为此的努力和牺牲,保障了抗日民族统一战线,保障了全国的抗战局面。这是中共对中国抗日战争作出的最大贡献,也是其在抗日战争中发挥的极其重大的作用。

国民党实施正面战场的作战,是中国抗日战争的主要组成部分之一。它抗日自有其内在原因,但中国共产党的推动、团结和制约,无疑是一个重要的外在原因。

应该强调的是,中国共产党是在极端困难、严重缺少必需资源的情况下,开辟敌后战场的。仅靠几万人的军队、仅有极其简陋的武器,就建立了一个和强大的敌人抗衡并相持到最后的战场。中国共产党在抗日战争时期面临的困难是巨大的,所遇到的挑战是前所未有的:敌人是以前所没有遇到过的日本帝国主义,是一个强大的、训练有素的、异常凶恶的敌人,需要针对它有一整套的战略战术;国民党及其军队由过去的敌人成了友党友军,但他们又包藏祸心,准备在合作的过程中搞垮共产党,并不断制造磨擦,如何处理和他们的关系,既维护合作抗日的大局又防止和避免他们的破坏,是难度非常大的问题。土地革命时期发动农民的方式,因和国民党合作而不能采用了,但抗日必须发动农民,发动农民就必须解放农民,因此在新的历史条件下如何解决农民问题,仍是非常困难的问题。抗战时期,国民党千方百计打压共产党,如武器、弹药、军需品及军饷等方面,较为苛刻,1940年10月后完全停发,党缺乏抗日斗争的起码物质资源,但又必须坚决贯彻自己的抗日主张,领导人民群众坚持抗战,不断开创抗日的新局面,如何解决这一矛盾,是非常现实但关系抗日全局的重大问题。另外,在敌后建立抗日根据地,涉及政治、经济、文化、军事、社会等一系列的问题;抗日战争是在世界反法西斯战争的整个形势下进行的,还要处理国际关系方面的问题。

中国共产党坚毅地迎接了这些挑战，经受住了格外严峻的考验，战胜了无数难以述说的困难，正确地处理了各种矛盾、问题，开创了一个令世界惊奇不已的大好抗日局面。在这场为人类文明、进步而战，为中华民族生存、自强而战的残酷较量中，中国共产党以其巨大贡献，彰显了抗日战争中流砥柱的作用。

| 第 五 讲 |

争取和平民主的斗争与伟大的战略决战

抗日战争胜利后，中国面临着两种前途、两种命运的抉择。在这种历史背景下，为了争取和平、民主，为了使中国有一个光明的前途与命运，中国共产党通过参加重庆谈判和政治协商会议，不仅表明了和平的诚意，而且在政治上赢得了主动权。然而，就在举国上下翘首期盼和平民主之际，国民党部队重兵围攻中原解放区，悍然发动了全面内战。面对强敌进攻，毛泽东主张集中优势兵力，以歼灭敌人有生力量为主要目标。在这一作战方针指导下，人民解放军相继粉碎了敌人的全面进攻和重点进攻。接着，又发起辽沈、淮海、平津三大战役，从根本上消灭了国民党军队的主力。这加快了新中国筹建的步伐，推动了新民主主义革命胜利的进程。

一、为和平、民主而斗争

抗日战争胜利后，和平、民主成为历史潮流。在和平、民主呼声日益高涨的背景下，蒋介石虽然在内心希望尽快武力消灭共产党，但是，迫于国内外舆论压力，还是采取了"和""战"并用的两手政策。

长期以来，蒋介石一直图谋消灭或者吞并共产党。早在抗战处于相持阶段时，他就曾表示："我的责任是将共产党合并国民党成一个组织"，"此事乃我的生死问题，此目的如达不到，我死了心也不安，抗战胜利了也没有什么意义"。① 随着抗战胜利的到来，蒋介石想消灭共产党的企图与日俱增。不过，由于国民党的精锐部队无法立即部署到前线，因此，作为缓兵之计，蒋介石先打出了"和谈"牌。1945年8月14日、20日、23日，当举国上下还在庆祝胜利时，他先后三次致电邀请毛泽东到重庆进行谈判。面对蒋介石的再三邀请，为了使中国有一个光明的前途和命运，毛泽东在8月23日的中共中央政治局会议上明确提出"和平、民主、团结"口号，指出："和平是可能取得的，因为中国人民需要和平，苏、美、英也需要和平，不赞成中国打内战。中国过去是大敌当前，现在是疮痍满目，前方各解放区损失严重，人民需要和平，我们党需要和平。国民党暂时也不能下决心打内战，因为它的摊子没有摆好，兵力分散。"他重申与国民党合作的意愿，表示愿意参加联合政府，认为"中国如果成立联合政府，可能有几种形式。其中一种就是现在的独裁加若干民主，并将存在相当长的时期"。他明确表示要去重庆进行谈判并得到政治局会议的同意。8月24日，毛泽东复电蒋介石，表示同意去重庆。他说："鄙人极愿与先生会见，商讨和平建国大计。俟飞机到，恩来同志立即赴渝晋谒。弟亦准备随即赴渝。"②

经过充分准备，8月28日，毛泽东、周恩来、王若飞在美驻华大使赫尔利和国民党代表张治中的陪同下，乘坐美国飞机赴重庆参加谈判。毛泽东到达重庆，使广大民众看到了和平的希望，人们欢欣鼓舞，翘首以待。8月29日，《大公报》发表社论，认为"这是中国的

① 中共中央文献研究室、中央档案馆编：《建党以来重要文献选编（1921—1949）》第十五册，中央文献出版社2011年版，第793页。
② 《毛泽东文集》第四卷，人民出版社1996年版，第5、7、2页。

一件大喜事",指出:"现在毛泽东先生来到重庆,他与蒋主席有十九年的阔别,经长期内争,八年抗战,多少离合悲欢,今于国家大胜利之日,一旦重行握手,真是一幕空前的大团圆!"① 柳亚子甚至赋诗称赞毛泽东到重庆是"弥天大勇","霖雨苍生"。张治中作为国民党方面代表,对于毛泽东的重庆之行,感触尤为深刻,指出:"这是中国历史上一件大事。毛先生之到重庆,在当时说,是象征着中国内部的团结,是意味着国共两党新关系的开始。胜利与团结,正是双喜临门,不但全国人民为之欢欣鼓舞,而全世界人士亦寄予热切的期望,当时中国的国际地位突然为之提高了许多"。②

重庆谈判主要分两个层次进行:一个层次是国共两党最高领导人毛泽东和蒋介石之间的见面和会谈,共计10余次。两人会谈中间,蒋介石更多的是向毛泽东施加压力,试图让中共屈服。毛泽东针锋相对地说,解放区的努力应该承认,应该帮助。③谈判的另一个层次,是中共谈判代表周恩来、王若飞同国民党谈判代表张群、邵力子、王世杰、张治中之间的较量。9月3日,中共代表团向国民党方面递交了11条意见。其中包括:承认国共两党及抗日党派的合法平等地位,确立长期合作、和平建国方针;承认解放区部队及地方政权,在抗日战争中的功绩和合法地位;严惩汉奸,解散伪军;重划受降地区,解放区抗日军队参加受降工作;停止一切武装冲突,各部暂留原地待命;实行政治民主化、军队国家化、党派平等合法;由国民政府召集各党派及无党派代表人物的政治会议,各党派参加政府,重选国民大会;公平合理的整编全国军队,确定分期实施计划;解放区部队编成16个军48个师,中共人员任北平行营及北方政治委员会主任;党派

---

① 《毛泽东先生来了!》,《大公报》1945年8月29日。

② 张治中:《张治中回忆录》,华文出版社2014年版,第512页。

③ 胡乔木:《胡乔木回忆毛泽东》,人民出版社2003年版,第417页。

平等合作办法：释放政治犯，保障自由，取消特务机关。自 9 月 4 日至 10 月 5 日，国共代表团共进行了 12 轮谈判。谈判的核心问题是解放区政权及人民军队的地位问题。为了使谈判得以继续进行，中共在谈判中做出了一些实质性的让步：让出了分布在广东、浙江、苏南、皖南、皖中、湖南、湖北、河南（豫北不在内）等 8 个省区内的解放区；同意按照 1∶7 比例缩编军队；同意谈判过程不公开。

当国共两党代表团在谈判桌上唇枪舌战之际，谈判桌外也在进行着激烈交锋。特别是面对阎锡山部队的进攻，刘伯承、邓小平指挥晋冀鲁豫军区主力部队及地方部队在上党地区开展自卫反击，有力打击了阎锡山部队，加强了中共代表团在谈判中的地位。

虽然国共两党在军队整编、解放区问题等很多方面存在很大分歧，但是，经过 43 天的艰苦谈判，双方代表团最终还是在和平建国方针、召开政治协商会议等问题上达成了共识，并于 10 月 10 日签订了《政府与中共代表会谈纪要》（即《双十协定》）。《会谈纪要》共 12 条，明确了和平建国方针，强调"必须共同努力，以和平、民主、团结、统一为基础"，"长期合作，坚决避免内战，建设独立、自由和富强的新中国"。同时，确定召开各党派代表及无党派人士参加的政治协商会议。① 这是国共会谈取得的主要成就，其积极意义在于"这个会谈纪要，第一个好处是采取平等的方式双方正式签订，这是历史上没有过的。第二，有成议的六条，都是有益于中国人民的"②。重庆谈判是战后国共两党的一次政治博弈。通过谈判，中国共产党表明了和平诚意，宣传了政治主张，不仅争取到了大后方人民群众的支持，而且赢

---

① 重庆市党史工作委员会等编：《重庆谈判纪实（1945 年 8—10 月）》，重庆出版社 1983 年版，第 250—254 页。

② 中共中央文献研究室编：《毛泽东年谱（1893—1949）》下卷，中央文献出版社 2013 年版，第 34 页。

得了政治上的主动权。

重庆谈判期间，当国共两党代表团就解放区及解放区人民军队的地位问题陷入僵局时，中共中央根据形势发展，对战后战略方针进行了及时调整。在同毛泽东、周恩来协商之后，9月19日，刘少奇为中共中央起草了《目前任务和战略部署》的指示电，并向全党发出，指出："全国战略方针是向北发展，向南防御。只要我能控制东北及热、察两省，并有全国各解放区及全国人民配合斗争，即能保障中国人民的胜利。"① 根据指示，各解放区陆续抽调约11万人的部队，以及2万余名干部赶赴东北。这对于建立巩固的东北根据地创造了条件。

重庆谈判之后，经过多方努力，1946年1月10日，政治协商会议在重庆召开。经过激烈讨论，会议最终通过了《政府组织案》《和平建国纲领》《国民大会案》《宪法草案》和《军事问题案》。这五项协议虽然不同于中国共产党所主张的新民主主义纲领，但对于国民党的一党专政、个人独裁的政治制度和反人民的内战政策，具有明显的限制作用。为落实政协五项协议，中国共产党做了最大努力，不仅提出了参加政府人员的名单，而且在各解放区积极开展了复员整军工作。为了便于到南京参加政府工作，中共中央甚至一度打算将驻地搬到淮阴。

然而与之形成鲜明对比的是，国民党方面并不打算真正执行政协协议。国民党特务先后制造了"沧白堂事件""较场口惨案""下关惨案"等一系列殴打民主人士的事件。这使得广大民主人士感到无比愤怒。国民党部队还加快了进攻解放区的步伐。据不完全统计，从1946年1月10日政治协商会议召开到6月，国民党军队进犯解放区达4300

---

① 《刘少奇选集》上卷，人民出版社1981年版，第372页。

多次，使用兵力达 270 万人次，占领解放区城市 40 余座。在这种情况下，内战不可避免地爆发了。

二、粉碎国民党军重点进攻，揭开战略反攻序幕

政治协商会议闭幕后不久，1946 年 3 月 1 日至 17 日，国民党召开了六届二中全会。会上，强硬派对政协会议协议大肆攻击。6 月 26 日，国民党军调集 10 个整编师 22 万人，向鄂豫边境的中原解放区发起总攻，标志着全国规模的内战爆发。

当时，国共力量悬殊。据统计，内战爆发时，国民党军队拥有装备较好的陆、海、空军，总兵力约 430 万人，而中国共产党所指挥的军队只有 127 万人，没有空军和海军。在这种情况下，敢不敢打、能不能胜，对于毛泽东来说是极大的挑战。经过深思熟虑，毛泽东决定采取针锋相对方针，以斗争求和平。8 月 6 日，他在同美国记者斯特朗的谈话中，提出了"一切反动派都是纸老虎"的论断。9 月 16 日，他又进一步强调"集中兵力各个歼敌的原则"，要求"以歼灭敌军有生力量为主要目标，不以保守或夺取地方为主要目标"。[1]

根据这一作战方针，各解放区在反击国民党军事进攻的过程中，消灭了敌人大批有生力量。据统计，自 1946 年 6 月底至 1947 年 3 月，解放区各部队经过 160 多次重要战役战斗，共歼灭国民党军队 71 万人。[2] 这使得国民党军队对解放区的全面进攻难以为继。在这种情况下，1947 年 3 月，蒋介石决定停止全面进攻，开始集中 94 个旅对山东和陕北两大解放区发起重点进攻。其中，山东解放区是国民党

---

[1] 《毛泽东选集》第四卷，人民出版社 1991 年版，第 1195、1199 页。

[2] 《中国人民解放军军史》编写组编：《中国人民解放军军史》第 3 卷，军事科学出版社 2010 年版，第 135 页。

军队重点进攻的重心。在进攻山东解放区的同时，蒋介石集结 34 个旅约 25 万人向中共中央所在地延安发起进攻。得知敌军要进攻延安的消息后，毛泽东在指导和部署延安保卫战的同时，决定主动撤离延安。撤出延安后，毛泽东、周恩来、任弼时率领中共中央机关部分干部转战于陕北黄土高原的千沟万壑。同时，彭德怀、习仲勋率领西北野战兵团灵活运用"蘑菇"战术，先后取得了青化砭、羊马河、蟠龙镇大捷，共歼敌 10 万余人。这彻底破灭了蒋介石试图消灭中共中央的幻想，从根本上粉碎了敌人的重点进攻战略。

随着国民党军队的全面进攻、重点进攻被相继挫败，国共军事力量消长发生了很大变化。据统计，到 1947 年 6 月，国民党军队人数从 430 万人下降到 373 万人，而人民解放军的总兵力从 127 万人增加到 195 万余人。在这种背景下，为了减轻山东和陕北的军事压力，毛泽东决定让刘邓大军渡过黄河，直出大别山地区。在做了充分动员和准备之后，6 月 30 日夜，刘伯承、邓小平率领晋冀鲁豫野战军主力 12 余万人，突然发起渡河作战，一举突破黄河天险。接着，又发起鲁西南战役，共歼灭敌军 56000 余人，取得了战略进攻初战的胜利。8 月 8 日夜，刘邓大军主力部队突然甩开围追之敌，兵分三路向南疾驰，以锐不可当之势，先后跨越陇海路、黄泛区、沙河、涡河、洪河、汝河、淮河等重重障碍，于 8 月底陆续进入大别山区。刘邓大军千里跃进大别山，揭开了人民解放军战略进攻的序幕。

在刘邓大军千里跃进大别山期间，为了牵制敌军，中共中央还命令山东的陈粟大军和陕北的陈谢大军，从两侧进行配合，从而使三路大军成"品"字形布阵，互为掎角，机动作战，给敌军以严重威胁。三路大军转战中原，有力遏制了国民党军队对解放区的进攻态势。人民解放战争由此进入战略进攻阶段。截至 1948 年 3 月，共歼敌 20 余万人，解放县城近百座，吸引和调动敌南线部队约 90 个旅，初步建立了拥有 3000 万人口的新的中原解放区，使国民党的战略要地南京、武汉直接暴露于解放军的威胁之下。

随着人民解放战争已经进入战略反攻阶段，1947 年 10 月 10 日，中国人民解放军总部公布了毛泽东起草的《中国人民解放军宣言》，首次提出了"打倒蒋介石，解放全中国"的口号。同一天，新华社公布了毛泽东起草的《中国人民解放军总部关于重行颁布三大纪律八项注意的训令》。[①] 在《宣言》《训令》的激励鼓舞下，中国人民解放军势如破竹，在各个战场均取得了明显进展。

三、巩固和扩大全民族统一战线，争取最广大民心

人民解放战争进入战略进攻阶段之后，为了争取广大农民支持，1947 年 7 月 17 日，全国土地会议在河北平山县西柏坡召开。9 月 13 日，会议通过了《中国土地法大纲》草案。10 月 10 日，中共中央在陕北神泉堡正式公布《中国土地法大纲》，规定："乡村中一切地主的土地及公地，按乡村全部人口，不分男女老幼，统一平均分配，在土地数量上抽多补少，质量上抽肥补瘦，使全乡村人民均获得同等的土地，并归各人所有。"为了团结更多人支持和参加革命，《中国土地法大纲》还规定："家居乡村的一切人民解放军、民主政府及人民团体的人员，其本人及其家庭，分给与农民同样的土地及财产"；"地主及其家庭，分给与农民同样的土地及财产"；"家居乡村的国民党军队官兵、国民党政府官员、国民党党员及敌方其他人员，其家庭分给与农民同样的土地及财产"；"保护工商业者的财产及其合法的营业，不受侵犯"。[②]

---

① 《毛泽东选集》第四卷，人民出版社 1991 年版，第 1235—1237、1241 页。

② 中央档案馆编：《中共中央文件选集》第十六册，中共中央党校出版社 1992 年版，第 547—549 页。

《中国土地法大纲》是一个彻底的反封建的土地改革纲领。到 1949 年上半年，在拥有 2.7 亿人口、面积约 230 万平方公里（内蒙古自治区和华南未包含在内）的解放区内，约有 1.51 亿人口（其中农业人口约 1.25 亿）的地区完成了土地改革，大约有 1 亿农民分得 3.75 亿亩土地。

通过土地改革，贫苦农民获得了梦寐以求的土地，在政治、经济上实现了"翻身"。这进一步激发了农民发展生产、参军参战、支援前线的积极性，从而为解放战争提供了物质基础和人力资源。据不完全统计，土地改革后，华北解放区有近 100 万农民参军；东北解放区共有 160 万农民参军。对此，毛泽东给予了很高评价。他说："我们的解放战争，主要就是靠这一亿六千万人民打胜的。有了土地改革这个胜利，才有了打倒蒋介石的胜利。"①

在通过土地改革争取农民的同时，中国共产党还在城市积极支持和推动学生运动，广泛团结中间党派和民主人士，开辟了第二条战线，进一步巩固和扩大了全民族统一战线。

学生运动是第二条战线斗争的先锋和主体。在严重的政治、经济危机逼迫下，青年学生们坚决反对国民党政府的内战政策，喊出了"挽救教育危机""向炮口要饭吃"的口号。自 1945 年底到 1947 年 8 月，先后爆发了云南昆明的"一二·一"运动，北平的"抗议美军暴行"运动，南京、上海的"反饥饿，反内战，反迫害"运动等。这标志着第二条战线正式形成。对于如火如荼的学生运动，国民党政府不思改弦更张、改善民生，反而倒行逆施，先后制造了"一二·一"惨案、"五二〇"血案。这激起了学生的更大愤怒。特别是南京"五二〇"血案之后，武汉、西安、长沙、重庆、成都等 60 余个城市的大

---

① 《毛泽东文集》第六卷，人民出版社 1999 年版，第 73 页。

中学生纷纷响应,从而使国民党统治区的学生运动达到高潮。在学生运动的带动下,国民党统治区的民主运动空前高涨。1947 年,仅上海、北平、天津等 20 多个大中城市,就有 320 万工人参加了反抗国民党统治的斗争。

面对日益高涨的学生运动和民主运动,国民党政府采取了疯狂镇压的政策,先后暗杀了民主人士李公朴、闻一多、杜斌丞等。以至于1947 年 10 月宣布民盟为非法团体,民盟总部被迫解散。在这种情况下,1948 年 1 月,民盟领导人在香港宣布恢复活动,并指出“中间路线”行不通,民盟必须站在人民的、民主的、革命的立场上,与中国共产党“携手合作”。其他各民主党派也陆续表达了参加中国共产党领导的新民主主义革命的态度。

另外,为了团结民族资产阶级和城市工商业者,1947 年 12 月 25日,在陕北杨家沟召开的政治局会议上,毛泽东明确指出:“新民主主义革命所要消灭的对象,只是封建主义和垄断资本主义,只是地主阶级和官僚资产阶级(大资产阶级),而不是一般地消灭资本主义,不是消灭上层小资产阶级和中等资产阶级。”他认为,“由于中国经济的落后性,广大的上层小资产阶级和中等资产阶级所代表的资本主义经济,即使革命在全国胜利以后,在一个长时期内,还是必须允许它们存在;并且按照国民经济的分工,还需要它们中一切有益于国民经济的部分有一个发展;它们在整个国民经济中,还是不可缺少的一部分。”会上,他提出“新民主主义国民经济的指导方针,必须紧紧追随着发展生产、繁荣经济、公私兼顾、劳资两利这个总目标。”之后,他又再三强调“一切民族资产阶级经营的企业,严禁侵犯。”①

所有这些政策方针都极大地团结了各方面进步人士,巩固和扩大

---

① 《毛泽东选集》第四卷,人民出版社 1991 年版,第 1254—1256、1324 页。

了中国共产党领导的民族统一战线，使得蒋介石和国民党政府在政治上完全陷于孤立，有力地支持了人民解放战争的军事前线。其意义正如毛泽东所说："党在国民党区域的工作，有了很大的成绩，这表现在各大城市中争取了广大的工人、学生、教员、教授、文化人、市民和民族资本家站在我党方面，争取了一切民主党派、人民团体站在我党方面，抗拒了国民党的压迫，使国民党完全陷于孤立。"①

四、赢得伟大的战略决战

人民解放战争进入战略进攻阶段之后，各战场歼敌人数迅速地增多。到 1948 年 3 月中旬，已经消灭国民党军队 200 余万人。在这种情况下，毛泽东估计"五年左右（一九四六年七月算起）消灭国民党全军的可能性是存在的"②。3 月 23 日，中共中央东渡黄河，前往晋察冀根据地。4 月 30 日至 5 月 7 日，中共中央在河北省阜平县城南庄召开了书记处扩大会议。其间，他在听取了陈毅、粟裕的意见后，同意粟裕兵团暂不渡江南进，而先集中兵力在中原黄淮地区打大仗。③这为之后的战略决战创造了有利条件。

城南庄会议之后，随着解放战争取得节节胜利，敌我之间的差距进一步缩小。到 1948 年 6 月中旬，国民党军队锐减至 365 万人，而人民解放军总兵力已经发展到 280 万人。当时，为了避免被包围歼灭，国民党军队被迫放弃"全面防御"和"分区防御"的计划，而以精锐部队为核心，将主要兵力集中于东北、华北、华东、中原、西北

---

① 《毛泽东选集》第四卷，人民出版社 1991 年版，第 1344 页。
② 《毛泽东选集》第四卷，人民出版社 1991 年版，第 1303 页。
③ 中共中央文献研究室编：《毛泽东年谱（1893—1949）》下卷，中央文献出版社 2013 年版，第 307—308 页。

五个战场，试图依靠坚固设防，控制全国主要地区。在这种情况下，中共中央决定发起战略决战。1948 年 9 月 8 日至 13 日，中共中央在西柏坡召开政治局会议。经过讨论，会议要求做好打若干次带决定性的大会战的准备。

九月会议后，为了完成预定战略目标，人民解放军先后在东北、华东、中原、华北和西北战场发起了秋季攻势。其中，济南战役拉开了人民解放战争战略决战的序幕。济南战役开创了人民解放军攻坚并解放大城市的新纪录，使华北和华东各解放区连成一片。这标志着国民党"重点防御"体系总崩溃的开始，在国内外舆论界产生了很大震动。9 月 30 日，新华社发表毛泽东修改审定的社论，指出："胜利影响已动摇了蒋介石反动军队的内部。这是两年多革命战争发展中给予敌人最严重的打击之一。"① 随着济南战役拉开战略决战序幕，中共中央又先后发起了辽沈、淮海、平津三大战役。

三大决战首先从东北开始。根据中共中央军委部署，东北野战军发起辽沈战役。1948 年 9 月 12 日，东北野战军先包围了锦州南北两面的绥中、兴城和义县，并向这些地区的守军发起进攻。与此同时，东北野战军以 5 个纵队又一个师，以及炮兵纵队主力、一个坦克营，完成对锦州的合围。10 月 14 日，在韩先楚、邓华等人指挥下，东北野战军攻城部队共 25 万人，向锦州发起总攻。经过 31 小时激战，于 15 日晚，攻克锦州，全歼守敌 10 余万人，俘虏东北"剿总"副司令范汉杰。锦州被攻克后，进出东北的大门被东北野战军牢牢控制。这使得驻守沈阳、长春的国民党军队惊慌失措，进退失据。面对人民解放军的重兵包围，10 月 17 日，国民党第 60 军军长曾泽生率部 2.6

---

① 中共中央文献研究室编：《毛泽东年谱（1893—1949）》下卷，中央文献出版社 2013 年版，第 346—347 页。

万人悄然撤防，将长春市区东半部完全交给解放军。10 月 19 日，东北"剿总"副司令郑洞国被迫率部投降，长春和平解放。10 月 26 日，东北野战军将廖耀湘兵团合围于黑山、大虎山、新民地区，经两日一夜的激战，全歼该敌 10 万余人，俘虏敌兵团司令廖耀湘，取得了辽沈战役的决定性胜利。11 月 2 日，沈阳、营口宣告解放，辽沈战役遂落下帷幕。辽沈战役历时 52 天，歼敌 47.2 万人。经过辽沈战役，敌我力量对比发生了根本性的变化，人民解放军总数量达到 310 万人，而国民党军队的数量降到了 290 万人。

辽沈战役胜利后，东北解放区成为全国解放战争的巩固的后方。为了防止华北的傅作义集团南逃，华东野战军、中原野战军及部分地方部队，于 11 月 6 日发起了淮海战役。淮海战役共分为三个阶段。其中，第一阶段，自 11 月 6 日至 22 日，其作战重心是歼灭集结于新安镇、阿湖一线的黄百韬兵团。第二阶段，自 11 月 23 日至 12 月 15 日，其作战目标是歼灭黄维兵团。第三阶段，自 12 月 16 日至 1949 年 1 月 10 日，其作战目标是歼灭杜聿明部。1949 年 1 月 6 日，解放军发起总攻，于 1 月 10 日全歼杜聿明集团，生俘杜聿明，胜利结束淮海战役。

淮海战役历时 66 天，共歼灭敌军 55.5 万人，是三大战役中唯一的以少胜多的战役。这使得长江以北的华东和中原地区基本获得解放，并同华北解放区连成一片。对于淮海战役胜利的意义，毛泽东给予了很高评价。他说："淮海战役既然消灭了南线国民党军的主力，这就奠定了你们渡江南进夺取国民党匪巢南京，并解放江南各省的巩固的基础。"①

正当淮海战役胜利发展之际，东北野战军、华北军区第 2、第 3 兵团及部分地方部队共 100 万人，在北平、天津、张家口地区，联合

---

① 《毛泽东文集》第五卷，人民出版社 1996 年版，第 240 页。

发动了平津战役。平津战役的目标在于就地消灭华北傅作义集团。傅作义集团共有4个兵团、12个军，连同地方部队，共60多万人。当时，其主力部队摆成"一"字长蛇阵，主要分布在东起山海关，西至张家口，共500余公里的狭长地带上。考虑到傅作义集团有可能南逃或西窜，辽沈战役结束后不久，中共中央军委就急令东北野战军80余万人，提前结束休整，隐蔽挥师入关。后来为了加强领导，中共中央决定成立由林彪、罗荣桓、聂荣臻组成的平津前线总前委，以林彪为书记，统一指挥平津战役。

1948年11月29日，杨成武率领华北军区第3兵团包围了张家口，率先打响了平津决战的第一枪。张家口是傅作义集团西逃的必经之地。得知张家口被围后，傅作义急忙命令其最精锐的嫡系主力第35军郭景云部和第104军的一个师，分别乘坐汽车、火车前往增援。但是，此时东北野战军先遣兵团突然出现在北平东北，并占领密云。在这种情况下，为保卫北平，傅作义又被迫命令第35军回撤，并命怀来、南口的第104军、第16军向西接应。结果第35军被华北军区第2兵团6万余人包围于新保安，前往接应的部队也被歼灭。这样一来，傅作义的主力部队被围困于张家口、新保安、北平、天津、塘沽，陷入首尾不顾、欲逃无路的绝境。

12月11日，毛泽东在为中共中央军委起草的给林彪、罗荣桓的电文中，进一步明确了平津战役的作战方针，指出："我们的真正目的不是首先包围北平，而是首先包围天津、塘沽、芦台、唐山诸点。""只要塘沽（最重要）、新保安两点攻克，就全局皆活了。""唯一的或主要的是怕敌人从海上逃跑。因此，在目前两星期内一般应采围而不打或隔而不围的办法。"① 根据毛泽东"先取两头、后打中

---

① 《毛泽东选集》第四卷，人民出版社1991年版，第1364、1365页。

间""围而不打""隔而不围"的部署，12月22日，杨得志指挥华北军区第2兵团向新保安发起进攻，第35军被全歼，军长郭景云兵败自杀。该军是傅作义赖以起家的"王牌"部队。据该军副军长王雷震回忆："第三十五军本来是一支战斗力较强的部队，但在八年抗日战争以后投入内战，士气就开始低落，出现厌战情绪，军官请长假，士兵要回家，都难以说服。"①

第35军被歼灭，使傅作义集团的其他部队军心大乱，士气日趋低落。12月23日，华北军区杨成武兵团解放了张家口。1949年1月14日，人民解放军围城部队集中22个师34万人和1260门大炮，对天津发起强攻。按照"东西对进，拦腰斩断，先南后北，先吃肉后啃骨头"的作战部署，攻城部队经过29小时鏖战，胜利攻克天津，全歼守敌13万人，俘获天津警备司令陈长捷。天津解放后，为使古都免遭战火，毛泽东力争通过和平方式解放北平。在解放军强大攻势之下，经过地下党耐心细致的工作，傅作义最终于1月21日与中国共产党达成《关于和平解决北平问题的协议》，同意接受和平改编。1月31日，人民解放军进入北平，北平宣告和平解放。平津战役也就此取得最终胜利。平津决战历时64天，歼灭和改编国民党军52万人，基本上解放了华北全境。

同时，平津战役中产生的"天津方式""北平方式"和"绥远方式"，为之后解决国民党军队问题提供了借鉴。对此，毛泽东给予了很高评价，他说："辽沈、淮海、平津三战役以后，国民党军队的主力已被消灭。国民党的作战部队仅仅剩下一百多万人，分布在新疆到台湾的广大的地区内和漫长的战线上。今后解决这一百多万国民党军队的方

---

① 王雷震：《第三十五军在新保安被歼纪实》，《平津战役亲历记》，中国文史出版社1989年版，第58页。

式，不外天津、北平、绥远三种。"①

三大战役共历时 142 天、歼敌 154.5 万余人。这在根本上歼灭了国民党部队的主力。其间，解放区的人民群众也发挥了重要作用。据统计，有 539 万民工参与支前，各解放区农民还为前线提供了挑子 4.24 万副，担架 10.77 万副，小车 43.09 万辆，大车 38.982 万辆，牲畜 103.63 万头，粮食 9.5 亿斤。② 这都为三大战役的胜利提供了强有力的支援。之后，国民党的兵力虽然尚有 204 万人，但在战略上已经失去了有效的防御能力。而与此同时，人民解放军则已经发展到 350 余万人，在力量对比上占有巨大优势。这都为全国性胜利的到来创造了条件。

面对军事上的接连失败，蒋介石和国民党政府接连抛出"和谈"烟幕。在这种背景下，1948 年 12 月 30 日，毛泽东亲自为新华社撰写题为《将革命进行到底》的新年献词，向全国民众公开宣布了中国共产党推翻国民党政权、建立人民民主专政的共和国的决心，指出："已经有了充分经验的中国人民及其总参谋部中国共产党，一定会像粉碎敌人的军事进攻一样，粉碎敌人的政治阴谋，把伟大的人民解放战争进行到底。"③ 考虑到当时不少人民群众并没有认清这一点，并且和平也是人民群众的利益所在，中共中央仍然还是决定有条件的基础上同国民党进行谈判。为此，1 月 14 日，毛泽东在关于时局的声明中，提出了和谈的八项条件。

1 月 21 日，蒋介石宣布下野后，由李宗仁任代总统。他对和谈采取了积极的态度。根据国共双方达成的协议，1949 年 4 月 1 日，

---

① 《毛泽东选集》第四卷，人民出版社 1991 年版，第 1424 页。

② 《辽沈、淮海、平津三大战役战绩统计》，彭明主编：《中国现代史资料选辑》第 6 册，中国人民大学出版社 1989 年版，第 215 页。

③ 《毛泽东选集》第四卷，人民出版社 1991 年版，第 1379 页。

北平和谈正式开始。15日，中共代表团在广泛听取国民政府代表团提出的意见后，提出了《国内和平协定》最后修正案8条24款。16日，南京政府谈判代表黄绍竑和顾问屈武携带《国内和平协定》文本，飞回南京请示签字。4月20日夜，在协定签字期限的最后时刻，李宗仁、何应钦复电张治中并各代表，表示拒绝接受《国内和平协定》。鉴于和谈破裂，4月21日，中国人民革命军事委员会主席毛泽东和中国人民解放军总司令朱德发布向全国进军的命令，指出："奋勇前进，坚决、彻底、干净、全部地歼灭中国境内一切敢于抵抗的国民党反动派，解放全国人民，保卫中国领土主权的独立和完整。"[①]4月20日夜至21日，在以邓小平为书记的总前委统一指挥下，第二、第三野战军和第四野战军先遣兵团以及中原军区部队发起了渡江战役。在江北人民的支援和江南游击队的策应下，人民解放军百万雄师分中、东、西三路，在西起九江东北的湖口，东至江阴，长达500余公里的战线上，强渡长江，使国民党军队苦心经营了三个多月的长江防线顷刻土崩瓦解。

在渡江战役进行的关键时刻，侵入中国内河长江的"紫石英"号等4艘英国军舰驶入人民解放军防区，并不顾警告强行溯江行驶，引发双方激烈炮战。炮战中，中国人民解放军伤亡252人，"紫石英"号军舰也被人民解放军击伤，搁浅镇江江面，其余三艘英国军舰仓皇逃离。事发后，英国政府强词夺理为英舰暴行进行辩护，甚至扬言要进行军事报复。对此，中国人民解放军总部发表声明，严词批驳，指出："长江是中国的内河，你们英国人有什么权利将军舰开进来？没有这种权利。中国的领土主权，中国人民必须保卫，绝对不允许外国

---

① 《毛泽东选集》第四卷，人民出版社1991年版，第1451页。

政府来侵犯。"① 这一严正立场，极大地鼓舞了人民解放军指战员的士气，增强了海内外中国人的自信心和爱国心。著名化学家傅鹰教授当时正在美国，正是在了解了人民解放军的坚定态度后，他才下决心回国。他说："我这一辈子见过革命不止一次。我想：是真革命，就回去；假革命，就不回去。等到大军南下，过江时打了英国炮舰一炮，我看到了这消息大吃一惊，怕这回又要来个道歉，革命也要到此为止了。等到第二天打开报纸，周恩来发表声明，不但没有道歉，反而提出抗议，骂了英国一通。我这才相信是真革命，决定回国。"②

国民党军队的长江防线被突破后，国民党政府留在南京的许多机构迁移广州，代总统李宗仁，逃往桂林。4 月 23 日，人民解放军占领国民党政府的统治中心南京，标志着国民党在大陆统治的崩溃。4 月 25 日，毛泽东在香山双清别墅凉亭中读报，当他看到天津《进步日报》关于南京解放的新闻报道时，兴奋不已，随即写下了《七律·人民解放军占领南京》："钟山风雨起苍黄，百万雄师过大江。虎踞龙盘今胜昔，天翻地覆慨而慷。宜将剩勇追穷寇，不可沽名学霸王。天若有情天亦老，人间正道是沧桑。"

人民解放军占领南京后，又相继解放了无锡、镇江、杭州、武汉、九江、南昌。5 月 27 日，解放上海。6 月 2 日，解放长江口的崇明岛。至此，渡江战役历时 42 天、共歼敌 43 万余人，胜利结束。这为解放全华东及向中南、西南地区进军创造了条件。与此同时，华北军区部队和第四野战军一部在 4 月下旬至 5 月上旬，先后占领太原、大同、安阳、新乡等地，基本解放华北全境。5 月 20 日，第一野战军占领西安和陕西中部部分县城，为随后向甘、青、宁、新扫清了

---

① 《毛泽东选集》第四卷，人民出版社 1991 年版，第 1460 页。

② 王澂：《傅鹰教授一席谈》，《人民日报》1957 年 5 月 25 日。

障碍。

渡江战役以后，人民解放战争进入战略追击阶段。7 月 16 日，毛泽东和中共中央根据客观情势的需要，提出了"大迁回""大包围"的作战方针。毛泽东认为，白崇禧部"本钱小，极机灵，非万不得已决不会和我作战"，对其作战方法，"均不要采取近距离包围迂回方法，而应采远距离包围迂回方法，方能掌握主动，即完全不理白部的临时部署，而远远地超过他，占领他的后方，迫其最后不得不和我作战"①。根据这一作战方针，人民解放军第一、第二、第四野战军迅速地歼灭了胡宗南、白崇禧等部。据统计，至 1949 年 7 月，人民解放军在三年解放战争中间共伤亡 143 万人，共消灭敌人 569 万人，其中，消灭敌人正规编制的军队 495 个师，连非正规部队加在一起，共消灭敌人 2150 个团，俘虏的将级军官，加上上校级的师长，达到 927 人。同时还缴获了大量武器与弹药。② 之后，为迅速肃清残余的国民党军队，人民解放军又继续向尚未解放的地区进军。到 1950 年 6 月，解放了除西藏、台湾和少数几个岛屿以外的全部中国领土。

随着全国性革命胜利日益临近，中共中央加快了筹建新中国的步伐。

---

① 《毛泽东文集》第五卷，人民出版社 1996 年版，第 308—309 页。
② 《周恩来选集》上卷，人民出版社 1980 年版，第 346—347 页。

第 六 讲

新中国的建立与新政权的巩固

1949 年 10 月 1 日中华人民共和国的成立，揭开了中国历史的新篇章。此后，为了巩固新生的人民政权，党和政府成功进行了稳定物价和统一财经的重大斗争，组织并取得了抗美援朝战争的伟大胜利，有力地巩固了新政权的根基。

一、开国奠基："中国人从此站立起来了"

随着气势磅礴的解放战争的顺利推进，南京国民党政权被推翻，召集政治协商会议和成立民主联合政府的一切条件都已经成熟。1949 年 6 月 15 日，由中国共产党、各民主党派、各人民团体和无党派民主人士共 23 个单位、134 人组成新政协筹备会，并在北平中南海勤政殿召开第一次全体会议。毛泽东在开幕词中预言："中国的命运一经操在人民自己的手里，中国就将如太阳升起在东方那样，以自己的辉煌的光焰普照大地，迅速地荡涤反动政府留下来的污泥浊水，治好战争的创伤，建设起一个崭新的强盛的名副其实的人民共和国。"会议决定，在新政协筹备会常务委员会下设立 6 个工作小组，分别负责各项筹备工作。

国民党反动政权被推翻以后，共产党领导的新政权将是一个什么样的政权呢？这是全国人民关心的大事。对此，1949 年 6 月 30 日，毛泽东在发表的《论人民民主专政》一文中明确指出：资产阶级共和国的方案在中国是行不通的，我们所要建立的新中国，只能是工人阶级（经过共产党）领导的以工农联盟为基础的人民民主专政。按照中国共产党的建国设想，经过 3 个月的积极筹备，1949 年 9 月 21 日至 30 日，新政协易名为中国人民政治协商会议，在北平（今北京）中南海怀仁堂召开第一次全体会议。毛泽东在开幕词中豪迈地宣告："占人类总数四分之一的中国人从此站立起来了。"会议讨论通过《中国人民政治协商会议组织法》，选出由毛泽东任主席的政协全国委员会。并确定在普选的全国人民代表大会召开前，由中国人民政治协商会议全体会议代行全国人民代表大会的职权。

会议讨论通过《中国人民政治协商会议共同纲领》。这个《共同纲领》，在一个时期内起着临时宪法的作用。

会议讨论通过《中华人民共和国中央人民政府组织法》，一致选举毛泽东为中央人民政府主席，朱德、刘少奇、宋庆龄、李济深、张澜、高岗为副主席，陈毅等 56 人为中央人民政府委员。在中国人民政治协商会议全体会议闭幕期间，中央人民政府委员会为国家最高权力机关。

会议讨论通过四个决议案，确定：北平为中华人民共和国首都，将北平改名为北京；采用公元纪年；以《义勇军进行曲》为代国歌；国旗为五星红旗。

在最后一天，大会一致通过《中国人民政治协商会议第一届全体会议宣言》。该宣言向海内外庄严宣布："中华人民共和国现已宣告成立，中国人民业已有了自己的中央政府。""中国的历史，从此开辟了一个新的时代"。

10月1日14时，中央人民政府委员会在中南海勤政殿召开第一次全体会议。会议决议接受《中国人民政治协商会议共同纲领》为中央人民政府施政方针；选举林伯渠为中央人民政府委员会秘书长；任命周恩来为中央人民政府政务院总理兼外交部部长、毛泽东为中央人民政府人民革命军事委员会主席、朱德为中国人民解放军总司令、沈钧儒为最高人民法院院长、罗荣桓为最高人民检察署检察长；通过《中华人民共和国中央人民政府公告》。15时，在天安门广场举行"庆祝中华人民共和国中央人民政府成立典礼"，即开国大典。毛泽东首先宣布："中华人民共和国中央人民政府今天成立了。"接着，举行盛大的阅兵典礼仪式。最后，群众整队通过主席台前，会场举行提灯游行，同时以100支礼箭齐放礼花。这一天，通过"仪式"的形式，成为"中华人民共和国宣告成立的日子"。

同年12月2日，应中国人民政治协商会议第一届全体委员会的建议，中央人民政府委员会第四次会议通过决议，宣布从1950年起，每年10月1日为中华人民共和国国庆日。

中华人民共和国的成立，正如习近平总书记在庆祝中华人民共和国成立七十周年大会上的讲话中所指出的，"彻底改变了近代以后100多年中国积贫积弱、受人欺凌的悲惨命运，中华民族走上了实现伟大复兴的壮阔道路"。

中华人民共和国成立时，东北、华北全境早已解放，西北地区的解放战争已经基本结束，对国民党的战争取得决定性的胜利。可是，西南、中南的广大地区，仍然处在100多万国民党残余军事力量的占据之下，如广东、广西、湖南南部，及四川、贵州、云南、西康、西藏的全部。

对于国民党的残兵败将，怎么办？早在1949年元旦，毛泽东就在《人民日报》发表"新年献词"，号召"将革命进行到底"。《共同纲领》则以临时宪章的权威形式规定："中华人民共和国中央人民政府必须将人民解放战争进行到底，解放中国全部领土，完成统一中国的事业"。据此，在中华人民共和国宣告成立的当天，中国人民解放军总司令朱德就发布命令，"中国人民解放军全体指战员、工作员，坚决执行中央人民政府和伟大的人民领袖毛主席的一切命令，迅速肃清国民党反动军队的残余，解放一切尚未解放的国土"。

至于进军部署，早在1949年5月人民解放军突破长江防线后不久，中共中央就已定下大盘子。即：第二野战军应准备于两个月后以主力或以全军向西进军，经营四川、贵州、西康；第一野战军分出一路，由贺龙率领，经营川北，以便与二野协作解决贵州、四川、西康三省；第四野战军渡江后，占领两湖，10月即可尾随白崇禧退路向两广前进，11月或12月可能占领两广。

根据全国战争新的局势，毛泽东打破常规，以诗人的气质，创造出"大迂回""大包围"的作战方针。一野、二野、四野各路军队采取大迂回动作，远插到敌后，完成包围，再向回打，争取全歼国民党的残余兵力。到1950年10月，又经过一年作战，人民解放军歼灭国民党正规军128万余人，收编改造170余万人，占领大陆除西藏之外的所有领土。次年5月，中央人民政府与西藏地方政府达成《关于和平解放西藏办法的协议》，人民解放军进藏部队先后进驻拉萨、日喀则、江孜等军事重镇。从此，西藏长期有边无防的历史成为过去，帝国主义及西藏少数分子制造"独立"的图谋宣告破产，中国的领土完整基本上得到维护。自辛亥革命以来开启的民族国家建设，取得历史性突破。

旧中国的"半殖民地"性质，源于帝国主义在中国攫取的特权、势力和影响，以及由此造成的中国国家主权的受侵害状态。为彻底改变这种局面，中共中央制定"另起炉灶"和"打扫干净屋子再请客"

的方针，不承认旧中国政府与外国订立的一切条约，肃清帝国主义在不平等条约保护下的各种特权、势力和影响。再在平等的基础上，与外国谈判，重新建立外交关系。根据这个方针，中央人民政府政务院先后成立海关总署，发布新的海关税则，对外贸实行国家管制，实行进出口许可证制度，从而把海关完全掌握在中国人自己手中。对于美国、英国等西方列强在北京、天津、上海等地的兵营，各地军事管制委员会先后宣布收回或征用。以往，外国轮船可以在中国的内河自由航行。1949 年 4 月，英国军舰"紫石英"号强行闯入长江，就是以为自己依旧享有这种特权。不料，该舰遭到解放军炮击搁浅。1950 年 7 月，政务院规定，外国轮船一般不准在中国内河航行，并逐步接管在华外轮公司。至此，自第一次鸦片战争以来外国在中国大陆掠夺的军事特权和经济特权，统统归于消灭，国家独立、主权和经济利益得到全面维护，"半殖民地"彻底成为历史。

第二次世界大战结束后，以北纬 38 度线为界，朝鲜半岛被划分为北朝鲜和南朝鲜。1950 年 6 月 25 日，朝鲜内战爆发。三天后，美国政府从其全球战略和冷战思维出发，决定武装援助南朝鲜，并派遣第七舰队侵入台湾海峡，阻挠中国人民解放军解放台湾。10 月初，美军不顾中国政府一再警告，悍然越过三八线，把战火烧到中朝边境。"联合国军"总司令麦克阿瑟叫嚣，要打过鸭绿江；美国飞机则不断袭扰和轰炸中国东北边境城市。此时，如果中国不出兵，任由北朝鲜军败退，缘于东北亚复杂的地缘政治格局，中国的国家安全和主权完整就将面临严重的威胁。而要解决这一问题，唯一的做法，当然是把战争阻止在国门之外。正如中国《各民主党派联合宣言》所指出的："朝鲜的存亡与中国的安危是密切关联的。唇亡则齿寒，户破则堂危。中国人民支援朝鲜人民的抗美斗争不只是道义上的责任，而且和我国全体人民的切身利害密切地关联着，是为自卫的必要性所决定的。救邻即是自救，保卫祖国必须支援朝鲜人民。"① 再说，根据国际主义义务，中国已经完成民主革命，应当多承担一些对东亚国家革命的帮助。

这些道理，毛泽东懂得，其他领导人同样懂得。问题在于，中美国力实在相差悬殊。1950年，美国的工农业总产值为中国的28倍，还有着包括原子弹在内的大量先进武器和现代化的后勤保障。反观中国，刚刚从近百年的战火中获得新生，百废待兴，亟待在和平的环境中休养生息。最终，应朝鲜党和政府的请求，毛泽东以非凡的胆略，作出一生中最难作出的决策之一：抗美援朝、保家卫国。

应朝鲜民主主义人民共和国政府的邀请，10月8日，中国人民革命军事委员会主席毛泽东发布命令，组建中国人民志愿军，任命彭德怀为司令员兼政治委员。10月19日，志愿军跨过鸭绿江，赴朝参战。就是在极不对称、极为艰难的情况下，到1951年6月10日，经过5次大的战役，志愿军歼敌23万人，把战线稳定在三八线附近。此后两年，双方谈谈打打，打打谈谈。拖到1953年7月27日，朝鲜停战协定才在板门店签订。

抗美援朝战争，使中国从一个尽人皆知的病夫弱国，恢复为一个大国、强国的形象。"西方侵略者几百年来只要在东方一个海岸上架起几尊大炮就可霸占一个国家的时代是一去不复返了"。② 长期积弱、一盘散沙的中国人民，面对最强大的美国，空前地团结起来。那种万众一心、意气风发的民心士气，在中国历史上是不曾有过的。"现在中国人民已经组织起来了，是惹不得的。如果惹翻了，是不好

---

① 《各民主党派联合宣言》，《人民日报》1950年11月5日。
② 彭德怀：《关于中国人民志愿军抗美援朝工作的报告》，中共中央文献研究室编：《建国以来重要文献选编》第4册，中央文献出版社2011年版，第327页。

办的。"① 当然，这场战争也不可避免地对中国经济建设产生影响。三年战争经费，约等于 1950 年的全国预算总收入。不过，从历史的长程来看，此后对中国经济建设有利的国际和平环境，在相当程度上是由抗美援朝战争所赢得的。

二、土地制度改革和"三反""五反"运动

对国民党的战争取得胜利后，新中国仍然面临着严峻的考验，存在着重重的困难。在军事上，在广大的新解放地区，国民党败退时遗留下的大批残余力量、长期肆虐横行的大小股匪，严重威胁着新政权的安全。在党内，从农村来到城市，从革命转为建设，党员干部们原来熟悉的许多经验和做法，现在不管用了。城市中繁华的物质利益，更对掌握权力的各级干部构成巨大的诱惑。在国际上，新中国虽然得到苏联等社会主义国家的承认和支持，但在当时冷战的背景下，遭到以美国为首的西方各国的敌视和经济封锁、军事包围。能否站得住脚，能否管得好国家，一股脑儿地摆在新生的人民政权面前。

土地改革运动是新中国成立初期对新解放区土地制度开展的改革斗争。没收封建地主阶级的土地归农民所有，是中国民主革命的一项基本任务。在解放战争过程中，东北、华北等老新解放区已经实行土地改革，消灭封建剥削制度。新中国成立后，广大新解放区则尚未实行土地改革。

1950 年 6 月底，中央人民政府委员会公布《中华人民共和国土地改革法》，决定从 1950 年冬季开始，用两年半或三年左右的时间，

---

① 毛泽东：《抗美援朝的胜利和意义》（1953 年 9 月 12 日），中共中央文献研究室、中国人民解放军军事科学院编：《建国以来毛泽东军事文稿》中卷，军事科学出版社、中央文献出版社 2010 年版，第 175 页。

根据各地区的不同情况，在全国分期分批地完成土地改革。《土地改革法》还规定，在开展土地改革运动之前，县以上的领导机关要选择少数地区，进行典型试验，以点带面，点面结合，借以总结经验、培训干部；在此基础上，再组成土改工作队，分批大面积铺开。在新区土改的三年期间，各地的工作队员加起来，每年都在 30 万人以上。

之所以在土地问题上，中共中央如此慎重，关键在于这是一场涉及几亿人切身利益的大事情。特别是要剥夺地主阶级的土地，动他们的奶酪，肯定会引起他们的反对。何况，过去在枪炮声中搞土改，相对不那么扎眼，人们的容忍度也高；而这时战争已经基本结束，在和平时期进行土改，就会显得比较突出，"地主叫唤的声音将特别显得尖锐"。"人割疮还要上麻药，要休养，何况一个阶级，有几千万人口，哪能不叫呢？"① 尽量减轻社会震荡，保证农村经济社会的平稳发展，不能不成为党在考虑土地改革运动时的重点之一。

从 1950 年冬开始，新解放区的土改分批分期陆续展开。到 1953 年春，除新疆、西藏和某些边远少数民族地区外，全国各地基本完成土改。加上老解放区土地改革，全国大约有 3 亿多无地和少地的农民分得大约 7 亿亩土地和其他一些生产资料。

经过土地改革，农村中的地主所有制被摧毁，农民得到梦寐以求的土地，在经济上实现翻身；打倒地主、恶霸、汉奸等，摧毁农村中原有的政治格局，农民更在政治上和心理上获得解放，成为新社会的主人；农民获得土地、财富和权威，认识到中国共产党与其切身利益之间的密切关联，阶级觉悟得到提高；建立起新的以翻身农民为主体的农会、农民代表会以及自上而下的各级基层党组织和乡村政权体

---

① 《周恩来同志对出席中国民主同盟一届四中全会（扩大）会议人员的讲话》（1949 年 12 月 6 日），中国民主同盟中央文史委员会编：《中国民主同盟历史文献》（下），文物出版社 1991 年版，第 17 页。

系，从而在农村确立起中国共产党的领导地位。在中国的历史上，党第一次把政权的触角真正深入到每一个村庄，第一次把民族国家的意识灌输给每一个农民。从这个意义上说，土地改革更具有政治革命的意义。

镇压反革命运动，与抗美援朝、土地改革并称为新中国成立初期的三大运动，号称"三套锣鼓一齐敲"。

1950 年 10 月 10 日，中共中央通过《关于镇压反革命活动的指示》（又称"双十"指示）。这一指示要求各级党委抓住对美战争这一时机，纠正过往对反革命分子"宽大无边"的偏向，大张旗鼓地镇压反革命分子。一时间，全国大小城镇群情激昂，形成强大的镇压声势。据统计，仅在运动的发动阶段，北京市就召开各种群众会议近 3 万次，参加者达到 338 万人次。东北地区在 10 个月内共收到群众检举信 16 万件。在运动中，中共中央要求全面贯彻"镇压与宽大相结合"的方针，首恶必办，胁从不问，立功者受奖。打击的重点，是土匪（匪首、惯匪）、特务、恶霸、反动党团骨干和反动会道门头子。其中，对那些罪大恶极、怙恶不悛、为群众所十分痛恨的反革命分子，集中力量予以打击，坚决镇压；对于那些罪恶尚不十分严重而又悔改的反革命分子，给予宽大处理。为此，毛泽东形象地提出"稳、准、狠"三字诀。所谓打得稳，就是要注意策略；打得准，就是不要杀错；打得狠，就是要坚决地杀掉一切应杀的反动分子。[①]

仅仅用了不过一年左右的时间，对新政权构成威胁的各种旧势力，包括恶霸、地主、惯匪、特务、国民党党团及军警政骨干分子，曾经杀害党员干部或给党造成严重损害的分子，大部遭到严厉的惩罚。在镇压反革命运动开始前后，在工厂、矿山和搬运等行业，还开

---

① 《毛泽东文集》第六卷，人民出版社 1999 年版，第 117 页。

展过民主改革运动。全国各城市解放后，在理论上，工人阶级成为国家的主人。但具体到工厂企业中，职工仍不免受到不合理制度的束缚。特别是在港湾、码头，一群群卖力气的青年男性，为求自保，多加入青红帮及类似的帮派组织，受到把头的严密控制。"把头"，即把持一方或某行业的头目。在各地各行业，叫法不一，如"头佬"（武汉）、"包工头""拿摩温"（上海）、"把头"（青岛）、"包工大柜"（煤矿）、"脚行头"（搬运业）等。他们多为帮会、会道门的大小头目，与地方官吏、特务等勾连在一起，把持和垄断某区域厂矿的雇人权。工人要想到该行业或厂矿工作，必须经他们允许，工资要由他们抽成，在逢年过节时还要给他们送礼。同理，某行业或厂矿要想雇到工人，必须由他们介绍。利用这些特权，把头们随意招收和解雇工人，克扣工人工资，盗卖企业资财。工人愤愤不平："全国解放了，只有我们的厂子还没有解放"。

1950年初，政务院先后颁布一系列文件，如《关于在国营工厂建立工厂管理委员会的指示》《关于废除搜身制度的决议》《关于废除各地搬运事业中封建把头制度暂行处理办法》等。据此，全国各煤矿、纺织工厂、搬运行业及其他工矿企业都掀起民主改革的浪潮。他们揭露和控诉包工把头制的罪恶，取缔和废除包工把头制，并根据不同情况，一般不再允许把头、包工头继续担任生产班组长。对其中恶迹斑斑并为工人痛恨者，则经过群众斗争，予以严惩。然后，整顿劳动组织，民主选举生产小组长，建立工厂管理委员会和职工代表会议。同时，积极发展党团员，建立党支部、团支部。这样做，就把一批有觉悟、有技术经验、有威信的工人和职员提拔到生产和管理岗位上来，把各个厂矿经由党团组织整合到国家政权中来。据统计，在华南、华北地区的8个煤矿，共有2000多名把头受到处理，1.2万多名工人被提拔为组长、井长、矿长和技术员。上海中纺十二厂在废除搜身制那天，工人们自动在厂门口贴出对联，上书："五十年枷锁一旦废除，咱们翻身做主人；无数年压迫从此解放，工人齐心忙生产"。

"三反"是指反贪污、反浪费、反官僚主义，主要在党、政、军机关展开。

伴随着执政地位的确立，贪污、浪费、官僚主义等现象大范围地慢慢滋长起来。在那些经济部门，这种问题更加突出。1951 年 11 月底，河北省天津地委前任书记刘青山和现任书记兼专员张子善案件，以及山西省太原市某区委书记、区长等贪污挪用案件被揭发，使毛泽东和中共中央对贪污问题的估计变得更加严重起来。12 月 1 日，中共中央正式作出《关于实行精兵简政，增产节约，反对贪污、反对浪费和反对官僚主义的决定》。在起草和修改这份文件的时候，毛泽东还专门对一段话作出修改："自从我们占领城市两年至三年以来，严重的贪污案件不断发生，证明一九四九年春季党的二中全会严重地指出资产阶级对党的侵蚀的必然性和为防止及克服此种巨大危险的必要性，是完全正确的，现在是全党动员切实执行这项决议的紧要时机了。再不切实执行这项决议，我们就会犯大错误。……一切贪污行为必须揭发，按其情节轻重，给以程度不等的处理，从警告、调职、撤职、开除党籍、判处各种徒刑、直至枪决。典型的贪污犯，必须动员群众进行公审，依法治罪。"①

当时，贪污犯被称为"老虎"。其中，贪污 1 亿元（折合新币 1 万元）以上的大贪污犯为"大老虎"，1000 万元至 1 亿元之间的叫"小老虎"。因此，"三反"运动又被称为"打虎"运动。1952 年 2 月 1 日，北京市举行公审大会，最高人民法院对 7 名大贪污犯进行宣判。中国畜产公司业务处原副处长薛昆山非法获利 23 亿元，中央公安部行政

① 《建国以来毛泽东文稿》第 2 册，中央文献出版社 1988 年版，第 535 页。

处原处长宋德贵贪污 6.4 亿元，被判处死刑。对于清查出来的贪污分子，采取改造与惩治相结合的方针。其中，大多数人情节较轻或彻底坦白，或有立功表现，予以从宽处理；少数人情节严重且拒不坦白，则予以严惩。到 1952 年 6 月运动结束时，据统计，全国县以上党政机关（军队除外）参加"三反"运动的总人数达 383 万多人，查出的贪污分子和犯贪污错误者 120 余万人。上述贪污分子中，只有 42 人被处以死刑，9 人被处以死刑缓期执行。

"三反"运动历时半年多，大大清除党政机关中的腐化分子，抵制旧社会恶习和资产阶级的腐蚀。这场运动，可谓在全面执政新环境下，为保持共产党人和国家干部廉洁自律，坚决反对贪污腐败行为所进行的第一场大规模战役。

"五反"，是指反对行贿、反对偷税漏税、反对盗骗国家财产、反对偷工减料、反对盗窃经济情报，对象是私营工商业者，主要针对他们在生产经营中，尤其是在为国家加工订货中的"违法行为"。

"三反"运动开始后，各地在惩治党政干部贪污案件时，发现许多案件与资本家有关。北京市就把反贪污和反行贿结合起来，形成斗争的两条战线。对此，1952 年 1 月底，中共中央发出由毛泽东起草的《关于首先在大中城市开展"五反"斗争的指示》，要求"在全国一切城市，首先在大城市和中等城市中，依靠工人阶级，团结守法的资产阶级及其他居民，向着违法的资产阶级开展一个大规模的、坚决的、彻底的反对行贿、反对偷税漏税、反对盗骗国家财产、反对偷工减料和反对盗窃经济情报的斗争，以配合党政军民内部的反对贪污、反对浪费、反对官僚主义的斗争"。此后，"五反"运动在全国大中城市迅速展开。

到 1952 年 10 月"五反"运动结束时，据统计，华北、东北、华东、西南、中南五大区 67 个城市和西南全区，参加"五反"运动的工商户共有 99.97 万户，受到刑事处分的有 1509 人，占总数的 1.5‰。在运动中，通过对资本家进行普遍的守法经营教育，推动在私营企业中建立工人监督制度和进行民主改革，产生深远且巨大的影响。后来，毛泽东曾一语道破："1952 年的三反五反的斗争，开始造成了我们国家有可能完全控制资本主义工商业的局面。"

三、国民经济的恢复和各项建设的展开

中华人民共和国成立后，新政权尽管采取各种措施，想方设法平抑物价，可全国各大中城市肆虐近十年的金银投机、商品囤积投机之风仍难以平息。从 1949 年 4 月到 1950 年 2 月不到一年的时间，全国物价出现四次上涨风潮。上海物价指数，从解放后第一个月，即 1949 年 6 月到 1950 年 2 月，物价增高 20 倍。金融紊乱，物价不稳，成为开展各项经济恢复和建设事业的拦路虎。新政权必须采取有力的经济措施和必要的行政手段，迅速改变这种畸形现象。

在接管城市后，军事管制委员会和市政府一般都会颁布命令，规定人民币为唯一合法货币，严禁金条、银元、外币在市场上自由流通，由中国人民银行挂牌兑换。1949 年 6 月 10 日，上海在解放刚刚半个月后，市军管会采取雷霆办法，查封证券大楼，逮捕投机分子238 名。随后，武汉市政府逮捕银元投机分子 200 余人，查封两个专门从事金融投机的大钱庄。广州市政府取缔从事投机的地下钱庄 87家和街头兑换店 377 家。同时，政府还加强对私营金融机构的管理和监督，严格取缔专门从事金融投机的"地下钱庄"及其他非法信用机构，从而基本上制止金银投机活动，并将私营钱庄完全置于国家控制之下。这就是"银元之战"。

金融秩序初步稳定后，中共中央着手组织另一场硬仗——"米棉

之战",打击囤积粮食、棉纱、棉布、煤炭等投机活动,以基本上控制物价。这次"战役"的突破口,仍然选择在全国物价的风口城市——上海、武汉等地。

1949年10月中下旬,由中央统一协调,每天至少一列火车,从东北调运1000万至1200万斤粮食入关;同时,加紧华中棉花东运,把陇海路沿线积压的纱布运至西安。在投机比较活跃的天津、武汉、上海、西安等大城市,新政权秘密准备大批的粮食、布匹、棉纱等。11月25日,在市场物价达到新一轮高峰之际,中共中央一声令下,全国各城市统一行动,集中抛售。骤然间,大批物资源源不断地涌入市场。投机商措手不及,根本没办法吞下如此巨量的物资。第二天,物价应声下跌。连续抛售10天后,粮、棉等商品价格猛跌30%至40%。物价下跌,商品充足,投机商眼见升值机会渺茫,只能竞相抛出存货。此时,市场已经饱和,愈抛出商品,物价愈下跌,愈不容易脱手。加以人们普遍抱着"买涨不买跌"的心理,投机商抛出的商品根本没有人接盘,就此形成买方市场,囤积操纵成为明日黄花。再者,原来投机盛行,不少投机商借高利贷,加大杠杆,抢购囤货;现在,不但所囤货物亏本,而且还要付出很高的利息,许多投机商资不抵债,宣告破产。很多私营钱庄也因贷款给投机商,款项无法收回,资金链断裂,关门倒闭。从此,投机商人一蹶不振,很难形成气候了。上海商人感慨道:"六月银元风潮,中共是用政治力量压下去的,此次(米棉之战)则仅用经济力量就能稳住,是上海工商界所料不到的。"同时,各地政府陆续制定一系列有关私营工商业和交易市场的管理办法和条例,规定私营工商业必须向有关部门登记,未经审查批准者一律不许开业;实行凭证进入市场交易的制度;交易市场内一律使用现金交易,严禁囤积居奇和买空卖空;对大宗采购进行登记,加强市场管理。1949年11月,北京市政府又逮捕和严惩16家投机粮商,以威慑投机者。

组合运用经济手段和行政手段，打击银元投机和粮棉投机，收到立竿见影的效果。从 1950 年 3 月开始，全国物价逐渐向下浮动，并日趋稳定。中国十年来物价猛涨、市场混乱的局面，就此结束。

1950 年 3 月，政务院颁发《关于统一全国财政经济工作的决定》及一系列配套的具体办法。首先，成立全国编制委员会及各大区、省、市编制委员会。该委员会制定各级军政机关人员、马匹、车辆的编制与供给标准，编外和编余人员统一调配。其次，统一全国财政收支。政务院规定，公粮、关税、盐税、货物税、工商税，所有中央人民政府经营的企业的一部分折旧金和利润等，必须按期解缴中央，归中央统一使用。没有中央人民政府的支付命令，任何人不得动支。其他税种，包括报酬所得税、印花税、遗产税、交易税、屠宰税、房产税、地产税等划归地方留用。同时，迅速建立各级国库，保证所有税款及时入库。再次，统一全国贸易和物资调动。按照政务院的规定，中央贸易部陆续组建一批专业公司，如中国粮食公司、花纱布公司、油脂公司、茶叶公司、土产公司、猪鬃公司、蛋业公司、百货公司、皮毛公司等。这些公司受中央贸易部统一领导，在各省区设立分公司，专门负责某一方面商品的收购、加工和运销。最后，统一全国现金管理。政务院规定，一切公营企业、机关、部队及合作社的所有现金和单据，除按规定准予保留的限额外，必须存入中国人民银行，不得超额留存，更不得存入私营钱庄，或对私人贷款。各公营企业、机关、部队及合作社之间的相互往来，均须使用转账支票；埠际之间往来，须经中国人民银行汇拨，禁止使用和携带现金。在条件成熟后，各公营企业、机关、部队及合作社都要按期编制现金平衡收支计划，以便使现金流转更加有计划。

统一财经管理，不但加强中央对地方政府在财政上的控制和干预，而且以各专业贸易公司以及各公营企业、机关、部队、合作社为纽带，基本控制全国范围内的物资、金融活动。如臂使指，全国财政经济管理初步形成一盘棋。到1950年底，全国财政总收入就超过原概算的31.7%，总支出受到抗美援朝及其他因素拖累，超过原概算的9.3%。收支相抵，财政赤字大大缩小，由原概算的18.7%减少到4.4%，收支基本平衡。银行透支也比原概算大大降低，国家已不再依靠过量发行人民币来维持开支。十余年来货币超发、物价膨胀、金融紊乱等顽劣现象，从根本上得到消除。受此影响，普通民众的生活水平没有明显提高，可生活来源基本稳定下来，惶恐不安的社会心态总体上趋于稳定。

早在1949年3月，在党的七届二中全会上，毛泽东就指出："从我们接管城市的第一天起，我们的眼睛就要向着这个城市的生产事业的恢复和发展"，其他工作"都是围绕着生产建设这一个中心工作并为这个中心工作服务的"。1950年6月，党的七届三中全会决定"不要四面出击"，集中力量，用三年左右的时间，争取国家财政经济状况基本好转。其中，工商业的调整是一项主要工作。

随着解放战争的进行，在占领各大中城市时，各地政府本着新民主主义革命的经济纲领，遵照"原职、原薪、原制度"的办法，全部接收原国民党官僚资本。到1950年初，全国共接管工厂企业2800余家、金融企业2400余家。以此为主要基础，国营经济迅速建立起来，并掌控铁路等全部近代交通运输事业、银行等大部分金融业务，以及一半以上的电力、原煤、钢铁等基础性工业。在这些企业中，工人无论在政治上，还是在经济上都翻过身来，成为主人，劳动积极性大大高涨，涌现出一大批劳动模范。国营工业的发展，很快支撑起共和国经济的大厦。

私营工商业不但在整个国民经济中占有重要地位，而且在沟通城乡交流、扩大就业、增加税收等方面起着不可或缺的作用。例如，1950 年，私营工业产值占全国工业总产值的 51%，私营商业商品零售额占全国商品零售额的 85%。毛泽东指出："和资产阶级合作是肯定了的，不然《共同纲领》就成了一纸空文，政治上不利，经济上也吃亏。'不看僧面看佛面'，维持了私营工商业，第一维持了生产；第二维持了工人；第三工人还可以得些福利。"①

如前文所述，为防止通货膨胀和金融紊乱，从 1949 年中到 1950 年初，中共中央陆续采取一系列办法。可按下葫芦又起瓢，金融物价初步启稳后，原来虚幻的高频率市场交易戛然而止，商品流通呆滞。随后，货币出现紧缺，市场活跃度降低，一些私营工商业得不到贷款、买不到原料、找不到销路，不可避免地出现阵痛，工厂关门、商店歇业、职工失业。为了扭转这种局面，党和政府决定给资本家一些"油水"，从贷款、税收、原材料供应、运输等方面，帮助私营企业渡过难关。各级政府一方面调整公私关系，对私营工厂扩大加工订货和收购包销，维持企业运转。在商业领域，划分公私商业的经营范围。国营商业主攻批发业务，以及关乎民众日常生活的粮食、布匹、煤炭、食油、煤油、食盐等重要物资的零售业务。除此之外，私营商业可以放手经营。在劳资关系上，采取劳资协商会议、集体合同等方式，化解劳资间的矛盾和冲突。

经过半年调整，私营工商业基本上摆脱困境，经济活动趋于正常。到 1951 年，全国私营工业、商业户数较上年均增加 11% 左右，生产总值或零售总额增加三分之一强。

经过三年的努力，整个国民经济得到全面恢复和发展。1952

---

① 薄一波：《若干重大决策与事件的回顾（修订本）》（上），中共党史出版社 2008 年版，第 70 页。

年，全国工农业总产值 810 亿元，比 1949 年增长 77.6%，比解放前最高水平的 1936 年增长 23%。其中，工业总产值比 1949 年增长 145.1%，农业总产值增长 48.4%。按可比价格计算，1952 年的国民收入比 1949 年增长 69.8%。社会总产值，按全国人口平均计算，1949 年为 101.17 元，1950 年、1951 年、1952 年分别为 121.75 元、143.16 元、176.57 元。1952 年为 1949 年的 174.53%，每年平均增长 20.4%。更重要的是，作为领导力量，国营经济和合作社经济在经济大盘子中的比重日益增加；私营工商业的绝对值有所提高，可在整个国民经济中的比重在全面下降，经济所有制结构发生重大变化。也正是在此基础上，中共中央提出过渡时期总路线，决定提前发动社会主义改造。

第 七 讲

中国社会主义基本制度的建立

中国共产党诞生之后，开始了民族振兴和国家富强道路的探索。1949 年中华人民共和国的成立，标志着新民主主义社会在全国范围的建立。1956 年社会主义"三大改造"基本完成，实现了中国历史上最深刻最深远的伟大变革，标志着社会主义基本制度在中国建立。

一、社会主义政治文化制度的建立

在中国建立什么样的政治制度，是近代以后中国人民面临的一个历史性课题。为解决这一历史性课题，无数仁人志士进行了持续不懈的努力。各派政治人物纷纷登场，尝试了多种制度模式，如君主立宪制、议会制、多党制、总统制等各种西式药方，但都未能医治疾病缠身的中国，未能改变"一盘散沙"的中国社会。1921 年中国共产党成立之后，就高高擎起马克思主义大旗，致力于探索适合中华民族振兴、保证人民当家作主的新型政治制度。

新民主主义革命时期，我们党团结带领人民在根据地创建人民政权，探索建立新民主主义经济、政治、文化制度，为新中国建立人民当家作主的新型国家制度积累了宝贵经验。随着解放战争不断胜利,新中国政治制度的思考日益迫切。1948年4月30日,中共中央发出"五一口号",呼吁全国劳动人民团结起来,联合全国知识分子、自由资产阶级、各民主党派、各人民团体、各社会贤达和其他爱国分子迅速召开政治协商会议,讨论并实现召集人民代表大会,成立民主联合政府。① 国体问题是政治制度中最根本的问题。1948年9月,毛泽东指出:"我们政权的阶级是这样:无产阶级领导的,以工农联盟为基础,但不是仅仅工农,还有资产阶级民主分子参加的人民民主专政。"② 1949年初,在与斯大林代表米高扬谈话时,毛泽东指出,在工农联盟基础上的人民民主专政,究其实质就是无产阶级专政,不过对我们这个国家来说,称为人民民主专政更为合适、更为合情合理。③ 随后,在1949年6月发表的《论人民民主专政》一文中,他又明确指出:"总结我们的经验,集中到一点,就是工人阶级(经过共产党)领导的以工农联盟为基础的人民民主专政"④,这标志着新中国国体理论的正式形成。至于新中国的政体,1948年1月,毛泽东就指出:"中华人民共和国的权力机关是各级人民代表大会及其选出的各级政府。"⑤ 人民代表大会制的核心内容是召开人民代表大会来选举各级政府,这是政权合法性的基本前提。然而,1948年下半年战争形势发生根本变化,使原来预计的胜利大大提前了,迅速建立新

---

① 中共中央文献研究室、中央档案馆编:《建党以来重要文献选编(1921—1949)》第二十五册,中央文献出版社2011年版,第283—284页。

② 《毛泽东文集》第五卷,人民出版社1996年版,第135页。

③ 《在历史巨人身边——师哲回忆录》(增订本),中共中央党校出版社1998年版,第336页。

④ 中共中央文献研究室、中央档案馆编:《建党以来重要文献选编(1921—1949)》第二十六册,中央文献出版社2011年版,第512页。

⑤ 中共中央文献研究室、中央档案馆编:《建党以来重要文献选编(1921—1949)》第二十五册,中央文献出版社2011年版,第59页。

中国成了当务之急，而召开以普选为基础的人民代表大会还存在技术上和时间上的困难。为此，中共中央与民主党派人士不约而同想到了变通原来设计的建国程序，即直接经由政治协商会议产生临时中央政府，在地方实现人民代表会议作为人民代表大会的过渡形式。这一变通办法，在1949年9月第一届中国人民政治协商会议通过的《中华人民共和国中国人民政治协商会议共同纲领》（以下简称《共同纲领》）中得到确认。

《共同纲领》确立人民民主专政为新中国国体，人民代表大会制度为新中国政体，还确立了中国共产党领导的多党合作和政治协商制度，确立了在统一的多民族国家内实行民族区域自治制度。这些关乎全局的顶层设计，奠定了新中国国家制度的基础。《共同纲领》规定："中国人民民主专政是中国工人阶级、农民阶级、小资产阶级、民族资产阶级及其他爱国民主分子的人民民主统一战线的政权，而以工农联盟为基础，以工人阶级为领导。"在其总纲中又规定"中华人民共和国为新民主主义即人民民主主义的国家，实行工人阶级领导的、以工农联盟为基础的、团结各民主阶级和国内各民族的人民民主专政"。还指出"人民行使国家政权的机关为各级人民代表大会和各级人民政府。各级人民代表大会由人民用普选方法产生之。各级人民代表大会选举各级人民政府"①，这就对新中国的国体和政体作了明确的表述。在政党制度上，确立了中国共产党领导下的多党合作和政治协商制度，发挥民主党派参政议政、民主监督的作用。在民族政策上，《共同纲领》也明确规定："各少数民族聚居的地区，应实行民族的区域自治，按照民族聚居的人口多少和区域大小，分别建立各自民族自治

---

① 中共中央文献研究室、中央档案馆编：《建党以来重要文献选编（1921—1949）》第二十六册，中央文献出版社2011年版，第758、759、760页。

机关。凡各民族杂居的地方及民族自治区内，各民族在当地政权机关中均应有相当名额的代表。"① 至此，民族区域自治制度作为新中国政治制度的重要组成部分，在法律上得到确立。1952年8月8日，《中华人民共和国民族区域自治实施纲领》颁布，规定了社会主义新中国民族区域自治制度，推进了各民族的平等团结和共同繁荣。所有这些，都展现了以毛泽东同志为核心的党的第一代中央领导集体治国理政的政治智慧。

在新中国成立的头几年，中国共产党人基本上是不折不扣地按照《共同纲领》来建设新民主主义政治的。我们党以《共同纲领》为准则，领导多党之间通力合作、民主协商，构筑了一种完全新型的政党关系格局，奠定了民主政治的良好基础。建国之初组成的中央人民政府，完全是一个由中国共产党领导的党派合作的民主联合政府。中央人民政府的主席、副主席共7人，其中非中共人士3人，分别是宋庆龄、李济深和张澜；中央人民政府委员56人，其中非中共人士27人。在随后组建的政务院及其所属机关的负责人中，政务院副总理共4人，其中非中共人士2人，即郭沫若和黄炎培；各部、委、署主官中，非中共人士超过1/3。此外，最高人民法院院长亦由非中共人士沈钧儒担任。1950年3月召开的第一次全国统战工作会议，专门研究了党与非党民主人士合作共事的问题。毛泽东在会议上指出，要团结民主党派，使他们进步；把他们当作自己的干部，要给事做，尊重他们；要实行民主，敞开来让他们说话。② 其间，通过加强党对政府工作的领导责任制度安排，形成了党领导政府、全党服从中央的原则，使"一盘散沙""山头林立"的中国迅速形成政治统一、决策集中的体制。

---

① 中共中央文献研究室、中央档案馆编：《建党以来重要文献选编（1921—1949）》第二十六册，中央文献出版社2011年版，第767—768页。

② 《历次全国统战工作会议概况和文献》，档案出版社1988年版，第6页。

通过实行大行政区制度，建立起五级地方政府，很快在全国范围内实现了军队管理转向国家和地方治理，对于快速走向和平建设起到积极作用。

为了做好"立国安邦"这件大事，1953 年 1 月初，毛泽东召集党外民主人士座谈会，周恩来召集政协座谈会，广泛听取各方对召开全国人民代表大会、起草宪法等事项的意见。1953 年底，毛泽东乘专列离京前往杭州主持起草新中国的第一部宪法。1954 年 6 月 14 日，毛泽东主持召开中央人民政府委员会第十三次会议，讨论通过《中华人民共和国宪法草案》，交付全国人民讨论并征求意见。从 6 月 16 日开始，一场轰轰烈烈的宪法草案讨论随即遍及全国。参加讨论的人数达 1.5 亿，约占当时全国总人口的四分之一。[①]

1954 年 9 月，第一届全国人民代表大会第一次会议召开，审议通过了新中国第一部宪法。宪法以根本大法形式确立了社会主义国家性质，进一步对人民民主专政的国家性质和人民代表大会制度的根本政治制度，对中国共产党领导的多党合作和政治协商制度、民族区域自治制度等国家基本政治制度作出了更为完备的规定。宪法指出"中华人民共和国是工人阶级领导的、以工农联盟为基础的人民民主国家"，规定中华人民共和国的一切权力属于人民。人民行使权力的机关是全国人民代表大会和地方各级人民代表大会。全国人民代表大会即最高国家权力机关，国务院即中央人民政府，是最高国家权力机关的执行机关，是最高国家行政机关。全国人民代表大会、地方各级人民代表大会和其他国家机关，一律实行民主集中制。全国人民代表大会的召开，标志着人民代表大会制度作为我国的根本政治制度的确

---

① 逄先知：《毛泽东为何删掉宪法中的"国家元首"条文》，《中国经济周刊》2009年第 46 期。

立。同时，宪法将民族自治地方规范为自治区、自治州、自治县三级，县以下的少数民族聚居区设民族乡。随着各民族自治区和相关自治州、自治县的先后成立，民族区域自治制度作为我国的基本政治制度得以实现。1954 年 12 月，政协举行第二届全国委员会第一次会议，讨论并通过新的《中国人民政治协商会议章程》，指出人民政协作为团结全国各民族、各民主阶级、各民主党派、各人民团体、国外华侨和其他爱国民主人士的人民民主统一战线的组织，仍然需要存在。会议解决了全国人民代表大会召开后人民政协的性质、地位、作用和任务的问题，解决了政协与人大、政府之间的关系和相互配合问题，为长期坚持中国共产党领导的多党合作和政治协商制度奠定了基础。这样，人民代表大会的根本政治制度，中国共产党领导的多党合作和政治协商、民族区域自治的基本政治制度的确立，构成了新中国的政治制度体系，为成功过渡到社会主义提供了根本政治保障。

在社会主义政治制度建立的同时，社会主义文化制度也建立起来。《共同纲领》规定："中华人民共和国的文化教育为新民主主义的，即民族的、科学的、大众的文化教育。人民政府的文化教育工作，应以提高人民文化水平、培养国家建设人才、肃清封建的、买办的、法西斯主义的思想、发展为人民服务的思想为主要任务。"[①] 新中国成立之初，党的思想文化工作的主要目标是确立马克思主义在国家意识形态中的指导地位，重点清除帝国主义、封建主义和官僚资本主义的思想影响。1951 年 3 月，中共中央下发《关于加强理论教育的决定（草案）》，要求全党必须有系统地学习马克思列宁主义、毛泽东思想。这一时期，全国参加理论学习的干部达 250 余万人，相继出现了以学习

---

① 中共中央文献研究室、中央档案馆编：《建党以来重要文献选编（1921—1949）》第二十六册，中央文献出版社 2011 年版，第 766 页。

毛泽东著作为主要内容的政治理论和社会主义经济建设理论的学习高潮。同时，大力开展知识分子思想改造运动，对旧有的教育科学文化事业进行改革。鉴于在全国总人口为 5.5 亿中 80%以上是文盲，文盲众多成为新中国发展道路上的拦路虎，新中国成立伊始党中央就非常重视扫除文盲工作，把扫盲作为工农文化大翻身、提高民族素质的大政方针，并对扫盲工作作出了重大决策和战略部署，颁布了各种指示、决定和条例，采取了各种措施，掀起了大规模、群众性的扫盲活动。

二、过渡时期总路线的酝酿和提出

近代以来，中国的国情是半殖民地半封建的社会，决定着中国革命的进程必须是分两步走，第一步是新民主主义革命，建立一个独立的民主主义社会；第二步是社会主义革命，建立一个社会主义社会。在 1948 年 9 月召开的中央政治局会议上，中共领导人曾对新中国成立之后何时转入社会主义进行了讨论，毛泽东表示："我国在经济上完成民族独立，还要一二十年时间。我们要努力发展经济，由发展新民主主义经济过渡到社会主义。"①

上述精神在 1949 年 9 月中国人民政治协商会议第一届全体会议通过的具有临时宪法性质的《中国人民政治协商会议共同纲领》中得到了充分体现。《共同纲领》明确规定"中华人民共和国为新民主主义即人民民主主义的国家"。对于新民主主义社会的经济制度，作出了这样的规定："中华人民共和国经济建设的根本方针，是以公私兼顾、劳资两利、城乡互助、内外交流的政策，达到发展生产、繁

---

① 《毛泽东文集》第五卷，人民出版社 1996 年版，第 146 页。

荣经济之目的。国家应在经营范围、原料供给、销售市场、劳动条件、技术设备、财政政策、金融政策等方面，调剂国营经济、合作社经济、农民和手工业者的个体经济、私人资本主义经济和国家资本主义经济，使各种社会经济成分在国营经济领导之下，分工合作，各得其所，以促进整个社会经济的发展。"① 会议期间，当有人问到什么时候开始搞社会主义这个问题的时候，毛泽东回答说过"大概二三十年吧"②。

当时之所以主张不立即向社会主义"过渡"，主要是考虑中国生产力非常落后，需要大力发展生产力，必须首先实现国家工业化，只有实现了工业化才能向农民提供组织起来所必需的物质技术支持。直到 1952 年上半年，党的领导层还在坚持需要一二十年的新民主主义建设阶段后才能转入社会主义的思想。但在 1952 年 9 月 24 日的中共中央书记处会议上，毛泽东提出了向社会主义过渡的新主张，指出："我们现在就要开始用 10 年到 15 年的时间基本上完成到社会主义的过渡，而不是 10 年或者以后才开始过渡。"③ 很显然，这一提法是对过去主张的修正。为什么会发生这样的变化呢？从理念上讲，实现社会主义是中国共产党人的奋斗目标，自然希望新民主主义社会存续时间越短越好。在现实社会中，真正对毛泽东思考起决定性影响的，是我国经济政治形势出现了下述变化。

第一，经济结构发生了显著变化。1949 年到 1952 年的三年里，在公私兼顾、劳资两利的原则下，社会主义国营经济、合作社经济、

---

① 中共中央文献研究室、中央档案馆编：《建党以来重要文献选编（1921—1949）》第二十六册，中央文献出版社 2011 年版，第 763 页。
② 石仲泉：《毛泽东的艰辛开拓》（增订本），中共党史出版社 1992 年版，第 148 页。
③ 薄一波：《若干重大决策与事件的回顾》上卷，中共中央党校出版社 1991 年版，第 22 页。

国家资本主义经济、个体经济和私人资本主义经济五种经济成分都得到了发展。但由于社会主义经济和半社会主义经济的发展更为迅速，到 1952 年下半年，中国社会经济形态发生了很大变化。国家不仅垄断了金融，统制了对外贸易，掌握了铁路、矿山等经济命脉，而且国营经济在工业中的比重也超过了私人经济，占到了 67.3%；国营商业和合作社商业在批发中已占 63%，在零售中也占到了 43%。[1] 同时，私人企业已在国家的掌控之中，半数以上的私人工业已经被纳入国家资本主义轨道，特别是"五反"运动后，私营企业的生存空间已经十分狭小。第二，经济社会发展产生了新问题。第一个问题，是土地改革后农村逐渐趋于中农化，老区的互助组织开始涣散，这使党内一些人担心，如果农民尝到了个人发家致富的甜头，"习惯了新民主主义秩序"，就不想社会主义了，形成了所谓"自发的资本主义倾向"。另一个问题，是城市出现了资本积累与政权清明之间的矛盾。1951年，从各地"三反"情况看，许多贪污分子与资本家的贿赂有着密切关系。[2] 接着开展的"五反"运动期间，各地揭露出私营工商业中存在的行贿、偷税漏税、盗骗国家财产、偷工减料、盗窃国家经济情报等五毒现象，增加了广大民众对资产阶级"为富不仁"的憎恶，强化了"很多党员被资产阶级所腐蚀的极大危险现象"[3] 的担心。第三，重工业优先发展战略的确立。抗美援朝战争及两大阵营对峙的国际形势，使得巩固国防安全成为国家面临的头等重要的任务。1952 年 7 月，中财委编制出第一个《五年计划轮廓草案》，提出工业建设以重工业

---

[1]　周恩来：《三年来中国国内主要情况及今后五年建设方针的报告提纲》，1952 年 8 月。

[2]　中共中央文献研究室编：《毛泽东年谱（1949—1976）》第一卷，中央文献出版社 2013 年版，第 477、489 页。

[3]　《毛泽东文集》第六卷，人民出版社 1999 年版，第 190 页。

为主、轻工业为辅，在可能条件下建设速度应力求迅速。对于经济基础薄弱的新中国而言，要优先把资金、人力、物力集中投到重工业建设上，就必然要运用国家的权威进行积累，由此提出向社会主义过渡就是自然的事。1952 年 8 月下旬，以周恩来为团长，陈云、李富春为副团长的中国政府代表团前往莫斯科，得到斯大林表达苏联愿意援助我国"一五"计划的明确意见。在随后听取访苏结果的中共中央书记处会议上，毛泽东首次提出"从现在就要过渡"的想法，也就有点紧抓战略机遇的考量。

所谓向社会主义过渡，就是将私有制改造成为公有制，其中关键是将私人资本主义工商业改造为国营企业，将个体农业和个体手工业进行集体化改造。由于这将是一个影响中国经济社会的根本性变革，从提出过渡建议到 1953 年上半年，毛泽东就一直在进行慎重思考，并在征询国内外反应的过程中酝酿过渡的具体办法。首先是征询苏联的意见。1952 年 10 月，刘少奇率中共代表团参加苏共十九大，期间受毛泽东委托给斯大林写了一封信，请示中国逐步过渡到社会主义的问题。10 月 24 日，斯大林接见中共代表团，并且表态说："我觉得你们的想法是对的。当我们掌握政权以后，过渡到社会主义去应该采取逐步的办法。你们对中国资产阶级所采取的态度是正确的。"斯大林对中共中央设想表示赞同，无疑是对毛泽东在理论上的支持，坚定了毛泽东加快过渡的信心。

其次是了解国内干部群众的反应。1953 年 2 月中下旬，毛泽东南下视察工作。其间，有几个重要史实与过渡问题紧密相关：一是 2 月 15 日在听河北省邢台县委负责人的汇报中，毛泽东了解到该县已有 87% 的农户加入了互助组、合作社，而且合作社建社当年就实现了粮食增产的效果，由此进一步加深了他互助合作"是一条由穷变富的道路"的认识，指出多数农民是愿意走这条道路的，关键是领导者采取什么态度。"农业不先搞机械化，也能实现合作化，中国不一定仿照苏联的作法。"① 二是 2 月 17 日他与湖北孝感地委负责人的谈话中，解释了"过渡时期的步骤是走向社会主义"，"十年到十五年走完"；在同湖北省委、武汉市委负责人的谈话中，提出社会主义改造任务"从现在起大约需要三个五年计划的时间"②，强调了逐步过渡到社会主义的重要思想。三是 2 月 19 日他在同中南局负责人的谈话中，进一步明确了过渡的办法："个体农业，要用合作社和国营农场去代替，手工业要用现代工业去代替。……对民族资产阶级，可以采取赎买的办法。"③ 通过此行，一方面增强了毛泽东决策开始过渡的决心，另一方面也初步形成了对农业和手工业改造的具体方法。

再次是形成了对资本主义工商业改造的途径。1953 年 5 月下旬，中央统战部部长李维汉向党中央呈送他当年春带领调查组在上海、南京、武汉等地调查后写出的《关于资本主义工业中的公私关系问题》的报告。这个报告总结了几年来资本主义工业实行国家资本主义的情况和经验，提出国家资本主义的各种形式是利用、限制、改造资本主义工业，将其纳入国家计划轨道，使资本主义工业逐步过渡到社会主义的主要形式；公私合营是国家资本主义的高级形式，最有利于将私有企业改造成社会主义企业。调查报告还指出，随着企业的改造，这些企业中的资产阶级分子有可能逐步改造为国营工业的管理或者技术的干部。这个报告得到党中央的高度重视，后经修改形成《关于利用、

---

① 中共中央文献研究室编：《毛泽东传（1949—1976）》（上），中央文献出版社 2003 年版，第 246 页。

② 中共中央文献研究室编：《毛泽东年谱（1949—1976）》第二卷，中央文献出版社 2013 年版，第 31、32 页。

③ 中共中央文献研究室编：《毛泽东年谱（1949—1976）》第二卷，中央文献出版社 2013 年版，第 33 页。

限制、改造资本主义工商业的若干问题（未定稿）》的文件，从而帮助找到了改造资本主义经济的办法，即"我们对私营资本主义工商业的改造，必须通过国家资本主义逐步过渡到社会主义。"①

经过半年多的酝酿交流后，1953年6月15日，毛泽东在中央政治局会议上首次提出了过渡时期总路线。会议期间，他在一个讲话提纲中写道："总路线是照耀一切工作的灯塔。""党的任务是在十年至十五年或者更多一些时间内，基本上完成国家工业化和社会主义的改造。""所谓社会主义改造的部分：（一）农业；（二）手工业；（三）资本主义企业。"两个月后，他对这个总路线作了完整表述："从中华人民共和国成立，到社会主义改造基本完成，这是一个过渡时期。党在这个过渡时期的总路线和总任务，是要在一个相当长的时期内，基本上实现国家工业化和对农业、手工业、资本主义工商业的社会主义改造。这条总路线，应是照耀我们各项工作的灯塔，各项工作离开它，就要犯右倾或'左'倾的错误。"②12月底，由中宣部起草、经毛泽东修改的关于过渡时期总路线的学习和宣传提纲，正式公布了总路线的内容，即"从中华人民共和国成立，到社会主义改造基本完成，这是一个过渡时期。党在这个过渡时期的总路线和总任务，是要在一个相当长的时期内，逐步实现国家的社会主义工业化，并逐步实现国家对农业、对手工业和对资本主义工商业的社会主义改造。"③这样，工业化建设和社会主义改造同时并举的战略，就正式确立下来了。1954年2月10日，党的七届四中全会通过决议，正式批准了中共中央政

① 中共中央文献研究室编：《毛泽东年谱（1949—1976）》第二卷，中央文献出版社2013年版，第139页。
② 《建国以来毛泽东文稿》第4册，中央文献出版社1990年版，第251页。
③ 中共中央文献研究室编：《建国以来重要文献选编》第4册，中央文献出版社2011年版，第700—701页。

治局提出的党在过渡时期的总路线。

三、生产资料私有制社会主义改造的完成

1953 年 9 月，在庆祝新中国成立四周年的口号中，中共中央向全党和全国人民公布了党在过渡时期的总路线。随后，全国各地开展了大规模的宣传贯彻总路线的活动，启动了大规模的对农业、手工业和资本主义工商业的社会主义改造运动。

党对农业的社会主义改造运动，在土地改革后期就已经开始了。首先是一些完成土改的老解放区的贫苦农民开始组织起来，成立各种形式的互助合作组织。到 1951 年，互助组发展到 467.5 万个，参加农户有 2100 万户；农业生产合作社增加到 130 个。[①]1951 年 9 月，全国第一次农业互助合作会议召开，会议通过了《关于农业生产互助合作的决议（草案）》，提出了反对互助合作问题上的两种错误倾向，强调了自愿互利、民主议定和典型示范的指导原则和不得歧视、打击单干农民，但其精神侧重点是要求在土改后的广大农村地区，必须通过互助合作的方式发展农业生产，按照积极发展、稳步前进的方针和自愿互利的原则，采取典型示范、逐步推广的方法，大量发展劳动互助组。此后，各地的农业互助合作逐步发展起来。到 1952 年底，全国有 40%的农户加入互助组，建立了 3600 多个农业生产合作社。党在过渡时期的总路线正式公布后，1953 年 12 月中共中央又通过了《关于发展农业生产合作社的决议》，为推动农业合作化确定了新的指导方针。该决议第一次对我国个体农业的改造道路作了明确表述，即引导个体农民经过具有社会主义萌芽的互助组，到半社会主义性质的初

---

① 《中国农业年鉴（1980）》，农业出版社 1981 年版，第 4 页。

级社,再到完全社会主义性质的高级社。在进行社会主义改造过程中,必须坚持自愿互利、典型示范和国家帮助的原则,贯彻"积极领导、稳步前进"的方针,既要反对放任自流,也要反对任何强迫命令和剥夺农民的行为。这一决议发表后,一个以初级社为中心的农业合作化运动普遍开展起来。由于初级社没有废除生产资料的私有制,采取了土地入股分红的形式,比较符合当时农民的觉悟程度和生产力发展水平,因而促进了生产的发展。加之党和国家从各个方面支援合作社,使广大农民看到了合作社的好处,纷纷要求参加合作社。因此,在1953年冬到1955年上半年,农业生产互助合作运动有了很大发展。到1955年秋收前,全国初级社已达63.4万个,是1953年的41.3倍;参加农户数为1692万户,是1953年的61.5倍,占全国农户总数的14.2%。在63万多个合作社中,80%的社都增加了产量,充分显示了互助合作道路的优越性。与此同时,高级社由重点试办阶段转入开始在有条件的地区创造经验、准备逐渐推广。

个体手工业方面,早在1951年和1952年,中共中央就先后两次召开全国手工业合作会议,研究和部署手工业的社会主义改造工作。国家有重点、有步骤地对手工业合作社进行了典型试办,重点是创办手工业供销生产小组或合作社。到1952年底,全国手工业合作社有2700多个,社员25万人,产值达到2.5亿元。1953年进入第一个五年计划的执行时期,各方面对手工业产品的需要大量增加,个体手工业生产同国民经济发展需要之间的矛盾日益突出。为此,1953年11月,中央召开了具有重要历史意义的第三次全国手工业生产合作会议。会议根据党在过渡时期的总路线和总任务的精神,总结了几年来党对手工业社会主义改造的三种组织形式(生产小组、供销生产社、生产合作社)和初步经验,明确提出对手工业改造的方针是坚持"积极领导、稳步前进",组织形式是由低级形式的手工业生产小组、过渡形式的手工业生产合作社到高级形式的手工业生产合作社，循序渐进，由小到大。这次会议为手工业合作化的全面发展铺平了道路，手工业合作化由此进入了普遍发展阶段。各地在贯彻执行第三次全国手工业生产合作会议精神时，一般都很注意根据生产发展的需要和手工业劳动者的要求，采用多种多样的灵活组织形式，引导手工业劳动者根据自愿互利原则组织起来，因而工作开展比较健康，进展比较顺利。到 1955 年 6 月，全国手工业合作组织达到 4.98 万个，参加合作社的手工业者达 143.9 万人，占手工业从业人员总数的 17.5%。

私营工商业方面，新中国成立初期，为了帮助它们克服生产经营上的困难，国家采取了加工订货、统购包销、经销代销等形式，这实际上就开始把私营经济逐步引上了社会主义改造的轨道。到 1952 年底，加工订货、统购包销的产值占到私营工业总产值的 56%，私营工业中有 997 户实行了公私合营。1953 年春，中央统战部部长李维汉率调查组到武汉、南京、上海等地调查后，向中央报送的报告中明确指出，国家资本主义的各种形式是改造资本主义工业并使其逐步过渡到社会主义的主要形式。中共中央研究后采纳了这个意见，并把它作为改造私营工商业的共同办法。[①] 从 1954 年起，对私营工商业的改造转入重点发展公私合营的高级阶段。公私合营后，企业利润分配实行"四马分肥"，即把企业利润分成四份：政府所得税 34.5%、奖金福利费 15%、企业公积金 30%、资方红利 20.5%。这种公私合营企业的生产关系发生了根本的变化：企业的领导权基本上掌握在国家手中，生产资料的所有权，由原来的资本家所有变为公私共有，企业的生产和经营管理克服了资本主义生产的无政府状态，完全纳入了国家

---

① 中共中央文献研究室编：《毛泽东年谱（1949—1976）》第二卷，中央文献出版社 2013 年版，第 139 页。

的计划，按照社会主义经营的方向发展。由于党的政策正确、方法对头、步骤稳妥，公私合营工作进行得比较顺利。到 1955 年，公私合营的工业产值已占资本主义工业产值的 50%，公私合营和合作化商店占私营商业零售额的 45%。同时，北京、上海、天津等地也出现了部分行业全行业的公私合营。

从总体情况看，在 1955 年夏季之前，由于党中央采取的措施得当，社会主义改造工作循序渐进、健康发展，几个领域都取得了比较好的效果。但是，到了 1955 年 5 月，党内高层对农业合作化形势估计上产生了较大分歧。毛泽东认为邓子恢和中央农村工作部思想保守了，并在 7 月召开的省、市、自治区党委书记会议上作了《关于农业合作化问题》的报告，强调在合作化运动中要反"右倾"。会后，农业生产合作化运动迅猛发展，进入了"高潮"。从 1955 年秋季开始，初级社迅速向全国普及。1956 年春，又大办高级社。

在农业合作化进入高潮的影响下，手工业和资本主义工商业社会主义改造步伐也大大加快。仅 1955 年下半年，全国手工业合作组织就增加 1.48 万多个，社（组）员人数增加了 53.5%。进入 1956 年，手工业改造运动掀起一个又一个高潮。在工商业改造方面，1955 年 11 月中共中央通过《关于资本主义工商业改造问题的决议（草案）》，确定重点从个别企业公私合营推进到全行业公私合营。1956 年 1 月，全国 50 多个大中城市宣布实现了全行业的公私合营。在全行业的公私合营企业里，资本家失去了生产资料的所有权、企业的管理权、利润分配权，资本家的权利仅仅限制在获得定息上。同年 7 月 28 日，《国务院关于对私营工商业、手工业、私营运输业的社会主义改造中若干问题的指示》中规定：全国公私合营企业的定息户，不分工商、不分大小、不分盈余户亏损户、不分地区、不分行业、不分老合营新合营，统一规定为年息 5%，计息期限确定为 10 年。至此，企业的生产关系已经发生了根本变化，这样的企业实际上成为社会主义的国营企业。

到1956年底，"三大改造"的任务基本完成。农业方面，参加初级社的农户占总农户的96.3%，其中参加高级社的达到总农户的87.8%；手工业方面，全国手工业生产合作社发展到近10万个，入社人数占手工业从业人员的91.7%；工商业方面，原有私营工业已有99%的户数、98.9%的职工及99%的总资产，以及私营商业82.2%的户数，实现了全行业的公私合营。[①] 生产资料所有制改造任务完成，标志着新民主主义向社会主义过渡的顺利实现，社会主义经济制度在中国正式建立。为此，在中国共产党第八次全国代表大会上，刘少奇代表中共中央正式宣布："改变生产资料私有制为社会主义公有制这个极其复杂和困难的历史任务，现在在我国已经基本上完成了。我国社会主义和资本主义谁战胜谁的问题，现在已经解决了。""现在这种社会主义改造已经取得决定性的胜利……几千年来的阶级剥削制度的历史已经基本上结束，社会主义的社会制度在我国已经基本上建立起来了。"[②]

在新中国成立后的几年时间里，我们党就在一个人口众多的农业国实现了生产资料所有制的社会主义改造，这是一个非常不易的巨大成就。正如1981年6月党的十一届六中全会通过的《关于建国以来党的若干历史问题的决议》中所说："在一个几亿人口的大国中比较顺利地实现了如此复杂、困难和深刻的社会变革，促进了工农业和整个国民经济的发展，这的确是伟大的历史性胜利。""三大改造"的胜

[①] 董志凯等主编：《中华人民共和国经济史（1953—1957）》（上），社会科学文献出版社2011年版，第209、239、259页。

[②] 中共中央文献研究室编：《建国以来重要文献选编》第9册，中央文献出版社2011年版，第48页。

利完成，具有深远的历史意义。第一，社会主义改造将农民、手工业者的个体经济转变为社会主义集体经济，将资本主义私有制转变为社会主义公有制，消灭了剥削制度和剥削阶级，建立了以生产资料公有制和按劳分配为主要形式和特点的社会主义经济制度，从而实现了中国历史上几千年来最伟大最深刻的社会变革，实现了中国共产党领导中国革命的基本目标。第二，作为一场涉及亿万人民的社会制度的大变革，不但没有造成大的社会动荡和生产力的破坏，而且是在国民经济稳定增长和人民普遍拥护的情况下实现的，促进了社会生产力的发展。1953—1956 年工农业总产值年均递增 11.6%，农业生产增长了79%，原来私营工业的产值增长了一倍多，私营商业的零售额增长了25%左右。第三，从中国国情出发，创造了一系列由低级到高级的改造形式，走出了一条有中国特色的社会主义改造道路。特别是在资本主义工商业改造方面，利用各种形式的国家资本主义，成功地实现了对资产阶级的和平赎买，并把资本家改造成为自食其力的劳动者，这是国际共产主义运动史上的一个创举。但"这项工作中也有缺点和偏差。在一九五五年夏季以后，农业合作化以及对手工业和个体工商业的改造要求过急，工作过粗，改变过快，形式也过于简单划一，以致在长期间遗留了一些问题"[1]。

四、中国建立社会主义制度的重大意义

近代以来，为了追求现代化目标，世界各国采取了两种不同类型的制度体系。一种是资本主义的制度体系，另一种是社会主义的制度

---

[1] 中共中央文献研究室编：《关于建国以来党的若干历史问题的决议注释本》，人民出版社 1983 年版，第 18 页。

体系。可以说，社会主义的兴起，其目的就是要解决资本主义发展的弊病，克服资本的逻辑和发展的自发性。新中国成立后，我们党创造性地运用马克思主义国家学说，确立了社会主义国家的国体政体、根本政治制度、基本政治制度、基本经济制度和各方面的重要制度，构建了社会主义国家治理体系，为实现中华民族伟大复兴奠定了根本的政治前提和制度基础。

习近平总书记高度评价我们党完成社会主义革命、建立社会主义制度的伟大意义，指出它"完成了中华民族有史以来最为广泛而深刻的社会变革，为当代中国一切发展进步奠定了根本政治前提和制度基础，为中国发展富强、中国人民生活富裕奠定了坚实基础，实现了中华民族由不断衰落到根本扭转命运、持续走向繁荣富强的伟大飞跃"[1]。党的十九大报告指出："我们党团结带领人民完成社会主义革命，确立社会主义基本制度，推进社会主义建设，完成了中华民族有史以来最为广泛而深刻的社会变革，为当代中国一切发展进步奠定了根本政治前提和制度基础，实现了中华民族由近代不断衰落到根本扭转命运、持续走向繁荣富强的伟大飞跃。"[2]

首先，社会主义基本制度的确立是中国历史上最深刻最伟大的社会变革。自有文字记载以来，我国经历了多次朝代的更替，社会的变革，但每一次都是以一种私有制代替另一种私有制，以一种剥削制度代替另一种剥削制度。而社会主义"三大改造"最突出的特点，就是第一次以公有制代替私有制，顺利实现了生产关系的根本变革，把农民、手工业者的个体经济转变为社会主义集体经济，将资本主义私有制转变为社会主义公有制，消灭了剥削制度和剥削阶级，建立起以生

---

[1]　习近平：《在庆祝中国共产党成立 95 周年大会上的讲话》，《人民日报》2016 年 7 月 2 日。

[2]　《中国共产党第十九次全国代表大会文件汇编》，人民出版社 2017 年版，第 12 页。

产资料公有制和按劳分配为主要形式与特点的社会主义经济制度。这种经济制度与之前建立起来的人民代表大会制度、共产党领导的多党合作和政治协商制度一起，构成了社会主义的基本制度，实现了中国共产党领导中国革命的基本目标。正如党的八大所指出的，"这就表明，我国的无产阶级同资产阶级之间的矛盾已经基本上解决，几千年来的阶级剥削制度的历史已经基本上结束，社会主义的社会制度在我国已经基本上建立起来了"①。

其次，社会主义基本制度的确立为当代中国一切发展奠定了制度基础。社会主义制度从根本上保证了工人、农民、知识分子和一切爱国人士管理国家、社会事务的权力和他们的民主权利，使广大劳动人民真正成为国家的主人和社会生产资料的主人，因而极大地提高了工人阶级和广大劳动人民的积极性和创造性，巩固和扩大了工人阶级领导的，以工农联盟为基础的人民民主专政的国家政权的阶级基础和经济基础。对于中国这样一个经济文化落后的发展中大国来说，选择社会主义制度来推动国家的工业化和现代化，能够提高社会的组织化程度，比较有效的兼顾政治与经济的国家治理方案，尽可能地集中力量办大事的优势。所谓大事，就是在中国现代化进程中最重要的经济社会工程，或者那些"卡脖子"的关键环节，为发展社会生产力开辟了广阔的道路。中国社会主义制度建立后，我们就是凭借社会主义"大道理"来推进国家现代化和民族复兴的。在中国共产党的领导下，从工业发展到农业发展，从普及教育到基本医疗保障，我国用一个接一个的五年计划来规划部署现代化的重点任务，从而为中国渐进式发展和可持续发展铺平了道路。经过艰苦卓绝的社会主义建设和波澜壮阔的改革开放，中国已经从"一穷二白"变成了"全面小康"，古老的

---

① 《中国共产党第八次全国代表大会文件》，人民出版社 1980 年版，第 80 页。

中华民族以崭新的姿态走近世界舞台中央。这些基本事实告诉人们，中国社会主义基本制度符合中国的国情实际和广大人民的切身利益，具有伟大的生命力。今天中国现代化建设取得的辉煌成就，都离不开选择并且走上了社会主义道路这个最基本的前提条件。

再次，社会主义基本制度的确立，使占世界人口 1/4 的东方大国进入了社会主义社会，这是世界社会主义运动史上又一个历史性的伟大胜利。资本主义的发展建立在对内剥削、对外掠夺的基础上，并用低价商品摧毁弱小国家的民族企业，用坚船利炮把它们变为自己的附属，尤其是对第三世界国家实行不等价交换。而我们的社会主义，则主要是靠自力更生、艰苦奋斗，实行对内改革、对外开放，通过充分利用本土资源，不断完善和发展自己。凭借社会主义的制度优势，为中国发展富强、中国人民生活富裕奠定了坚实基础。中华民族由不断衰落到根本扭转命运、持续走向繁荣富强，中华民族和中国人民在中国共产党的领导下实现了从站起来到富起来并走向强起来的伟大飞跃。中国社会主义制度的确立，进一步改变了世界政治经济格局，增强了社会主义的力量，对维护世界和平产生了积极影响。占世界人口 1/4 的东方大国进入了社会主义社会，这是世界社会主义运动历史上又一个历史性的伟大胜利，为其他相对落后的国家探索民族独立、人民解放和走符合本国国情的现代化发展道路提供了重要经验，对这些国家的人民也是一个巨大的鼓舞。

中国社会主义建设的探索和曲折发展

1956 年中国社会主义制度建立后，以毛泽东同志为主要代表的中国共产党人为寻找一条有别于苏联模式、适合中国情况的社会主义建设道路，进行了 20 年前无古人、披荆斩棘的艰辛探索，既取得许多有价值的重要成果，也经历了严重曲折。所有这一切，都为我们党在十一届三中全会后继续探索并成功开创中国特色社会主义新道路提供了宝贵经验、理论准备、物质基础。

一、党的八大和社会主义建设的良好开端

1956 年这一年，以基本完成对生产资料私有制的社会主义改造，建立起社会主义基本制度，进入全面建设社会主义新时期而载入党和国家的史册。社会主义基本制度的建立，是我们党继领导建立新中国后在 20 世纪实现的中国社会第二次历史性巨大变化，对此，全党全国人民精神振奋，急切地想做出一番新的伟大事业。党的主要任务，不再是进行阶级斗争、政治革命，而是要"革技术的命，叫技术革命，叫文化革命，要搞科学，要革愚蠢同无知

的命"①。我们的目标，"要在几十年内，努力改变我国在经济上和科学文化上的落后状况，迅速达到世界上的先进水平"②。但是，对于在中国这样一个贫穷落后、人口众多的国家怎样进行社会主义经济、政治、文化等建设，达到以上目标，却是全党面临的一个经验不多、知识甚少的新课题。

新中国成立初期一段时间，我们党提出了以苏联为榜样的号召。在进行社会主义改造和实施第一个五年计划的过程中，我们以苏联模式为蓝本，逐步建立了以高度集中为特征的中国社会主义的政治、经济体制。这种体制的主要特点是政治上高度集权，经济上实行高度集中的计划经济，所有制上搞单一的公有制等。在我国经济恢复和发展的过程中，苏联模式曾发挥了积极的作用，但也存在严重弊端。

对于这个时期照抄照搬苏联模式的做法，毛泽东认为，应采取辩证分析的态度。第一，"抄"还是必要的，"解放后，三年恢复时期，对搞建设，我们是懵懵懂懂的。接着搞第一个五年计划，对建设还是懵懵懂懂的"③，"因为我们不懂，完全没有经验，横竖自己不晓得，只好搬"④。"只得照抄苏联，特别是在重工业方面，几乎一切都抄苏联"⑤。第二，毛泽东又对"抄"不满意，认为"一切都抄苏联"，"缺

---

① 中共中央文献研究室编：《毛泽东传（1949—1976）》（上），中央文献出版社2003年版，第469页。

② 中共中央文献研究室编：《毛泽东传（1949—1976）》（上），中央文献出版社2003年版，第470页。

③ 《毛泽东文集》第八卷，人民出版社1999年版，第117页。

④ 中共中央文献研究室编：《毛泽东传（1949—1976）》（上），中央文献出版社2003年版，第791页。

⑤ 中共中央文献研究室编：《建国以来重要文献选编》第15册，中央文献出版社2011年版，第109页。

乏创造性，缺乏独立自主的能力"，"总觉得不满意，心情不舒畅"①，"不应当是长久之计"。② 特别是苏联一些不好的经验，被我们"抄"过来之后，产生了许多弊病，影响了我国建设。这样，当1956年我国"三大改造"即将胜利在握、社会主义制度即将建立的时候，毛泽东便将自己的注意力逐渐由社会主义改造转移到社会主义建设上来，开始以更多的精力研究社会主义经济问题，希望在斯大林模式之外，另辟蹊径，探索出一条适合中国情况的社会主义建设道路来。

对在中国怎样建设社会主义，从马列主义的书本上找不到现成的答案，照抄照搬苏联模式又不符合中国国情，更不可能凭主观去想象，中国自己的社会主义建设道路只能在实践探索中逐步解决，只能通过深入的调查研究、从对国情的深刻认识和把握中研究解决。1956年1月中旬，毛泽东从杭州回到北京不久，从薄一波那里听说刘少奇正在听取国务院一些部委汇报工作，立刻引起他的兴趣。他对薄一波说："这很好，我也想听听。你能不能替我也组织一些部门汇报？"③

刘少奇召集国务院各部门汇报工作，是从1955年12月7日开始的，是为起草党的八大政治报告做准备的。毛泽东的调查，既是为八大做准备，同时又超出了这个范围，提出一些对社会主义建设有长远指导意义的思想。毛泽东的调查研究，从1956年2月14日开始到4月24日结束，在两个多月时间里先后听取了国务院35个部门的汇报以及国家计委关于第二个五年计划的汇报。周恩来除个别时候因事请假外，每次都来参加听汇报。刘少奇、陈云、邓小平有时也来参加。

---

① 《毛泽东文集》第八卷，人民出版社1999年版，第305、117页。

② 中共中央文献研究室编：《建国以来重要文献选编》第15册，中央文献出版社2011年版，第109页。

③ 中共中央文献研究室编：《毛泽东传（1949—1976）》（上），中央文献出版社2003年版，第470—471页。

在 3 月 12 日至 4 月 5 日听汇报的这段时间里，毛泽东还同时做着另一件重要而紧迫的工作，就是研究和思考由苏共二十大特别是赫鲁晓夫秘密报告引发的国际共运重大问题。苏共二十大于 1956 年 2 月 14 日开始在莫斯科召开。会议即将结束时，2 月 24 日夜至 25 日晨，苏共中央总书记赫鲁晓夫突然召集与会苏共代表，作了长达四个半小时的秘密报告，题为《关于个人崇拜及其后果》。报告集中揭露和批判了斯大林所犯的一系列严重错误，包括违背民主集中制原则搞个人崇拜，肃反扩大化，在反法西斯的卫国战争前夕对德国的进攻丧失警惕，在国内民族问题上的错误处置，以及在对待南斯拉夫问题上的错误态度等。毛泽东对苏共二十大揭露和批评斯大林，一则以喜，一则以忧。喜的是揭开了对斯大林神化的盖子，破除了迷信，解放了思想，使大家都敢讲话、都能想问题了；忧的是赫鲁晓夫批判斯大林，过分追究个人品质和个人责任，对斯大林采取"一棍子打死"的做法，由此带来一系列严重后果。为了向全世界表明中国共产党在斯大林评价问题上的基本立场和态度，在继续听取经济部门汇报的同时，毛泽东从 3 月 12 日起把更多的注意力转到苏共二十大的问题上，主持发表了《关于无产阶级专政的历史经验》一文，分析了斯大林犯错误的原因，阐述了对国际共产主义运动中所发生错误应采取的正确态度，总结了中国共产党从中应吸取的教训，明确表示："最重要的是要独立思考，把马列主义的基本原理同中国革命和建设的具体实际相结合。民主革命时期，我们吃了大亏之后才成功地实现了这种结合，取得了新民主主义革命的胜利。现在是社会主义革命和建设时期，我们要进行第二次结合，找出在中国怎样建设社会主义的道路。"[①]

从 4 月 18 日至 24 日，新一轮汇报开始，是李富春向毛泽东汇报

---

① 　吴冷西：《忆毛主席》，新华出版社 1995 年版，第 9 页。

第二个五年计划。4月25日，毛泽东主持召开中央政治局扩大会议，首次发表《论十大关系》讲话。5月2日，在最高国务会议上，毛泽东又对十大关系作了进一步阐述。《论十大关系》开篇即提出："特别值得注意的是，最近苏联方面暴露了他们在建设社会主义过程中的一些缺点和错误，他们走过的弯路，你还想走？过去我们就是鉴于他们的经验教训，少走了一些弯路，现在当然更要引以为戒。"根据中国情况探索中国自己的社会主义道路，"以苏为戒"，是贯穿《论十大关系》的基本思想。《论十大关系》的主旨是提出"把党内党外、国内国外的一切积极的因素，直接的、间接的积极因素，全部调动起来，把我国建设成为一个强大的社会主义国家"。《论十大关系》的发表，表明党和毛泽东对中国社会主义建设道路的探索有了一个初步的但又比较系统的思路，为党的八大的召开做了重要准备。

1956年9月15日，中国共产党第八次全国代表大会在全国政协礼堂隆重开幕。出席会议的代表1026人，代表着全国1073万党员。刘少奇在会上代表中央委员会作政治报告，周恩来作《关于发展国民经济的第二个五年计划的建议的报告》，邓小平作《关于修改党的章程的报告》。毛泽东宣布大会开幕并致开幕词，开宗明义指出："我们这次大会的任务是：总结从七次大会以来的经验，团结全党，团结国内外一切可能团结的力量，为了建设一个伟大的社会主义的中国而奋斗。"

召开党的八大，是在1955年3月党的全国代表会议上确定的。此后，党中央召开一系列会议，准备大会的各项文件，其中最重要的是起草八大政治报告。中央成立由刘少奇、陈云、邓小平等七人组成的政治报告起草委员会，在毛泽东领导下进行工作。政治报告以《论十大关系》为指导思想，突出经济建设的主题，集中了党在探索过程中提出的新的理论观点和方针政策，这个报告凝聚了全党的经验与智慧，达到了当时可能达到的关于中国社会主义建设的最高认识水平。

党的八大正确分析国内形势和国内主要矛盾的变化，明确规定了党和全国人民在新形势下的主要任务。大会宣布：我国无产阶级同资立阶级之间的矛盾已经基本上解决，几千年来的阶级剥削制度的历史已经基本上结束，社会主义的社会制度在我国已经基本上建立起来。我国"国内的主要矛盾，已经是人民对于建立先进的工业国的要求同落后的农业国的现实之间的矛盾，已经是人民对于经济文化迅速发展的需要同当前经济文化不能满足人民需要的状况之间的矛盾"。"党和全国人民的当前的主要任务，就是要集中力量来解决这个矛盾，把我国尽快地从落后的农业国变为先进的工业国。"又说："由于社会主义革命已经基本上完成，国家的主要任务已经由解放生产力变为保护和发展生产力"。党的八大坚持了1956年5月党中央提出的既反保守又反冒进，即在综合平衡中稳步前进的经济建设方针。周恩来在报告中提出四条重要意见：应根据需要和可能，合理地规定国民经济的发展速度，把计划放在既积极又稳妥可靠的基础上，以保证国民经济比较均衡地发展；重点建设与全面安排相结合；增加后备力量，健全物资储备制度；正确处理经济与财政的关系。大会还提出在三个五年计划或者再多一点的时间内，在我国建成一个基本上完整的工业体系的战略设想。这是党为全国人民描绘的社会主义发展的宏伟蓝图。

党的八大还着重提出了执政党的建设问题。邓小平在大会上作的《关于修改党的章程的报告》，一方面突出地提出反对党内主观主义、宗派主义、官僚主义，批评那种脱离实际、脱离群众的思想作风；另一方面，根据苏联社会主义建设的经验教训，强调坚持民主集中制和集体领导制度，反对个人崇拜，反对突出个人，反对对个人歌功颂德。党章增加了"中央委员会认为有必要的时候，可以设立中央委员会名誉主席一人"一款。这是因为这年夏天毛泽东已向中央提出，他准备在适当的时候不当党的主席。毛泽东还提出不再担任下届国家主席，并且建议修改宪法，规定国家主席、副主席连选只得连任一届。这些设想是酝酿废除实际存在的领导干部职务终身制的重要探索。

党的八大是一次解放思想、民主开放的大会。大会的进程、大会的主报告和代表们的发言，通过新闻媒体的迅速传播，为全党和全国人民所了解。整个会议期间，共有 68 人在大会上作了发言，有 45 人作了书面发言。发言者的代表面很广泛，有中央领导人，有地方各级党委负责人，有中央和国家各部委负责人，还有基层党组织负责人、普通党员代表。发言涉及经济、政治、文化、科学、教育、外交、国防、法制、民族、统一战线、党的建设等各方面工作。陈云在发言中提出了"三个主体，三个补充"的思想，即以国家经营和集体经营、计划生产、国家市场三者为主体，以个体经营、自由生产、自由市场三者作为补充，为大会决议所采纳。董必武着重谈了有法可依、有法必依的问题。代表们在发言中提出的许多有重要价值的思想和认识，体现了党的八大在怎样建设社会主义这个问题上所取得的探索成果。

党的八大制定的路线是正确的，提出的许多新方针和新设想是富于创造精神的，对于党的事业发展有长远的重要意义。

二、社会主义道路的艰辛探索

邓小平指出，从"一九五七年开始，我们犯了'左'的错误，政治上的'左'导致一九五八年经济上搞'大跃进'，使生产遭到很大破坏，人民生活很困难"[①]。邓小平所说的政治上的"左"，是从 1957 年夏全党整风转向、反右派斗争严重扩大化开始的。

---

① 《邓小平文选》第三卷，人民出版社 1993 年版，第 227 页。

　　1956 年被毛泽东称为"多事之秋"。苏共二十大后,1956 年 6 月,波兰西部的波兹南地区发生由于工人的某些要求没有得到满足而引起的流血冲突,波兰局势陷入持续动荡。10 月下旬,匈牙利首都布达佩斯又发生大规模骚乱,匈牙利各地发生多起捕杀共产党人事件,反社会主义势力嚣张。波匈事件发生后,帝国主义乘机掀起反苏反共反社会主义的浪潮。波匈事件对中国也产生了影响。1956 年秋冬,因一些城市出现粮食、肉类和日用品短缺,一些学生、工人在升学、就业等方面遇到困难,全国发生多起罢工、请愿事件。在农村,不少地方连续发生闹缺粮、闹退社风潮。对少数人闹事的原因,毛泽东认为,主要是"由于领导上存在着官僚主义和主观主义""工作方法不对"以及"反革命分子和坏分子的存在",归根到底属于社会主义社会敌我矛盾和人民内部矛盾的反映,其中大量表现为人民内部矛盾。毛泽东明确提出,"凡是人民内部的事情,党内的事情,都要用整风的方法,用批评和自我批评的方法来解决,而不是用武力来解决"①。

　　为了指导整风的开展,1957 年 2 月 27 日,毛泽东在最高国务会议上以《如何处理人民内部的矛盾》为题发表讲话②,系统地阐明了关于严格区分社会主义社会的敌我和人民内部两类矛盾以及正确处理人民内部矛盾的问题。这个讲话为全党整风做了重要准备。4 月下旬,中共中央正式发出《关于整风运动的指示》,确定整风的主要内容是"反官僚主义、反宗派主义、反主观主义"。整风开始后,群众提出的意见绝大部分是正确的、有益的,是有利于改进党的领导的。但是,随着整风的迅猛展开,也出现了极少数人乘机向党和新生的社会主义制度发动进攻的情况。有的人把共产党在国家政治生活中的领

---

① 毛泽东在党的八届二中全会上的讲话记录,1956 年 11 月 15 日。

② 这个讲话后来经过整理并作了若干修改与补充,以《关于正确处理人民内部矛盾的问题》为题,在 1957 年 6 月 19 日《人民日报》上公开发表。

导地位攻击为"党天下"，公然提出共产党退出机关、学校，公方代表退出合营企业，要求"轮流坐庄"；有人极力抹杀社会主义改造和建设的成绩，从根本上否定社会主义制度的优越性，把人民民主专政制度说成是产生官僚主义、宗派主义和主观主义的根源。这些言论的出现，引起了党的高度警觉，并被看成是一个危险的政治信号。6月，中央发出组织力量反击右派分子进攻的指示，大规模的反右派斗争随之展开。对极少数反党反社会主义的言行进行及时反击和批判，是必要的。但在处理这个问题的时候，由于党对当时阶级斗争和右派进攻的形势作了过于严重的估计，对反右派斗争的猛烈发展未能谨慎地掌握和引导，使得反右派斗争严重扩大化了，一批知识分子、爱国人士和党内干部被错划为右派分子，造成了不幸的后果。

反右派斗争扩大化的严重后果之一，是党的八大关于中国社会主要矛盾的判断和社会阶级关系状况的分析被轻率改变，1957年党的八届三中全会提出了"无产阶级和资产阶级的矛盾，社会主义道路和资本主义道路的矛盾，毫无疑问，这是当前我国社会的主要矛盾"的论断，两个阶级、两条道路的矛盾被作为中国社会主要矛盾重新强调，表明党在指导思想上开始出现"左"的偏差。经过反右派斗争，党中央认为，政治思想战线上的社会主义革命已取得伟大胜利，广大人民群众热情高涨，因此经济建设也应该搞得更快一些。在这个判断下，党的八届三中全会还同时改变了党的八大确认的在经济建设上既反保守又反冒进的方针，这次全会结束后不久，党中央于1957年10月25日公布了全会通过的《1956年到1967年全国农业发展纲要（修正草案）》。10月27日，《人民日报》发表题为《建设社会主义农村的伟大纲领》的社论，要求"有关农业和农村的各方面工作在十二年内都按照必要和可能，实现一个巨大的跃进"。这是党中央提出"大跃进"的先声。1957年冬季在全国范围掀起了以兴修水利为中心的农业生产高潮，从行动上拉开了"大跃进"运动的序幕。

　　这个时候社会主义阵营内的赶超浪潮，也是推动我国领导人发动"大跃进"的一个重要因素。1957年11月，毛泽东率中国代表团参加在莫斯科举行的各国共产党和工人党代表会议。此前不久，苏联把人类第一颗人造地球卫星送上太空。这既给全世界社会主义者以巨大鼓舞，也一度引起西方国家的震惊和危机感。莫斯科会议对国际形势作出了"社会主义在向上发展，而帝国主义却在衰退"的过于乐观的估计，一些社会主义国家在肯定和接受赶超发展战略的同时，相继提出各自的赶超目标。苏联提出要在15年赶上和超过美国，毛泽东提出中国在15年钢产量赶上或者超过英国。在中国工会第八次全国代表大会上，刘少奇代表党中央致辞，向全国人民宣布了15年在钢铁和其他重要工业产品的产量方面赶上或者超过英国的口号。

　　1958年1月1日，《人民日报》发表题为《乘风破浪》的社论，再次提出15年赶超英国的目标。1958年上半年，党中央相继召开南宁会议、成都会议等会议，为"大跃进"做了进一步准备。1958年5月，党的八大二次会议正式通过"鼓足干劲，力争上游，多快好省地建设社会主义"的社会主义建设总路线，通过了15年赶超英国的目标，通过了"苦干三年，基本改变面貌"等口号，标志着追求高速度、超英赶美的"大跃进"运动正式发动。

　　"大跃进"运动在开始阶段，主要表现为农业生产上的虚报浮夸，各地竞放高产"卫星"。1958年夏收期间，各地虚报农业亩产量，通过"并田"造假，竞放高产"卫星"。广西环江县红旗农业社"发射"的全国最大一颗水稻高产"卫星"，亩产竟报13万多斤。报刊舆论不断宣扬"人有多大胆，地有多大产"，批判所谓"条件论""悲观论"和"粮食增产有限论"。农业生产上盲目推行深耕密植等所谓先进经验，瞎指挥盛行一时。在农业"大跃进"的促动下，工业方面，提出

139

"以钢为纲"的口号，要求 7 年、5 年以至于 3 年内提前实现 15 年钢产量赶超英国的目标，并发动全民大炼钢铁运动。1958 年 8 月，北戴河中央政治局扩大会议正式决定 1958 年钢产量比 1957 年翻一番，达到 1070 万吨。这是一个严重脱离实际的高指标。会后，为了在余下 4 个月的时间里（前 8 个月只生产钢 400 万吨）完成钢产量翻番的任务，全国掀起大炼钢铁的群众运动。各级党委第一书记挂帅，动员 9000 多万人上山，砍树挖煤，找矿炼铁，建起几百万座小土高炉、小土焦炉，降低生产标准，用土法炼铁炼钢，甚至把家庭做饭用的铁锅和其他铁器砸碎，用作炼铁炼钢原料。同时，电力、煤炭、运输、文教等部门也掀起"全民大办"，形成所谓"以钢为纲，全面跃进"，"一马当先，万马奔腾"的局面。到 1958 年底，共生产钢 1108 万吨，合格的钢只有 800 万吨。大炼钢铁的群众运动，造成人力物力的巨大浪费、国民经济比例的严重失调以及自然资源和生态环境的严重破坏。由于大批农村劳动力被占用，当年粮食等主要农作物"丰产不丰收"，人民生活开始发生严重困难。

在发动工农业"大跃进"的同时，1958 年 8 月，北戴河中央政治局扩大会议通过《关于在农村建立人民公社问题的决议》，全国农村一哄而起，仅用一个多月的时间，就基本实现了人民公社化。人民公社的特点是"一大二公"。所谓大，就是规模大。将原来百户的合作社合并成为四五千户以至一二万户的人民公社，一般是一乡一社，有的甚至是数乡一社。作为"共产主义试点"的河北徐水县和河南修武县成为一县一社。所谓公，就是生产资料公有化程度高。原来几十个上百个经济条件、贫富水平不同的合作社合并后，一切财产上交公社，多者不退，少者不补，在全社范围内统一核算，统一分配。社员的自留地、家畜、果树等都被收归社有。在各种"大办"中，政府和公社还经常无偿地调用生产队的土地、物资、劳动力和农民的财物。

在公社范围内实行贫富拉平、平均分配，对生产队的某些财产无代价地上调。人民公社实行政社合一的体制，既是经济组织，也是政权机构；人民公社划分为若干个生产大队，生产大队又划分为若干个生产队，实行三级管理。人民公社实行供给制和工资制相结合的分配制度，社员都到公共食堂吃饭，甚至"吃饭不要钱"。有些公社提出"八包""十包"等，即社员的衣食住行、生老病死、婚丧嫁娶、教育医疗等所需费用都由公社供给。到 1958 年 10 月底，全国农村建立公共食堂 265 万多个，在食堂吃饭的人占农村总人口的 70% 至 90%。在大办人民公社的高潮中，不少地方喊出了"跑步进入共产主义"的口号，急于向共产主义过渡，严重混淆了社会主义和共产主义的界限。

党和毛泽东发动"大跃进"的初衷，是希望以最快的建设速度尽快改变中国贫穷落后的面貌，使中国真正发展、强大起来。毛泽东在发动"大跃进"之时曾说过："中国经济落后，物质基础薄弱，使我们至今还处在一种被动状态，精神上感到还是受束缚，在这方面我们还没有得到解放。"[①] 这番话，说出了全党的共同感受，他急于改变中国贫穷落后面貌的愿望，与广大干部群众的普遍愿望也是一致的，广大干部群众在"大跃进"期间付出的辛勤劳动确实也取得了一部分实际成果。但是，经济建设有不以人的主观意志为转移的客观规律，生产力的发展也需要有一个长期积累过程，在"大跃进"酝酿和实施的过程中，由于党对在中国这样一个幅员辽阔、人口众多、经济文化落后的大国建设社会主义的艰巨性、复杂性、长期性估计不足，过分夸大了主观意志和主观努力的作用；由于简单搬用战争年代大搞群众运动、开展政治军事斗争的成功经验来从事社会主义经济建设，结果在实际工作中发生了严重违反自然规律、科学规律和超越历史发展阶段

---

① 《毛泽东文集》第七卷，人民出版社 1999 年版，第 350 页。

的诸多问题。"大跃进"和人民公社化运动高潮期间，以高指标、瞎指挥、浮夸风、"共产风"为主要标志的"左"的错误泛滥，主观主义、唯意志论盛行，给我国经济建设造成了重大损失。特别是1959年"反右倾"以后继续"大跃进"的错误，再加上自然灾害等因素，使我国国民经济和人民生活遭受严重困难：粮、油和蔬菜、副食品等极度缺乏，许多地方城乡居民出现了浮肿病，出生率大幅度大面积降低，死亡率显著增高，1960年全国总人口比上年减少了1000万人。

"大跃进"和人民公社化运动，动机与结果相悖，是党在探索中国自己的社会主义建设道路过程中出现的一次严重挫折。"大跃进"运动的最大失误是在建设速度上急于求成，人民公社化运动的最大失误是在所有制关系上急于求纯。两者共同的教训，是限于当时对社会主义的认识，脱离了中国社会生产力发展水平的现实，违背了经济和社会发展的客观规律。其提供的教训极为深刻，需要永远记取。

面对"大跃进"造成的严重困难，党和毛泽东不得不重新思考中国社会主义建设的理论和战略问题。毛泽东是"大跃进"和人民公社化运动的积极倡导者和推动者，也是较早通过初步调查研究觉察到运动出现问题并努力加以纠正的领导人。从1958年10月中旬起，毛泽东赴河北、河南、湖北等省调查研究。11月10日，在郑州召开的中央工作会议上，他着重批评了一些人混淆集体所有制同全民所有制的界限和取消商品的错误观点，指出："现在，我们有些人大有要消灭商品生产之势。他们向往共产主义，一提商品生产就发愁，觉得这是资本主义的东西，没有分清社会主义商品生产和资本主义商品生产的区别，不懂得在社会主义条件下利用商品生产的作用的重要性。"他明确提出："商品生产不能与资本主义混为一谈。为什么怕商品生产？无非是怕资本主义。现在是国家同人民公社做生意，早已排除资本主义，怕商品生产做什么？不要怕，我看要大大发展商品生产。""商品生产，要看它同什么经济制度相联系，同资本主义制度相联系就是资本主义的商品生产，同社会主义制度相联系就是社会主义的商品生产。"[1]1959 年 3 月，毛泽东又说，客观存在的价值法则，"是一个伟大的学校，只有利用它，才有可能教会我们的几千万干部和几万万人民，才有可能建设我们的社会主义和共产主义"[2]。

1959 年 7 月，庐山中央政治局扩大会议开展"反右倾"斗争、打断纠"左"进程、继续"大跃进"造成更严重问题后，1960 年 11 月，中央发出《关于农村人民公社当前政策问题的紧急指示信》，要求全党用最大的努力来坚决纠正各种"左"的偏差。1961 年 1 月，党的八届九中全会正式决定对国民经济实行"调整、巩固、充实、提高"的方针。这两件事表明，"大跃进"战略被放弃了，代之而起的是对国民经济进行调整。

在指导经济调整的过程中，鉴于"大跃进"期间做的一些"蠢事"，毛泽东在党的八届九中全会上号召全党大兴调查研究之风，把 1961 年搞成实事求是年。会后，毛泽东、刘少奇、周恩来等中央领导人带头深入基层调查研究，领导制定各项调整政策。在此期间，毛泽东还结合"大跃进"以来急于求成的教训，对中国社会主义建设的长期性、艰巨性问题进行深入思考，郑重提出建设强大的社会主义经济，需要一百年或者更长的时间。在此之前，1959 年 12 月到 1960 年 2 月，在读苏联《政治经济学教科书》时，毛泽东还比较集中地谈论了社会主义社会的发展阶段问题，明确提出："社会主义这个阶段，又可分为两个阶段，第一个阶段是不发达的社会主义，第二个阶段是

---

① 《毛泽东文集》第七卷，人民出版社 1999 年版，第 437、439 页。

② 《毛泽东文集》第八卷，人民出版社 1999 年版，第 34 页。

比较发达的社会主义。后一阶段可能比前一阶段需要更长的时间。"①
把社会主义社会划分成不发达的和发达的两个阶段，是在探索符合中国实际的社会主义中得出的重要论断。这些观点，成为党的十一届三中全会后我们党正确认识国情、确立社会主义初级阶段理论的重要思想来源。

对于搞社会主义建设，搞工业，毛泽东曾经很自信，认为没有什么神秘，不要把它看得那么困难。但经过"大跃进"的大挫折，他改变了看法。1961 年 8 月 23 日，在中央常委和大区负责人参加的会议上，他讲了这样一段话："我们有把握的、有成套经验的还是民主革命。民主革命搞了几十年，经过了陈独秀的错误，三次'左'倾错误，又经过了抗日战争时期的右倾错误，犯了许多错误，碰了许多钉子，最后经过了整风，才搞出了一套包括理论的和具体政策的为大家所公认的教科书。""讲到社会主义革命，则不甚了了。……我看还要碰三年，还要碰大钉子。会不会亡国（蒋介石来，打世界大战）？不会。会不会遭许多挫折和失败？一定会。现在遭了挫折和失败，碰了钉子，但还碰得不够，还要碰。再搞两三年看看能不能搞出一套来。对社会主义，我们现在有些了解，但不甚了了。我们搞社会主义是边建设边学习的。搞社会主义，才有社会主义经验，'未有先学养子而后嫁者也'。说没经验，已经搞了十二年，也有些，但也只有十二年。……搞社会主义我们没有一套，没有把握。比如工业，我就不甚了了。"②

在调整取得初步成果的基础上，1962 年初，中共中央召开扩大

---

① 中共中央文献研究室编：《毛泽东传（1949—1976）》（下），中央文献出版社 2003 年版，第 1046 页。

② 中共中央文献研究室编：《毛泽东传（1949—1976）》（下），中央文献出版社 2003 年版，第 1168—1169 页。

的工作会议（七千人大会），较为系统地总结了"大跃进"以来经济建设中的经验教训。对于"大跃进"以来发生的种种问题，毛泽东表示：干了蠢事，"人家不骂，我们应当自己骂自己"①。毛泽东、刘少奇等中央领导以及各省市负责人都在这次会议上作了自我批评。毛泽东说："凡是中央犯的错误，直接的归我负责，间接的我也有份，因为我是中央主席。我不是要别人推卸责任，其他一些同志也有责任，但是第一个负责的应当是我。"他还说："对于建设社会主义的规律的认识，必须有一个过程。必须从实践出发，从没有经验到有经验，从有较少的经验，到有较多的经验，从建设社会主义这个未被认识的必然王国，到逐步地克服盲目性、认识客观规律、从而获得自由，在认识上出现一个飞跃，到达自由王国。"他坦诚地说："在社会主义建设上，我们还有很大的盲目性。社会主义经济，对于我们来说，还有许多未被认识的必然王国。拿我来说，经济建设工作中间的许多问题，还不懂得。工业、商业，我就不大懂。别人比我懂，少奇同志比我懂，恩来同志比我懂，小平同志比我懂。陈云同志，特别是他，懂得较多。对于农业，我懂得一点。但是也只是比较地懂得，还是懂得不多。""我注意得较多的是制度方面的问题，生产关系方面的问题。至于生产力方面，我的知识很少。社会主义建设，从我们全党来说，知识都非常不够。我们应当在今后一段时间内，积累经验，努力学习，在实践中间逐步地加深对它的认识，弄清楚它的规律。"②七千人大会在当时历史条件下取得了重要成果。会议虽然未能从根本指导思想上清理"大跃进"和"反右倾"的错误，但对待缺点错误的比较实事求

---

① 薄一波：《若干重大决策与事件的回顾（修订本）》（下），中共党史出版社 1997年版，第 1077 页。

② 中共中央文献研究室编：《毛泽东传（1949—1976）》（下），中央文献出版社2003 年版，第 1202、1203 页。

是的态度，以及发扬民主和进行自我批评的精神，给全党以鼓舞，增强了党的凝聚力，在动员全党团结奋斗战胜困难方面起了积极作用。

七千人大会后，刘少奇主持召开政治局常委扩大会议（西楼会议）和中央工作会议，对国民经济面临的困难形势作了进一步分析研判，提出了对国民经济实行"伤筋动骨"①调整的重大措施：一是大力精简职工，减少城市人口。二是进一步压缩基本建设规模，停建缓建大批基建项目。三是进一步从人力物力财力等方面加强和支援农业。在全党全国人民共同努力下，到1965年底，我国逐步克服了由"大跃进"、人民公社化运动造成的困难，经济发展主要指标恢复到了建国后最高水平，五年调整任务胜利完成。

但遗憾的是，就在经济调整的过程中和调整取得较大成绩的同时，党自1957年以来在阶级斗争问题上的"左"的错误再度发展起来。1962年8月、9月间，在相继召开的中央工作会议和八届十中全会上，出于对苏联发生赫鲁晓夫修正主义的极大警惕和对国内形势的观察，毛泽东把与刘少奇等人在国内形势估量、包产到户、甄别平反、对外政策等问题上的认识分歧，当作"黑暗风""单干风""翻案风"进行严厉批判，并把这些都看作是右倾机会主义、修正主义和阶级斗争的表现，进而把社会主义社会中一定范围内存在的阶级斗争扩大化和绝对化，断言"在无产阶级革命和无产阶级专政的整个历史时期，在由资本主义过渡到共产主义的整个历史时期"，都将"存在着无产阶级和资产阶级之间的阶级斗争，存在着社会主义和资本主义这两条道路的斗争"，提出从现在起，阶级斗争必须年年讲、月月讲。上述论断，把党在社会主义社会阶级斗争问题上的"左"的错误更加系统化、理

---

① 中共中央文献研究室编：《建国以来重要文献选编》第15册，中央文献出版社1997年版，第244页。

论化了，实际上提出了"以阶级斗争为纲"的思想。

党的八届十中全会后，全党随即在国际国内两个战线开始了"反修防修"实践。国际上的"反修防修"，主要表现为20世纪60年代的中苏论战。国内的"反修防修"，则是开展城乡社会主义教育运动，进行意识形态领域的批判运动，并在运动过程中错误地提出了"官僚主义者阶级"和"党内走资本主义道路的当权派"等问题。在"左"的理论和实践的不断推动下，最终发动了"文化大革命"。

从1956年到1966年"文化大革命"爆发前的十年，是党领导我国社会主义建设在探索中曲折发展的十年。其间，虽然遭受过严重挫折，仍然取得了很大的建设成就。工业建设方面，以1966年同1956年相比，全国工业固定资产按原价计算，增长了3倍。石油工业的发展尤其突出，到1965年已经实现原油的全部自给。电子工业、石油化工、原子能、航天等一批新兴工业逐步建设起来，初步改善了工业布局，形成有相当规模和一定技术水平的工业体系。铁路、公路、水运、航空、邮电等事业都有较大发展。农业基本建设和技术改造大规模展开，全国农用拖拉机产量和化肥施用量都增长6倍以上，农村用电量增长70倍。科学技术工作取得比较突出的成果，国防科学技术的进展最为显著。1964年10月16日，成功爆炸第一颗原子弹，打破了超级大国的核垄断和核讹诈，极大提高了我国的国际地位，导弹和人造卫星的研制也取得突破性进展。这些成就是在国内发生严重经济困难，国际上遭到战争威胁和巨大压力的情况下取得的，显得尤其可贵。在严重困难面前，中国人民所表现出来的艰苦奋斗、同自然灾害和物质匮乏作斗争的大无畏气概和团结一致、奋发图强的社会风貌更是一笔值得我们永远珍惜的宝贵精神财富。总体来看，我国赖以进行现代化建设的物质技术基础，很大一部分是这个期间建设起来的；全国经济文化建设等方面的骨干力量和他们的工作经验，大部分是在这个期间培养和积累起来的；在十年艰辛奋斗中，我们党还积累了如何领导社会主义建设的一些极其宝贵的经验，形成了一系列正确的思想理论观点——这是党探索中国自己的建设社会主义道路十年工作中的主导方面。

三、"文化大革命"爆发：探索走入歧途

从 1966 年 5 月到 1976 年 10 月，我国经历了给党和人民造成严重危难的"文化大革命"时期。"文化大革命"的发生，表明党对中国自己的社会主义建设道路的探索偏离了正轨而陷入歧途。

毛泽东发动"文化大革命"的出发点是防止资本主义复辟、维护党的纯洁性和寻求中国自己的建设社会主义的道路。"文化大革命"期间毛泽东关于社会主义的认识和思考，大致包括以下内容：（一）关于社会主义建设的指导思想，这就是"无产阶级专政下继续革命的理论"。20 世纪 60 年代中期后，基于对党内分歧性质和国内外形势的错误判断，毛泽东的阶级斗争理论进一步发展，逐步形成了在中央存在一个资产阶级司令部、有一条修正主义的政治路线和组织路线的认识，认为过去几年在农村进行的"四清"、在城市进行的"五反"和意识形态领域的批判运动，都不能解决"防止资本主义复辟"的问题，而只能通过特殊的形式，以"文化大革命"的形式，公开地、全面地、由下而上地发动广大群众来揭露党和国家生活中的阴暗面，把被"走资派"篡夺的权力重新夺回来，才能逐步达到他理想中的社会主义目标。毛泽东的这一思想，后来被概括为"无产阶级专政下继续革命的理论"，成为"文化大革命"的指导思想。（二）关于社会主义建设的目标模式，这就是"五七"模式。对这个目标模式的具体图景，毛泽东在 1966 年 5 月写给林彪的关于部队农副业生产

的批示信（《五七指示》）中曾作过表述。其根本要求，是政治上不断开展阶级斗争，思想上高度革命化，经济上逐步消灭行业和专业分工，人人"亦工亦农、亦文亦武"，限制商品生产和按劳分配。这个模式，实际上是1958年关于人民公社构想的进一步发展。（三）关于实现上述社会主义目标模式的途径，这就是"天下大乱，达到天下大治"，基本战略则是"抓革命，促生产"。事实表明，毛泽东"文化大革命"期间关于社会主义建设的这些思考和构想，脱离了中国实际，也不符合马克思主义的根本要求。在"无产阶级专政下继续革命理论"的指导下，在林彪、"四人帮"集团利用毛泽东的错误又将这个错误进一步推向极端的情况下，"文化大革命"不但没有达到毛泽东追求理想社会主义的目标，反而严重损害了社会主义的形象，给我国经济建设造成了巨大损失。邓小平指出，"文化大革命"虽然口头上也讲社会主义，但实际上搞的是"以极左面目出现的主张普遍贫穷的假社会主义"[①]。

"文化大革命"在理论和实践上都是完全错误的，必须彻底否定。但在这十年中，我国社会主义建设仍然在一些重要领域取得了一定进展，特别是在国防科技和外交工作等方面取得了突破性进展——这些成就决不是"文化大革命"的果实，恰恰相反，是抵制"文化大革命"的干扰而取得的。从毛泽东来说，作为这场"大革命"的发动者，虽然在全局上一直维护和坚持"文化大革命"，但在运动发展的过程中，他对极左思潮的危害也有一定的认识，他制止和纠正过某些具体错误，保护过一些党的重要领导干部和党外著名人士，后来还一再呼吁安定团结，要求"把国民经济搞上去"；他也有限度地支持过周恩来、邓小平的整顿。这就使得即便是在"文化大革命"最为混乱的时期，我们

---

① 《邓小平文选》第二卷，人民出版社1994年版，第165页。

党作为一个整体力量，没有被摧毁，也没有被分裂；国务院等机构仍能进行许多必要的工作；我国社会主义制度的根基仍然保存着；我们这个多民族的国家仍然保持统一，人民解放军仍然英勇地保卫着祖国的安全。所有这些，都保证了我国的社会主义建设能够继续进行。

1976 年 10 月粉碎"四人帮"，"文化大革命"结束。1978 年底，党的十一届三中全会召开，我们党从严重危难中重新奋起，在改革开放中继续探索并成功开创了中国特色社会主义新道路。

四、宝贵的成果，有益的启示

习近平总书记指出："我们党领导人民进行社会主义建设，有改革开放前和改革开放后两个历史时期，这是两个相互联系又有重大区别的时期，但本质上都是我们党领导人民进行社会主义建设的实践探索。"[1]"中国特色社会主义是在改革开放历史新时期开创的，但也是在新中国已经建立起社会主义基本制度并进行了 20 多年建设的基础上开创的。"[2] 党和毛泽东在对中国社会主义建设道路的 20 年探索中，取得的主要积极成果——包括曾经提出但"当时没有真正落实"的思想理论成果，归结起来，主要有以下十个方面。

第一，在社会主义发展道路问题上，提出了以苏为鉴，探索中国自己的社会主义建设道路的思想。第二，在社会主义经济建设问题上，作出了工作重点转移到经济建设上来的正确决策，提出了在综合平衡中稳步前进的经济建设方针，以及要按农轻重次序合理安排国民经济，发展商品生产、重视价值规律作用等重要思想。第三，在社会

---

① 习近平：《关于坚持和发展中国特色社会主义的几个问题》，《求是》2019 年第 7 期。

② 习近平：《关于坚持和发展中国特色社会主义的几个问题》，《求是》2019 年第 7 期。

主义经济体制改革问题上，提出要扩大地方和企业自主权，实行"三个主体，三个补充"，可以消灭资本主义又搞资本主义等重要思想。第四，在社会主义社会矛盾问题上，提出了主要矛盾、基本矛盾和两类矛盾学说以及正确处理人民内部矛盾的一系列正确主张。第五，在社会主义民主政治建设问题上，提出要扩大人民民主、健全社会主义法制，确定社会主义民主政治建设的基本目标是造成"又有集中又有民主，又有纪律又有自由，又有统一意志又有个人心情舒畅、生动活泼，那样一种政治局面"；制定和实施了民族区域自治制度；提出了与民主党派"长期共存，互相监督"的方针。第六，在社会主义发展战略问题上，提出建设强大的社会主义经济，要一百年或者更多的时间，提出了"四个现代化"的奋斗目标。第七，在社会主义文化建设问题上，提出了"百花齐放，百家争鸣"的方针，确认知识分子是工人阶级的一部分，强调了科学技术在经济、国防和文化发展中的决定性作用。第八，在社会主义建设的政治保证问题上，提出了"只有社会主义能够救中国"；人民民主专政是广大群众的"护身法宝"和"传家法宝"；"领导我们事业的核心力量是中国共产党"；"指导我们思想的理论基础是马克思列宁主义"等基本原则。第九，在社会主义对外关系问题上，提出了独立自主的和平外交政策和和平共处五项原则，反对霸权主义，维护世界和平；主张在平等互利基础上，加强中外经济文化交流，向世界各国包括西方发达资本主义国家一切好的经验和长处学习。第十，在党的建设问题上，提出要加强和改善党的领导，要重视执政党自身建设，密切党与人民群众的联系，等等。以上探索成果，为改革开放后的社会主义实践积累了"思想"和"制度"条件。①

　　但是，由于党领导社会主义建设的思想理论准备和实践经验不

---

① 习近平：《关于坚持和发展中国特色社会主义的几个问题》，《求是》2019 年第 7 期。

足、制定的路线方针政策超越了社会主义初级阶段、思想方法上的教条主义和经验主义、对复杂的国际国内形势作出错误估量以及党和国家组织制度和领导体制上存在缺点弊端，归根结底，由于违背了党的实事求是的思想路线，使得探索中在对"什么是社会主义、怎样建设社会主义"这个重大理论和实践问题的认识上多次出现偏差，发生严重失误以致发生"文化大革命"这样的长时间错误，探索未能成功。

"人世间没有一帆风顺的事业。综观世界历史，任何一个国家、一个民族的发展，都会跌宕起伏甚至充满曲折。"特别是"在中国这样的社会历史条件下建设社会主义，没有先例，犹如攀登一座人迹未至的高山，一切攀登者都要披荆斩棘、开通道路"。① 党和毛泽东在艰辛探索中国自己的社会主义建设道路过程中的成败得失和经验教训，给我们很多启示，主要是：在中国从事社会主义建设，必须立足中国国情，一切从实际出发、实事求是，充分认识社会主义建设的长期性、艰巨性；必须以科学的态度正确对待马克思主义，要在坚持马克思主义基本原理的基础上，适应时代的变化创造性地发展马克思主义，推进指导思想的与时俱进；必须科学把握社会主义的本质，始终把解放和发展生产力放在党和国家工作的首要位置，生产关系的变动要适合生产力发展的要求和水平；必须通过改革和对外开放、发展科学技术、提高创新能力来建设和发展社会主义，决不能"以阶级斗争为纲"；必须建立健全党和国家的民主制度，大胆探索并建立既符合世界政治文明发展潮流又适应中国国情的社会主义民主政治体制和机制，推进政治体制改革和民主法制建设，不断提高依法治理国家能力和治理水平。

---

① 习近平：《在纪念毛泽东同志诞辰 120 周年座谈会上的讲话》，《人民日报》2013年 12 月 27 日。

| 第 九 讲 |

伟大历史转折的实现与改革开放决策

习近平总书记在庆祝改革开放 40 周年大会上的讲话中指出："1978 年 12 月 18 日，在中华民族历史上，在中国共产党历史上，在中华人民共和国历史上，都必将是载入史册的重要日子。这一天，我们党召开十一届三中全会，实现新中国成立以来党的历史上具有深远意义的伟大转折，开启了改革开放和社会主义现代化的伟大征程。"党的十一届三中全会冲破长期"左"的错误的严重束缚，批评"两个凡是"的错误方针，充分肯定必须完整、准确地掌握毛泽东思想的科学体系，高度评价关于真理标准问题的讨论，果断结束"以阶级斗争为纲"，重新确立马克思主义的思想路线、政治路线、组织路线。从此，我国改革开放拉开大幕，踏上了推进民族伟大复兴的新征程。

一、"文化大革命"造成严重危难与对
"什么是社会主义"的反思

1976 年是新中国历史上极不寻常的一年。这一年，周恩来、朱德、毛泽东等党和国家领导人先后辞世。毛泽东逝世后，面对复杂紧迫的形势，党中央决定，对由王洪文、张春桥、江青、姚文元组成的

"四人帮"实行隔离审查——这个事件，标志着历时 10 年的"文化大革命"的结束。"文化大革命"给党、国家和民族造成了严重危害，在政治、经济、文化、人民生活等方面都产生了灾难性后果。

仅从经济上看，"文化大革命"推行极左政策，严重违背经济规律，严重阻碍工农业生产，给我国经济造成重大损失。社会主义建设的许多正确原则，如发展生产力、发展商品经济、实行按劳分配、引进外国先进技术等，一概被当作修正主义和资本主义加以批判。在生产关系上，不允许个体经济存在和发展，热衷于"割资本主义尾巴"；在分配制度上，轻视物质利益，平均主义泛滥；在对外经济政策上，批判所谓"洋奴哲学""爬行主义"，对外引进工作承受巨大压力。由于"文化大革命"的破坏，仅 1974 年到 1976 年，全国就"损失工业总产值 1000 亿元，钢产量 2800 万吨，财政收入 400 亿元，整个国民经济几乎到了崩溃的边缘"[①]。从城乡居民的生活状况看，1966 年到 1976 年，全民所有制职工仅在 1971 年调整过一次工资。农村情况更为严重。很多日常生活消费品需要凭票购买，粮票、布票、肉票、鱼票、油票、豆腐票、副食本、工业券等各种票证充斥人民的日常生活。1976 年全国人均粮食消费量为 380.56 斤，比 1966 年的 379.14 斤仅多 1.42 斤，比此前最高的 1956 年的 408.58 斤减少 28.02 斤；全国人均食用植物油消费量为 3.19 斤，低于 1966 年的 3.52 斤，比此前最高的 1956 年的 5.13 斤减少 1.94 斤。[②]20 世纪六七十年代正是世界科技、经济蓬勃发展的时候，许多国家实现了经济起飞，我国周边的

① 华国锋：《团结起来，为建设社会主义的现代化强国而奋斗——一九七八年二月二十六日在第五届全国人民代表大会第一次会议上的政府工作报告》，《人民日报》1978 年 3 月 7 日。

② 中共中央党史研究室：《中国共产党历史 第二卷（1949—1978）》下册，中共党史出版社 2011 年版，第 969 页。

许多国家和地区正是在此前后一跃成为新兴工业化国家和地区。而中国却因内乱丧失了宝贵发展机遇，教训深刻。

实践证明，"文化大革命"没有任何进步意义，它极大损害了马列主义、社会主义和中国共产党的崇高声誉，严重影响了中国社会主义建设事业的进程，这样的悲剧决不能重演。"文化大革命"结束后的中国，百废待兴。作为执政党的中国共产党亟须痛定思痛，带领全党全国人民从严重挫折中奋起，大踏步赶上时代潮流。

粉碎"四人帮"以后，党中央很快采取了一系列稳定全国局势的重大措施，并部署开展揭发批判"四人帮"的运动。但是，"文化大革命"十年内乱留下的后果十分严重，要在短期内消除它在政治上、思想上造成的混乱并非易事。1977 年 2 月 7 日，《人民日报》《红旗》杂志、《解放军报》发表题为《学好文件抓住纲》的社论，提出"两个凡是"方针，即"凡是毛主席作出的决策，我们都坚决维护，凡是毛主席的指示，我们都始终不渝地遵循"。这种不从实际出发、拒绝对事物作任何具体分析的方针，为在新形势下坚持真理、深入揭批"四人帮"和纠正"文化大革命"的错误设置了障碍。

对"两个凡是"，邓小平从一开始就表示了明确反对的态度。他明确表示，"'两个凡是'不行"，这"不是马克思主义，不是毛泽东思想"。他提出"我们必须世世代代地用准确的完整的毛泽东思想来指导我们全党、全军和全国人民"；"毛泽东思想是个思想体系"，"我们要高举旗帜，就是要学习和运用这个思想体系"。[①] 陈云、叶剑英等也反复强调党的实事求是优良传统，抵制"两个凡是"。

在全国局势逐步稳定的基础上，1977 年 7 月，党的十届三中全

---

① 中共中央文献研究室编：《邓小平年谱（1975—1997）》（上），中央文献出版社 2004 年版，第 157、155、157、160 页。

会召开。这次会议最重要的成果，是邓小平再次复出，担任中央党政军领导职务。邓小平复出伊始，就对"文化大革命"时期以极左面目呈现的社会主义、对这种社会主义给党和人民带来的问题，进行深刻反思，打出了沉重的问号。他说："怎样才能体现列宁讲的社会主义的优越性，什么叫优越性？不劳动、不读书叫优越性吗？人民生活水平不是改善而是后退叫优越性吗？如果这叫社会主义优越性，这样的社会主义我们也可以不要。"[①]1978年3月10日，在出席国务院第一次全体会议发言时，他说："什么叫社会主义，社会主义总是要表现它的优越性嘛。它比资本主义好在哪里？每个人平均六百几十斤粮食，好多人饭都不够吃，二十八年只搞了二千三百万吨钢，能叫社会主义优越性吗？干社会主义，要有具体体现，生产要真正发展起来，相应的全国人民的生活水平能够逐步提高，这才能表现社会主义制度的优越性。"[②]1978年9月，在东北三省视察期间，他说："我们太穷了，太落后了，老实说对不起人民。""社会主义要表现出它的优越性，哪能像现在这样，搞了二十多年还这么穷，那要社会主义干什么？"[③]邓小平提出的这一连串"问号"，实际上是发出了在中国重新思考和探索"什么是社会主义、怎样建设社会主义"的强有力的信号。

中国共产党领导建立的社会主义制度是个好制度，必须毫不动摇坚持。但是，像"文化大革命"时期这样未能体现应有的优越性、"以极左面目出现的主张普遍贫穷的假社会主义"[④]的理论、实践、体制、

---

① 中共中央文献研究室编：《邓小平年谱（1975—1997）》（上），中央文献出版社2004年版，第250页。

② 中共中央文献研究室编：《邓小平年谱（1975—1997）》（上），中央文献出版社2004年版，第277页。

③ 中共中央文献研究室编：《邓小平年谱（1975—1997）》（上），中央文献出版社2004年版，第381、384页。

④ 《邓小平文选》第二卷，人民出版社1994年版，第165页。

做法再也不能继续下去了，必须对之进行彻底改革。

二、初步拨乱反正和关于真理标准问题的讨论

平反"文化大革命"中的冤假错案，是粉碎"四人帮"后一项极为紧迫的任务。1977年10月7日，《人民日报》发表《把"四人帮"颠倒了的干部路线是非纠正过来》一文，呼吁各级组织部门"要敢于冲破阻力，一切强加给干部的诬蔑不实之词一定要推倒，颠倒的干部路线是非一定要纠正"。11月27日，《人民日报》又发表《毛主席的干部政策必须认真落实》的评论员文章，进一步指出，无产阶级的原则是有错必纠，部分错了，部分纠正；全部错了，全部纠正。这两篇文章为平反冤假错案、落实干部政策作了重要舆论准备。此后，一大批长期受迫害、被关押或被下放劳动的老同志，陆续被解除监禁或接回北京治病，一些重大冤假错案开始重新进行复查。

文化和教育领域在"文化大革命"中首先遭到冲击，在这些领域进行拨乱反正必将对其他领域产生影响和带动作用。邓小平复出后，自告奋勇分管教育和科学工作。1977年8月，他主持召开科学和教育工作座谈会，邀请33位科学家和教育工作者一起座谈，当面听取他们对科学和教育工作的意见。在邓小平的大力推动和直接决策下，1977年底到1978年初，在"文化大革命"中被废弃的学校考试制度得到恢复，全国约有570多万名知识青年参加全国统一的高等学校招生考试，其中27.3万人被录取（包括1978年第一季度增招的新生6.2万多人）。高考制度的恢复，迈出了教育领域拨乱反正的关键一步，各学校的教学工作也开始陆续走上正轨。1978年2月，国务院批准恢复全国重点高等学校88所；12月，又批准恢复和增设普通高等学校169所。各学校还普遍恢复了评定教师职称的工作。教育部发出

《关于高等学校 1978 年研究生招生工作的安排意见》，1978 年共录取研究生 10708 人。教育部还根据邓小平的指示，增加 1978 年派出留学人员的名额，当年共派遣出国留学生 860 人。

科技领域的拨乱反正同时展开。1977 年 6 月至 7 月，中国科学院召开粉碎"四人帮"后的第一次科技工作会议，决定建立党委领导下的所长负责制，建立各类人员的考核制度，保证科技人员每周六分之五的业务工作时间。到 1978 年 3 月，中国科学院评定研究员、副研究员、副总工程师 255 名，其中陈景润、杨乐、张广厚等 24 名科技人员因科研成就突出被破格晋升。为了动员全国科技界向科学技术现代化进军，根据党中央的决定，1978 年 3 月，在北京举行了盛况空前的全国科学大会。邓小平在大会上强调，"四个现代化，关键是科学技术的现代化。没有现代科学技术，就不可能建设现代农业、现代工业、现代国防。没有科学技术的高速度发展，也就不可能有国民经济的高速度发展"。大会讨论并制定了《1978—1985 年全国科学技术发展规划纲要（草案）》，将 108 个项目确定为全国重点科研项目。这次大会有力推动了科技领域的拨乱反正，自此以后，广大科技工作者扬眉吐气，科技事业发展受到全社会的关注，科学技术作为第一生产力在中国特色社会主义建设事业中发挥了巨大威力。

在经济领域，针对"文化大革命"对我国经济建设造成的严重破坏，从 1977 年春开始，经济理论工作者就我国经济中的一系列重大理论问题展开讨论，澄清了一些理论是非。在商品经济问题上，纠正否定商品生产和商品交换的错误观点，重新肯定社会主义必须大力发展商品生产和商品交换，重视价值规律的作用。在按劳分配问题上，清算对所谓"资产阶级法权"和按劳分配原则的错误批判，重新强调按劳分配和物质利益原则。在经济规律问题上，批判长官意志、"政治挂帅"，提出按客观经济规律办事，提高经济管理水平。在发展生产力问题上，否定对"唯生产力论"的批判，强调发展社会生产的重要性，提出要"理直气壮地抓经济"。①

此外，党的十一大前后，根据党中央的部署，各省、自治区、直辖市从 1977 年 10 月起相继召开新的一届党代表大会，选举产生新一届党委；中央直属机关和中央国家机关及人民团体也陆续恢复建立党委或党组。各地起用了大批在"文化大革命"中被打倒的久经考验的老干部，使党在各地区、各部门的领导得到充实和加强。从 1977 年 11 月起，各省、自治区、直辖市先后召开新一届人民代表大会，选举新一届政府领导人。1978 年 2 月以后，根据宪法的规定，从中央到地方，很快恢复了各级检察机关。各民主党派和工商联陆续调整或重建组织机构，逐渐恢复正常工作。在民族工作中，对少数民族地区影响重大的一些冤案获得平反。在侨务工作中，开始纠正因所谓"海外关系"而歧视、迫害归国华侨和侨眷的现象，对广大侨眷和归侨采取一视同仁、不得歧视、根据特点适当照顾的政策，充分调动他们社会主义建设的积极性。在宗教问题上，宪法规定的宗教信仰自由政策得到重申，信教群众的正当宗教活动得到必要的保护和管理。

为了进一步打破"两个凡是"禁锢，1978 年 5 月 11 日，《光明日报》发表《实践是检验真理的唯一标准》一文。文章开门见山提出："检验真理的标准是什么？这是早被无产阶级的革命导师解决了的问题。但是这些年来，由于'四人帮'的破坏和他们控制下的舆论工具大量的歪曲宣传，把这个问题搞得混乱不堪。"文章强调，"实践不仅是检验真理的标准，而且是唯一的标准"，对于"四人帮"设置的禁锢人们思想的各种"禁区"，"我们要敢于去触及，敢于去弄清是非"。

①《李先念文选（一九三五——一九八八年）》，人民出版社 1989 年版，第 311—312 页。

文章指出，面对新的实践新的问题，"躺在马列主义毛泽东思想的现成条文上，甚至拿现成的公式去限制、宰割、裁剪无限丰富的飞速发展的革命实践，这种态度是错误的。我们要有共产党人的责任心和胆略，勇于研究生动的实际生活，研究现实的确切事实，研究新的实践中提出的新问题"。① 这篇文章阐述的是马克思主义的基本常识，但批判的锋芒处处指向"两个凡是"，并且触及盛行多年的思想僵化和个人崇拜现象，击中了要害。文章一经发表就引起强烈反响，也受到一些领导人的严厉指责，引发了一场关于真理标准问题的大讨论。邓小平对这场讨论给予及时而有力的支持。1978 年 6 月 2 日，在全军政治工作会议上的讲话中，他号召"一定要肃清林彪、'四人帮'的流毒，拨乱反正，打破精神枷锁，使我们的思想来个大解放"②。

真理标准问题大讨论冲破了"两个凡是"禁锢，极大解放了全党全社会的思想，为重新确立马克思主义的正确思想路线、政治路线、组织路线和实行改革开放政策奠定了理论基础，成为党和国家实现历史性伟大转折的思想先导。

三、积极主动开展对外交往与改革开放的酝酿

粉碎"四人帮"以后，随着国内政治环境变得相对宽松和对国际形势有了深入客观的认识，我国外交工作更加积极主动，对外交往迅速扩大。我国邀请多个外国元首和政府首脑访华，党和国家领导人华国锋、邓小平等以及各地区、各部门的负责人也多次出国访问。仅 1978 年，国务院副总理和全国人大常委会副委员长以上领导人的

---

① 《实践是检验真理的唯一标准》，《光明日报》1978 年 5 月 11 日。
② 《邓小平文选》第二卷，人民出版社 1994 年版，第 119 页。

出访就有 20 多次，访问了朝鲜、罗马尼亚、南斯拉夫、日本、泰国、马来西亚、新加坡、法国、英国等 50 多个亚非拉和欧洲国家。

在对西欧、美国和日本等资本主义发达国家的工农业生产和经济发展现状进行重点考察的多个代表团中，规模较大、级别较高的是 1978 年 5 月由国务院副总理谷牧率领的访问法国、瑞士、比利时、丹麦、西德等西欧五国的中国政府代表团。访问期间，代表团先后访问了 5 国 25 个城市，参观了 80 多个工厂、矿山、港口、农场、大学及科研单位，同这些国家的政府领导人及各界人士进行了深入交流，对这些国家的工业、农业、交通运输、城市建设、科技现代化水平以及急切希望同我国开展经贸合作的意愿等，都留下了深刻的印象。

伴随对外交往的日益活跃，中美和中日关系改善取得重大进展。1978 年 8 月 12 日，《中日和平友好条约》在北京正式签订。10 月，邓小平访问日本，这是新中国成立后中国领导人首次访问日本。经过多次谈判，中美达成建立外交关系协议，1978 年 12 月 16 日，两国发表正式建交的联合公报，结束了两国关系长达 30 年的不正常状态。

真理标准问题讨论促进了全党思想大解放，对外交往的增加拓展了更广阔的国际视野，在进行历史反思和放眼世界时，人们强烈地感受到了中国在经济和科技上同西方发达国家之间的巨大差距，许多人还意识到我国不但在经济科技水平上落后，而且在管理水平上同样落后，在学习和引进先进科学技术的同时，必须进行管理体制上的改革。邓小平提出："引进先进技术设备后，一定要按照国际先进的管理方法、先进的经营方法、先进的定额来管理，也就是按照经济规律管理经济。一句话，就是要革命，不要改良，不要修修补补。"①

1978 年 7 月至 9 月，国务院召开了为期两个月的务虚会，专门

---

① 《邓小平文选》第二卷，人民出版社 1994 年版，第 129—130 页。

研究如何加快我国现代化建设速度的问题。与会的 60 多位中央有关部门负责人在认真总结经验教训的基础上，纷纷提出改革僵化的经济管理体制，引进国外先进技术、设备和资金的建议。李先念在会议的总结讲话中指出，实现四个现代化是一场根本改变我国经济和技术落后面貌的伟大革命，这场革命既要大幅度地改变目前落后的生产力，也就必然要多方面地改变生产关系、改变上层建筑。为此，在经济领导工作中，要坚决地摆脱墨守行政层次、行政方式而不讲经济核算、经济效果、经济责任的老框框，打破小生产的狭隘眼界，改变手工业式、小农经济式甚至封建衙门式的管理方法，掌握领导和管理现代化工农业大生产的本领。他还指出，目前的国际形势对我国十分有利，我们应该有魄力、有能力利用国外的先进技术、设备、资金和组织经验，来加快我们的建设，决不能错过这个非常难得的时机。这比关起门来样样靠自己从头摸索，要快不知多少倍。9 月上旬，全国计划会议又提出，经济工作必须实行 3 个转变：一是"从上到下，都要把注意力转到生产斗争和技术革命上来"；二是"从那种不计经济效果、不讲工作效率的官僚主义的管理制度和管理方法，转到按照经济规律办事，把民主和集中很好地结合起来的科学管理的轨道上来"；三是"从那种不同资本主义国家进行经济技术交流的闭关自守或半闭关自守状态，转到积极地引进国外先进技术，利用国外资金，大胆地进入国际市场"。① 会议提出，要在坚持独立自主、自力更生方针的基础上，采取各种国际上通行而又对我有利的方式，把世界上主要先进技术拿过来，缩短我们赶上世界先进水平的时间；要发挥我们自己的有利条件和特长，通过世界市场，同国外互通有无、取长补短，并且通

---

① 中央财经领导小组办公室编：《中国经济发展五十年大事记》，人民出版社、中共中央党校出版社 1999 年版，第 299 页。

过对外贸易检验和提高自己的技术水平和经济水平。

在全党关于改革开放的呼声愈来愈强烈时，1978 年 9 月，邓小平到东北三省视察并发表重要谈话，对冲破"两个凡是"禁区、进行体制改革和对外开放、实现全党工作着重点转移，作了又一次重要的思想动员。他说："我们国家的体制，包括机构体制等，基本上是从苏联来的，人浮于事，机构重叠"，"总的说来，我们的体制不适应现代化，上层建筑不适应新的要求"。①"要提倡、要教育所有的干部独立思考，不合理的东西可以大胆改革"②。邓小平强调："我们要在技术上、管理上都来个革命，发展生产，增加职工收入。要加大地方的权力，特别是企业的权力。大大小小的干部都要开动机器，不要当懒汉，头脑僵化。以后既要考虑给企业的干部权力，也要对他们进行考核，要讲责任制，迫使大家想问题。现在我们的上层建筑非改不行。"③邓小平还提出了全党工作着重点转移的问题。他针对军队揭批"四人帮"中的问题，在接见沈阳军区机关及军区师以上干部时指出："对搞运动，你们可以研究，什么叫底？永远没有彻底的事。……通过运动主要是把班子搞好，把作风搞好，有半年时间就可以了。运动不能搞得时间过长，过长就厌倦了。"④1978 年 10 月 14 日，邓小平又说，揭批"四人帮"运动，"有几条杠杠作为验收运动的标准是很重要的，不然，要把运动进行到底，底在哪里，摸不着"。"运动不能老搞下去，到一定时候要转

---

① 中共中央文献研究室编：《邓小平年谱（1975—1997）》（上），中央文献出版社 2004 年版，第 376 页。

② 中共中央文献研究室编：《邓小平年谱（1975—1997）》（上），中央文献出版社 2004 年版，第 381 页。

③ 中共中央文献研究室编：《邓小平年谱（1975—1997）》（上），中央文献出版社 2004 年版，第 384 页。

④ 中共中央文献研究室编：《邓小平年谱（1975—1997）》（上），中央文献出版社 2004 年版，第 383 页。

入正常。绝大多数转入正常，少数继续搞。"①同月，在中国工会第九次全国代表大会致词时，邓小平更加明确地提出，揭批"四人帮"的斗争在全国广大范围内已经取得决定性的胜利，"我们已经能够在这一胜利的基础上开始新的战斗任务"，"各个经济战线不仅需要进行技术上的重大改革，而且需要进行制度上、组织上的重大改革。进行这些改革，是全国人民的长远利益所在，否则，我们不能摆脱目前生产技术和生产管理的落后状态"。②邓小平的上述意见，在广大干部群众中引起巨大反响，为决策改革开放，实现党和国家各项工作的历史性转折，作了更充分的思想舆论准备。

四、十一届三中全会决策改革开放，实现伟大历史转折

1978年11月10日至12月15日，中共中央在北京召开工作会议。这次会议开了36天，经过深入讨论，取得以下4个重要成果和共识。一是一致同意从1979年起，把全党工作的着重点转移到社会主义现代化建设上来；二是决定为"天安门事件"和历史遗留的一批重大冤假错案平反，重新评价一些重要领导人的功过是非；三是经过尖锐思想交锋，充分肯定了真理标准问题讨论的重大意义；四是通过了中央政治局关于人事问题和中央纪律检查委员会人选的建议。

会议还对推进体制机制改革和实行对外开放的必要性、紧迫性以及方法途径等进行了深入讨论。由于会议所讨论的内容大大超出了原定议题，会期也超出原定的时间。

12月13日，邓小平在会上作了题为《解放思想，实事求是，团

---

① 中共中央文献研究室编：《邓小平年谱（1975—1997）》（上），中央文献出版社2004年版，第402页。

② 《邓小平文选》第二卷，人民出版社1994年版，第135、136页。

结一致向前看》的重要讲话。他开宗明义点出"解放思想是当前的一个重大政治问题"，强调"一个党，一个国家，一个民族，如果一切从本本出发，思想僵化，迷信盛行，那它就不能前进，它的生机就停止了，就要亡党亡国"。[①] 他说，我们的经济管理工作，机构臃肿，层次重叠，手续繁杂，效率极低，"如果现在再不实行改革，我们的现代化事业和社会主义事业就会被葬送"[②]。他明确要求，要学会用经济方法管理经济，自己不懂就要向懂行的人学习，向外国的先进管理方法学习；不仅新引进的企业要按人家的先进方法去办，原有企业的改造也要采用先进的方法；在全国的统一方案拿出来以前，可以先从局部做起，从一个地区、一个行业做起，逐步推开。要加强生产责任制，严格考核，赏罚分明，并同物质利益联系起来。讲话特别提出，要允许一部分地区、一部分企业、一部分工人农民，由于辛勤努力成绩大而收入先多一些，生活先好起来，这样必然产生极大的示范力量，影响左邻右舍，带动其他地区、其他单位，"使整个国民经济不断地波浪式地向前发展，使全国各族人民都能比较快地富裕起来"，"这是一个大政策，一个能够影响和带动整个国民经济的政策"。[③] 这个讲话，是在党和国家历史大转折的关键时期，确定改革开放新道路、阐述改革开放新政策的动员令、宣言书，为随后召开的党的十一届三中全会提供了指导思想，实际上也是十一届三中全会的主题报告。

经过 36 天中央工作会议的充分准备，1978 年 12 月 18 日至 22 日，党的十一届三中全会在北京召开。全会决定："及时地、果断地结束全国范围的大规模的揭批林彪、'四人帮'的群众运动"，1979 年起，"把全党工作的着重点和全国人民的注意力转移到社会主义现

---

① 《邓小平文选》第二卷，人民出版社 1994 年版，第 143 页。
② 《邓小平文选》第二卷，人民出版社 1994 年版，第 150 页。
③ 《邓小平文选》第二卷，人民出版社 1994 年版，第 152 页。

代化建设上来"。依据全党工作着重点转移的新形势，全会提出了改革开放的任务，强调："实现四个现代化，要求大幅度地提高生产力，也就必然要求多方面地改变同生产力发展不适应的生产关系和上层建筑，改变一切不适应的管理方式、活动方式和思想方式，因而是一场广泛、深刻的革命。"必须"根据新的历史条件和实践经验，采取一系列新的重大的经济措施，对经济管理体制和经营管理方法着手认真的改革，在自力更生的基础上积极发展同世界各国平等互利的经济合作，努力采用世界先进技术和先进设备"。① 由此，中国开始了从"以阶级斗争为纲"到以经济建设为中心、从僵化半僵化到全面改革、从封闭半封闭到对外开放的历史性转变。

全会高度评价关于真理标准问题讨论，认为这对于促进全党同志和全国人民解放思想、端正思想路线，具有深远的历史意义。会议认真地讨论了"文化大革命"中发生的一些重大政治事件以及"文化大革命"前遗留下来的某些历史问题，决定撤销中央1976年发出的有关"反击右倾翻案风"运动和"天安门事件"的错误文件；审查和纠正了过去对彭德怀、陶铸、薄一波、杨尚昆等同志所作的错误结论，提出解决历史遗留问题必须遵循实事求是、有错必纠的原则。在此基础上，全会强调了加强社会主义民主法治建设的重要性。全会指出，对于社会主义社会的阶级斗争，应该按照严格区别和正确处理两类不同性质的矛盾的方针去解决，按照宪法和法律规定的程序去解决，决不允许混淆两类不同性质矛盾的界限；过去那种脱离党和群众的监督，设立专案机构审查干部的方式，弊病极大，必须永远废止。全会强调，为了保障人民民主，必须加强社会主义法制，使民主制度化、

① 中共中央文献研究室编：《三中全会以来重要文献选编》（上），人民出版社1982年版，第4、5—6页。

法律化，使这种制度和法律具有稳定性、连续性和极大的权威，做到有法可依、有法必依、执法必严、违法必究。要保证人民在自己的法律面前人人平等，不允许任何人有超越法律之上的特权。

全会在坚持实事求是原则解决历史遗留问题的同时，充分肯定毛泽东的功绩，认为毛泽东在长期革命斗争中立下的伟大功勋是不可磨灭的，要求一个革命领袖没有缺点、错误，那不是马克思主义，也不符合毛泽东历来对自己的评价。全会郑重指出，党中央在理论战线上的崇高任务，就是领导、教育全党和全国人民历史地、科学地认识毛泽东的伟大功绩，完整地、准确地掌握毛泽东思想的科学体系，把马列主义、毛泽东思想的普遍原理同社会主义现代化建设的具体实践结合起来，并在新的历史条件下加以发展。

全会总结和吸取党的建设中的历史经验教训，决定健全党的民主集中制，健全党规党法，严肃党纪。强调一定要保障党员在党内对上级领导直至中央常委提出批评性意见的权利，一切不符合党的民主集中制和集体领导原则的做法应该坚决纠正。对于违反党纪的，不管是什么人，都要执行纪律，做到功过分明，赏罚分明，伸张正气，打击邪气。这些规定和要求，对于克服"文化大革命"给党的组织和纪律造成的破坏，提高党的凝聚力、战斗力，具有重要意义。

全会调整了中央领导机构成员，邓小平事实上成为党中央领导集体的核心。

由于上述一系列根本性转变，党的十一届三中全会结束了粉碎"四人帮"后党和国家工作在徘徊中前进的局面，实现了新中国成立以来党的历史上"具有深远意义的伟大转折"①。党在思想、政治、组

---

① 中共中央文献研究室编：《三中全会以来重要文献选编》（下），人民出版社1982年版，第821页。

织等领域的全面拨乱反正在这次全会后全面深入展开；伟大的社会主义改革开放，由这次全会揭开序幕；中国特色社会主义新道路、新理论，以这次全会为起点开辟。这次全会成为中国共产党发展史、执政史上一座高耸的丰碑，标志着中国共产党人在新的时代条件下的伟大觉醒，标志着中国共产党在坚持真理、修正错误、自我革命、自我完善的道路上又迈出了坚定清醒的历史性一步。从此，中国共产党带领全国各族人民以一往无前的进取姿态和波澜壮阔的创新实践，开创和发展中国特色社会主义，大踏步追赶时代进步潮流，在推进中华民族伟大复兴的征程中乘风破浪，攻坚克难，奋勇前行！

第 十 讲

改革开放的实施与中国特色社会主义的开创

党的十一届三中全会以后，我国城乡经济改革和对外开放在探索中起步并很快取得突破，大规模平反冤假错案和调整社会关系深入开展，党在指导思想上拨乱反正的任务基本完成，中国社会主义各项事业蓬勃发展。党的十二大发出"把马克思主义的普遍真理同我国的具体实际结合起来，走自己的道路，建设有中国特色的社会主义"的伟大号召，改革开放全面展开，重点由农村逐步转向城市。党的十三大系统阐述社会主义初级阶段理论，确定了党在社会主义初级阶段"一个中心、两个基本点"的基本路线。从1984年到1988年我国经历了一个加速发展的飞跃时期，展现了农业和工业、农村和城市、改革和发展相互促进的生动局面，整个国民经济提高到一个新的水平。

一、城乡经济体制改革和对外开放起步

"文化大革命"结束后，安徽、四川等地大胆实行"放宽政策""休养生息"方针，率先进行农村改革试验。

1977年11月，安徽省委通过《关于当前农村经济政策几个问题的规定》，提出要搞好农村经营管理，允许生产队根据农活建立不同

的生产责任制,可以组成作业组,只需个别人完成的农活也可以责任到人;尊重生产队的自主权;减轻社员和社队的负担;落实按劳分配,兼顾国家、集体和个人利益;允许和鼓励社员经营自留地和家庭副业,开放集市贸易等。这是粉碎"四人帮"后全国出现的第一份关于农业生产责任制的文件。1978 年底,安徽凤阳县梨园公社小岗生产队 18 户农民大胆实行"包干到户"责任制,揭开了我国农村改革的序幕。

邓小平对农民首创的"双包"责任制给予明确支持。1980 年 4 月,在同中央负责同志谈话时,他指出,农村"政策要放宽,要使每家每户都自己想办法,多找门路,增加生产,增加收入。有的可包给组,有的可包给个人,这个不用怕,这不会影响我们制度的社会主义性质。在这个问题上要解放思想,不要怕"①。5 月 31 日,他进一步指出:"农村政策放宽以后,一些适宜搞包产到户的地方搞了包产到户,效果很好,变化很快。安徽肥西县绝大多数生产队搞了包产到户,增产幅度很大。"他明确表示,"有的同志担心,这样搞会不会影响集体经济。我看这种担心是不必要的。我们总的方向是发展集体经济。……只要生产发展了,农村的社会分工和商品经济发展了,低水平的集体化就会发展到高水平的集体化,集体经济不巩固的也会巩固起来。关键是发展生产力"②。邓小平旗帜鲜明支持包产到户,拨开了阻碍农村改革发展的迷雾,推动家庭联产承包责任制在全国农村迅速铺开。

为了推进城市经济特别是工业企业改革,1978 年 4 月,中共中央颁布《关于加快工业发展若干问题的决定(草案)》。10 月,四川省委、省政府确定在宁江机床厂、重庆钢铁公司等 6 个具有行业代

① 中共中央文献研究室编:《邓小平年谱(1975—1997)》(上),中央文献出版社 2004 年版,第 616 页。
② 《邓小平文选》第二卷,人民出版社 1994 年版,第 315 页。

表性的工业企业中率先进行扩大企业自主权改革试点。1979 年 2 月，四川省委制定《关于扩大企业权利，加快生产建设步伐的试点意见》，规定试点企业在全面完成国家下达的生产计划的前提下，可以根据市场供需情况自行组织生产和来料加工，增产增收；可以自主销售商业、物资、供销等部门不收购的产品和试销新产品等。

党的十一届三中全会以后，在对四川等地试点改革进行初步总结的基础上，党和国家开始对城市经济体制改革进行探索。1979 年 5 月，国家经委等 6 部门选择首都钢铁公司、天津自行车厂、上海汽轮机厂等京津沪 8 家企业进行扩大经营管理自主权的改革试点，允许它们在完成国家计划的前提下，根据市场需要安排生产，实行利润留成，并在人、财、物方面拥有相应的自主权。7 月，国务院印发《关于扩大国营工业企业经营管理自主权的若干规定》《关于国营企业实行利润留成的规定》《关于开征国营工业企业固定资产税的暂行规定》《关于提高国营工业企业固定资产折旧率和改进折旧费使用办法的暂行规定》《关于国营工业企业实行流动资金全额信贷的暂行规定》5 个文件，以规范和指导改革。到 1980 年 6 月，全国试点企业发展到 6600 多个，约占全国全民所有制工业企业总数的 16%，产值和利润分别占 60%和 70%。扩大企业自主权改革在传统的计划经济体制下打开了一个缺口，使企业有了部分自主计划权、产品销售权、资金使用权、干部任免权等，初步改变了企业只按照国家指令性计划生产，不考虑市场需要，不关心产品销路和盈利亏损的状况，增强了企业的经营观念和市场观念，使生产迅速发展，利润大幅增加。

在企业扩权试点和农村生产责任制的影响下，不少企业还围绕国家与企业、企业与职工之间的责、权、利关系，实行经济责任制，克服企业吃国家"大锅饭"和企业内部吃"大锅饭"的现象。1981 年春，山东省率先在企业中实行经济责任制。同年 10 月和 11 月，国务院相继印发《关于实行工业生产经济责任制若干问题的意见》和《关于实行工业生产经济责任制若干问题的暂行规定》。到 1981 年底，实行"盈亏包干"经济责任制的企业达到 4.2 万户。经济责任制的实行，调动了企业和广大职工的积极性，促进了增产增收。

兴办经济特区，是我国推进对外开放的一个伟大创举。1979 年 4 月中央工作会议期间，广东省委负责同志向中央提出，希望中央下放若干权力，让广东在对外经济活动中有必要的自主权；允许在毗邻港澳的深圳、珠海和汕头市举办出口工业区。邓小平对此表示支持，明确指出，"还是叫特区好，陕甘宁开始就叫特区嘛！"他还表示："中央没有钱，可以给些政策，你们自己去搞，杀出一条血路来。"①6 月，广东、福建两省分别向中央上报了《关于发挥广东优越条件，扩大对外贸易，加快经济发展的报告》和《关于利用侨资、外资，发展对外贸易，加快福建社会主义建设的请示报告》。7 月 15 日，党中央、国务院批转了这两个报告。1980 年 5 月，党中央、国务院正式决定将"出口特区"改为涵盖面更宽的"经济特区"这个名称。8 月 26 日，五届全国人大常委会第十五次会议作出决定，批准广东、福建两省在深圳、珠海、汕头、厦门设置经济特区。

在酝酿兴办经济特区的同时，利用外资问题也提上日程。1979 年 7 月 1 日，五届全国人大二次会议审议通过《中华人民共和国中外合资经营企业法》。1980 年 5 月 1 日，经国家外国投资管理委员会批准的第一家中外合资企业北京航空食品有限公司开业。从 1979 年起，我国利用外资渠道不断拓宽。同年 12 月，中国政府与日本政府达成第一批借用日本政府"海外协力基金"贷款 500 亿日元的协议。1980

---

① 中共中央文献研究室编：《邓小平年谱（1975—1997）》（上），中央文献出版社 2004 年版，第 510 页。

年，中国恢复在世界银行、国际货币基金组织的代表权。到 1982 年底，全国实际使用外资总额 126 亿多美元，其中借款 108 亿美元，吸收国外直接投资 17.69 亿美元。在兴办经济特区和酝酿利用外资的同时，1979 年至 1981 年，国家有关部门对外贸体制也着手进行认真改革。一是初步改革外贸商品分工，赋予一些地区和部门部分商品的进出口经营权；二是组织多种形式的工贸结合试点，在上海组建了工贸合一、以工为主的上海玩具公司，自营产品出口和原料进口等；三是外贸出口收汇实行内部结算价格，提高地方出口外汇留成比例等。外贸体制改革有力促进了外贸出口的增长。全国外贸出口总额从 1978 年的 97.5 亿美元提高至 1981 年的 220 亿美元，增长了 1.26 倍。

二、拨乱反正胜利完成，启动政治体制改革

党的十一届三中全会以后，按照实事求是、有错必纠的原则，从中央到地方，加快了平反冤假错案和解决历史遗留问题的步伐。

1979 年 1 月，中央纪律检查委员会举行第一次全体会议，全会发表的《通告》强调："冤案、错案、假案一经发现，就要坚决纠正。一切不实之词，一切不正确的结论，一切错误的处理，不论是什么时候、什么情况下做出的，不论是哪一级组织、哪个领导人批准的，都要纠正过来。"①1980 年 2 月，党的十一届五中全会为刘少奇平反昭雪。经过大量艰苦细致的工作，到 1982 年底，全国大规模平反冤假错案工作基本结束，数以千万计的无辜受牵连的干部和群众得到解脱。在重点对"文化大革命"中冤假错案进行复查平反的同时，特别是在这项工作取得显著进展后，党中央对发生在"文化大革命"前由

---

① 《党中央纪律检查委员会第一次全会通告》，《人民日报》1979 年 3 月 25 日。

于历次政治运动中"左"的错误和其他方面的错误而产生的大量案件和历史遗留问题，包括若干重大历史"陈案""旧账"，也进行了复查清理。1979 年 1 月 11 日，中共中央作出《关于地主、富农分子摘帽问题和地、富农子女成分问题的决定》，提出凡是多年来遵守政府法令、老实劳动、不做坏事的地主、富农分子以及反革命分子、坏分子，一律摘掉帽子。党的民族政策进一步落实，爱国宗教组织的活动得到恢复。此外，这个时期对于社会关系的调整还包括：落实党的知识分子政策；落实台胞、台属政策，对因在台湾有亲属关系而被错误处理的，予以复查改正，冤假错案，一律平反；进一步落实党的侨务政策，鼓励广大侨胞爱祖国爱故乡，为支援祖国和家乡建设作贡献；等等。

在大规模平反冤假错案和调整社会关系的过程中，针对极少数人利用党进行拨乱反正的时机，曲解"解放思想"的口号，极端夸大党所犯的错误和发生失误的问题，1979 年 3 月 30 日，邓小平在党的理论工作务虚会上发表题为《坚持四项基本原则》的讲话，旗帜鲜明地指出，要在中国实现四个现代化，必须在思想上政治上坚持社会主义道路、坚持无产阶级专政即人民民主专政、坚持共产党的领导、坚持马列主义毛泽东思想这四项基本原则，强调"如果动摇了这四项基本原则中的任何一项，那就动摇了整个社会主义事业，整个现代化建设事业"①。讲话明确我们党所领导的改革开放是社会主义的改革开放。

随着拨乱反正的进一步展开，党内外要求正确评价毛泽东和毛泽东思想，全面评价"文化大革命"。在充分准备的基础上，1981 年 6 月，党的十一届六中全会审议通过《关于建国以来党的若干历史问题的决议》。《决议》从根本上否定了"文化大革命"和"无产阶级专

---

① 《邓小平文选》第二卷，人民出版社 1994 年版，第 173 页。

政下继续革命"的错误理论，科学总结了新中国成立以来社会主义革命和建设的历史经验。《决议》实事求是评价毛泽东的历史地位，充分肯定毛泽东思想作为党的指导思想的伟大意义，强调就毛泽东的一生来看，他对中国革命的功绩远远大于他的过失。他的功绩是第一位的，错误是第二位的。强调必须把毛泽东晚年所犯的错误，同经过长期历史考验形成科学理论的毛泽东思想区别开来。《决议》既对毛泽东晚年错误作了实事求是的分析和批评，又坚决维护了毛泽东的历史地位和毛泽东思想的科学体系，对统一全党、全军、全国人民的思想认识，同心同德，为实现新的历史任务而不懈奋斗，产生了重大而深远的影响。党的十一届六中全会的召开及取得的重大成果，标志着党在指导思想上拨乱反正任务的胜利完成。

党的十一届三中全会后，在全面开展拨乱反正的过程中，适应全党工作着重点转移和改革开放的新形势新要求，党中央在加强和改进党的领导的同时，切实加强党的自身建设和民主法制建设，并把党和国家领导制度改革提上日程。1980年2月，党的十一届五中全会通过《关于党内政治生活的若干准则》，把党章的有关规定、党的优良传统和作风、党内政治生活中的重要是非界限、处理党内关系的重要原则等加以具体化、规范化、系统化，对健全党内民主生活、维护党的集中统一、加强以民主集中制为中心的制度建设，发挥了重要作用。

社会主义民主法制建设得到加强。1979年6月，五届全国人大二次会议审议通过了《中华人民共和国地方各级人民代表大会和地方各级人民政府组织法》《中华人民共和国全国人民代表大会和地方各级人民代表大会选举法》《中华人民共和国人民法院组织法》《中华人民共和国人民检察院组织法》《中华人民共和国刑法》《中华人民共和国刑事诉讼法》《中华人民共和国中外合资经营企业法》7部法律，这是推进社会主义民主法制化迈出的重要步伐。1979 年 6 月，全国政协五届二次会议召开。10 月 19 日，在政协全国委员会、中央统战部举行的招待会上，邓小平首次把多党合作提升到我国政治制度的高度，强调在中国共产党的领导下，实行多党派的合作，这是我国具体历史条件和现实条件所决定的，也是我国政治制度中的一个特点和优点。党中央高度重视干部队伍建设，努力推进干部队伍结构调整、实现新老干部交替，酝酿改革党和国家领导制度。1980 年 8 月 18 日，邓小平在中央政治局扩大会议上作题为《党和国家领导制度的改革》的重要讲话，深入论述了改革党和国家领导制度的重要性、必要性以及改革的目的、要求和实施步骤等，提出了改革党和国家领导制度的基本思想，为我国政治体制改革指明了方向。

党的十一届三中全会后 3 年多时间里，在党中央坚强领导下，城乡经济体制改革和对外开放开始起步，大规模平反冤假错案和调整社会关系取得决定性进展，党在指导思想上拨乱反正的任务基本完成，政治体制改革启动并扎实推进，中国社会主义各项事业蓬勃发展，这为党的十二大的胜利召开奠定了坚实基础。

三、提出"建设有中国特色的社会主义"命题与改革开放的展开

1982 年 9 月 1 日至 11 日，党的十二大召开。邓小平在大会开幕词中，明确提出"走自己的道路，建设有中国特色的社会主义"的重大命题，强调"我们的现代化建设，必须从中国的实际出发。无论是革命还是建设，都要注意学习和借鉴外国经验。但是，照抄照搬别国经验、别国模式，从来不能得到成功。……把马克思主义的普遍真理同我国的具体实际结合起来，走自己的道路，建设有中国特色的社会

主义，这就是我们总结长期历史经验得出的基本结论"①。从此，"建设有中国特色的社会主义"，就成为新时期中国共产党人高高举起的旗帜，成为改革开放和社会主义现代化建设的根本指导思想，成为此后推进党和国家各项事业发展的全部理论和实践创造的主题。

党的十二大提出了党在新时期的总任务，确定了 1981 年到 20 世纪末的 20 年，我国经济建设总的奋斗目标。把 20 世纪末的奋斗目标由之前的实现四个现代化改为实现小康，从战略目标层面解决了新中国成立后几十年来党在社会主义建设发展速度和发展目标上急于求成、结果欲速不达的问题。大会提出，实现 20 年奋斗目标，在战略部署上要分两步走：前 10 年主要是打好基础，积蓄力量，创造条件，后 10 年要进入一个新的经济振兴时期。大会在确定经济建设奋斗目标、突出经济建设这个中心工作的同时，还提出了努力建设高度的社会主义精神文明和高度的社会主义民主政治的重大任务。大会制定的新党章清除了党的十一大党章中"左"的错误，对党的性质和党的指导思想，对现阶段我国社会的主要矛盾和党的总任务，对党在国家生活中如何正确地发挥领导作用，都作了符合新的形势要求的规定。

党的十二大以后，农村以稳定和完善家庭联产承包责任制为主要任务、城市以推进利改税改革为重点的各项改革不断深入。

1982 年 12 月底，中央政治局审议通过《当前农村经济政策的若干问题》并作为 1983 年中央"一号文件"印发试行。文件把各地实行的"包产到户"和"包干到户"正式概称为联产承包责任制，高度评价这种责任制"是在党的领导下我国农民的伟大创造，是马克思主义农业合作化理论在我国实践中的新发展"。根据五届全国人大五次会议通过的新宪法的决定，1983 年 10 月，中共中央、国务院发出《关

---

① 《邓小平文选》第三卷，人民出版社 1993 年版，第 2—3 页。

于实行政社分开建立乡政府的通知》，要求根据新宪法规定，在农村设立乡政权。这一工作，到 1985 年 6 月基本完成。全国 5.6 万多个人民公社，改建为 9.2 万多个乡（镇）人民政府，全国 54 万多个生产大队改建 82 万多个村民委员会。

农村经济、政治体制改革的不断深入，农村劳动效率大大提高，使得广大农户有了利用剩余劳力和资金去发展多种经营的可能，由此推动了乡镇企业的崛起。1984 年 3 月 1 日，中共中央、国务院转发《关于开创社队企业新局面的报告》，强调乡镇企业"是多种经营的重要组成部分，是农业生产的重要支柱，是广大农民群众走向共同富裕的重要途径，是国家财政收入新的重要来源"。要求各级党委和政府对乡镇企业在发展方向上给予积极引导，使其健康发展，"对乡镇企业要和国营企业一样，一视同仁，给予必要的扶持"①。

在农村改革的推动下，城市经济体制改革也稳步展开，重点是推进利改税改革。1980 年至 1981 年底，湖北、广西、上海、四川等 18 个省市的 456 个国有工业企业先后试点利改税。1982 年 11 月，五届全国人大五次会议肯定了利改税试点经验，此后国营企业利改税改革步伐进一步加快，国家税收收入占财政收入的比重大幅度上升。

为了进一步破除城市经济体制中严重妨碍生产力发展的种种弊端和僵化观，加快经济体制改革步伐，1984 年 10 月，党的十二届三中全会审议通过《中共中央关于经济体制改革的决定》。《决定》在理论上最重大的贡献，是突破把计划经济同商品经济对立起来的传统观念，明确提出我国社会主义经济是"公有制基础上的有计划的商品经济"，并把增强企业活力作为以城市为重点的整个经济体制改革的中

---

① 中共中央文献研究室编：《十二大以来重要文献选编》（上），人民出版社 1986 年版，第 439—440 页。

心环节。《决定》还针对长期以来"把全民所有同国家机构直接经营企业混为一谈"的错误认识和做法，明确提出"所有权同经营权是可以适当分开的"，① 并赋予企业 6 大生产经营自主权。以这次会议为标志，我国经济体制改革的重点从农村转向城市。

在坚持公有制经济主体地位的前提下，所有制结构改革进一步加快，形成了以公有制为主体，个体经济、私营经济、外资经济和其他经济为补充，多种经济成分共同发展的局面。20 世纪 70 年代末，被人称作"傻子"的安徽芜湖个体经营者年广久，炒瓜子生意越做越大，到 1982 年，他的瓜子作坊已雇用 100 多人，远远超过当时个体户雇工 8 人以下的界限，有人主张取缔。对此，1984 年 10 月，邓小平表示，"让'傻子瓜子'经营一段，怕什么？伤害了社会主义吗？"② 这个表态及一系列相关政策的出台，打消了对个体经济及多种经济成分的顾虑，促进了个体私营经济的迅速发展。各种类型的外资企业也快速发展。1987 年同 1978 年相比，在全国工业总产值中，个体经济、私营经济、外资经济和其他非公有制经济成分由几乎为零上升到 5.7%；全国城镇个体工商等各行业从业人员由 15 万人增加到 569 万人。这种变化，对发展经济、方便生活和安置就业起了积极作用。

借鉴农村改革的成功经验，围绕增强企业活力这一中心环节，扩大企业自主权相关改革不断推进。1984 年 5 月至 1985 年 9 月，国务院相继发布或批转《关于进一步扩大国营工业企业自主权的暂行规定》《关于改进计划体制的若干暂行规定》《关于推进国营企业技术进步若干政策的暂行规定》和《关于增强大中型国营工业企业活力若干问题的暂行规定》，就进一步搞活国营企业、发挥企业自主功能提出一系

---

① 《中共中央关于经济体制改革的决定》，《人民日报》1984 年 10 月 21 日。
② 《邓小平文选》第三卷，人民出版社 1993 年版，第 91 页。

列政策措施。到 1987 年，全国 80% 以上的国有大中型企业实行了各种形式的承包经营责任制。在企业内部，则进行了以实行厂长负责制为主要内容的改革。到 1987 年 12 月，全国已有 4.4 万个全民所有制工业企业实行厂长负责制，占同类企业总数的 77%。计划管理体制、财税体制、金融体制、工资制度等的改革力度进一步加大。

农村经济体制改革进一步深化。1985 年 1 月，中共中央、国务院发布《关于进一步活跃农村经济的十项政策》的"一号文件"，取消农副产品统购派购制度，国家不再向农民下达指令性生产计划，农业税由过去向农民征收实物为主改为折征代金为主。9 月，党中央明确提出，"发展乡镇企业是振兴我国农村经济的必由之路"，并提出了"积极扶持，合理规划，正确引导，加强管理"的指导乡镇企业发展十六字方针。在党和政府大力支持下，我国乡镇企业迅猛发展，出现了乡镇办、村办、联户办、户办"四轮驱动"，农、工、商、建（筑业）、运（输业）、服（务业）六业兴旺的局面。1987 年，全国乡镇企业总产值 4764 亿元，占当年农村社会总产值的 50.51%，第一次超过农业总产值。这是农村经济一个历史性的重大变化。

党的十二大以后，我国对外开放不断推进，特别是经济特区发展势头强劲。1984 年初，邓小平视察深圳、珠海、厦门经济特区和广州、上海，对经济特区给予了充分肯定。他给深圳经济特区题词："深圳的发展和经验证明，我们建立经济特区的政策是正确的。"[1] 回到北京后，在同几位中央负责同志谈话时，邓小平进一步明确指出，"我们建立经济特区，实行开放政策，有个指导思想要明确，就是不是收，而是放。"[2] 根据邓小平的意见，1984 年 3—4 月，党中央、国

---

[1] 中共中央文献研究室编：《邓小平年谱（1975—1997）》（下），中央文献出版社 2004 年版，第 957 页。

[2] 《邓小平文选》第三卷，人民出版社 1993 年版，第 51 页。

务院召开沿海部分城市座谈会，形成《沿海部分城市座谈会纪要》，确定进一步开放大连、秦皇岛、天津、烟台、青岛、连云港、南通、上海、宁波、温州、福州、广州、湛江、北海 14 个沿海港口城市。

沿海地区是我国对外联系的窗口，在全国经济建设中占有举足轻重的地位。1985 年 2 月，中共中央、国务院批转《长江、珠江三角洲和闽南厦漳泉三角地区座谈会纪要》，同意将长江三角洲、珠江三角洲和闽南厦漳泉三角地区划为沿海经济开放区，同时明确要求这 3 个经济开放区建立"贸—工—农"型的生产结构，即按出口贸易的需要发展加工工业，按加工的需要发展农业和其他原材料的生产，使之逐步发展成为对外贸易的重要基地和内地扩展对外经济联系的窗口。这一重大决策的提出和实施，使我国初步建构了由"经济特区—沿海开放城市—沿海经济开放区—内地"构成的多层次、有重点、点面结合的对外开放格局，在沿海形成了包括 2 个直辖市、25 个省辖市、67 个县、约 1.5 亿人口的对外开放前沿地带，这是一个在中国现代化建设全局中具有重要战略意义的格局。在对外开放区域不断扩大的同时，利用外资、引进先进技术、对外贸易工作也取得重要进展。

四、科教文化体制改革和民主法制、精神文明建设

在城乡经济体制改革全面展开的同时，科技、教育体制改革也积极推进。

1985 年 3 月 13 日，中共中央作出《关于科学技术体制改革的决定》，提出要按照经济建设必须依靠科学技术、科学技术工作必须面向经济建设的战略方针，尊重科学技术发展规律，对我国的科学技术体制进行改革。改革的主要内容是：在运行机制方面，改革拨款制度，开拓技术市场，克服国家对科技管理包得过多、统得过死的弊

病；在对国家重点项目实行计划管理的同时，运用经济杠杆和市场调节，使科学技术机构具有自我发展的能力和自动为经济建设服务的活力。在组织结构方面，改变科研机构与企业相分离，研究、设计、教育、生产脱节，军民分割、部门分割、地区分割的状况，促进研究机构、设计机构、高等学校、企业之间的协作和联合。

为了推动科学技术与经济的紧密结合，1985年5月，国家有关部门提出并着手实施"星火计划"，把先进适用的技术引向农村，引导农民依靠科学技术发展经济，引导乡镇企业的科技进步，促进农村劳动者整体素质的提高。1986年3月，王大珩、王淦昌、杨嘉墀、陈芳允等科学家向中共中央提出关于跟踪研究外国战略性高技术发展的建议。11月，中共中央、国务院正式批准实施《高技术研究发展计划纲要》，提出生物技术、航天技术、信息技术、先进防御技术、自动化技术、能源技术和新材料技术7个领域的15个主题项目，作为我国发展高科技的重点。这个计划后被称作"863计划"。与此同时，按照经济建设主战场急需的技术开发与推广、发展高新技术及其产业、加强基础性研究3个层次，我国还相继提出并实施国家科技攻关计划、"火炬计划""攀登计划"、国家科技成果重点推广计划等一系列科技发展计划，推动形成具有中国特色的科技发展格局。

1987年1月，针对科技与生产相脱节仍未根本扭转的状况，国务院发布《关于进一步推进科技体制改革的若干规定》，在进一步放活科研机构、放宽放活科研人员管理政策、促进科技与经济结合方面制定了一系列新的具体措施。20世纪80年代中后期，每秒一亿次的"银河"电子计算机系统、我国第一座高能加速器——北京正负电子对撞机以及兰州重离子加速器、同步辐射实验室、多种运载火箭和卫星等一批具有世界先进水平的高科技成果相继诞生。

科技的发展离不开教育，改革科技体制必须同时改革教育体制。

　　1983 年 10 月，邓小平给北京景山学校题词，提出"教育要面向现代化，面向世界，面向未来"，这为我国教育事业改革发展指明了方向。1985 年 5 月，中共中央作出《关于教育体制改革的决定》，就促进我国教育事业大发展作出一系列重大决策，明确提出：教育体制改革的根本目的是提高民族素质，多出人才、出好人才；要增加教育事业投资，保证"两个增长"，即在今后一定时期内，中央和地方政府的教育拨款的增长要高于财政经常性收入的增长，并使按在校学生人数平均的教育费用逐步增长；要有步骤地实行九年制义务教育，坚持基础教育由地方负责、分级管理的原则；要调整中等教育结构，大力发展职业技术教育；要改革高等学校的招生计划和毕业生分配制度，改变高等学校全部按国家计划统一招生、毕业生全部由国家包下来分配的做法，实行国家计划招生、用人单位委托招生、在国家计划外招收少数自费生 3 种办法。《决定》还提出，成立国家教育委员会，统筹整个教育事业的发展，统一部署和指导教育体制改革。《决定》颁布后，各地结合实际制定了本地区贯彻落实的具体规划，教育体制改革全面展开，并取得重要进展。1985 年 1 月，六届全国人大常委会第九次会议作出决议，将每年的 9 月 10 日定为教师节。1986 年 4 月，六届全国人大四次会议通过《中华人民共和国义务教育法》，以法律形式确定了我国义务教育制度。

　　党的十二届三中全会以后，党和国家积极推进文化体制改革，并取得初步进展。一是改革国家统包统管模式，调整艺术部门和艺术团体的布局。二是效仿农村改革经验，广泛推行承包责任制。1984 年 7 月，《街上流行红裙子》摄制组首先向长春电影制片厂提出承包方案，到 1985 年底，全国大部分电影制片厂实行了承包制。三是广泛开展各种有偿服务和"以文补文"活动。四是承认文化市场的合法地位。1987 年 2 月，文化部、公安部、国家工商行政管理局联合发布《关于改进舞会管理问题的通知》，解除对曾引起众多争议的营业性舞会（厅）的禁令。1988 年 2 月，文化部、国家工商行政管理局联合发布《关于加强文化市场管理工作的通知》，规定了文化市场的管理范围、任务、原则和方针，标志着"文化市场"地位得到正式承认。

随着全面经济体制改革、科技文化体制改革的展开，社会主义民主法制建设、精神文明建设扎实推进。1982 年 12 月 4 日，五届全国人大五次会议审议通过了新修改的《中华人民共和国宪法》。新宪法以 1954 年宪法为基础，纠正了 1978 年宪法中存在的缺点，以根本大法的形式规定了我国的根本政治制度和基本政治制度、基本经济制度、国家的根本任务、公民的基本权利和义务、国家机构的设置和职责等重大问题。在新宪法起草和颁布实施的过程中，我国社会主义民主法制建设加快了步伐。1984 年 5 月，《中华人民共和国民族区域自治法》颁布。1987 年 11 月，六届全国人大常委会第二十三次会议通过《中华人民共和国村民委员会组织法（试行）》。

为了推动精神文明建设，1986 年 9 月，党的十二届六中全会作出《关于社会主义精神文明建设指导方针的决议》。《决议》从我国社会主义现代化建设总体布局的高度，深刻阐述了社会主义精神文明建设的战略地位和重大意义，强调社会主义精神文明是社会主义社会的重要特征；社会主义精神文明建设的根本任务，是适应社会主义现代化建设的需要，培育有理想、有道德、有文化、有纪律的社会主义公民，提高整个中华民族的思想道德素质和科学文化素质。

与此同时，我们党还对外交、国防战略进行了调整，提出了推动祖国和平统一的"一国两制"构想。1984 年，邓小平明确作出了"和平和发展是当代世界的两大问题"的判断，完成了我国外交指导思想的拨乱反正。根据这一判断，我国逐步调整了外交方针和对外政策，即由过去的"一条线战略"转为奉行独立自主和真正不结盟的外交路线。1985 年，中央军委基于对国际国内形势和国家安全环境变化的把握，作出了军队建设指导思想实行战略性转变的重大决策，即要求把国防和军队建设的基点，从长期立足于"早打、大打、打核战争"的临战准备状态真正转到和平时期建设的轨道上来。为了适应这一战略性转变，这次中央军委扩大会议还作出了减少军队员额 100 万的决策。这次百万大裁军，是新时期人民军队精简整编力度和规模最大的一次，打开了人民解放军走上精兵之路的通道。

解决香港、澳门和台湾问题，实现祖国完全统一，是海内外全体中国人的共同心愿。1981 年 9 月 30 日，全国人大常委会委员长叶剑英发表谈话，阐明了台湾回归祖国、实现和平统一的九条方针，实际上形成了"一个国家，两种制度"的基本构想。1983 年 6 月 26 日，邓小平在会见美国新泽西州西东大学教授杨力宇时，进一步提出了实现台湾和祖国大陆和平统一的 6 条具体构想，充实了"一国两制"的具体内容。"一国两制"构想首先在解决香港、澳门问题上得到实践。1984 年 12 月 19 日，中国与英国两国政府正式签署《关于香港问题的联合声明》，确认中华人民共和国政府于 1997 年 7 月 1 日对香港恢复行使主权。1987 年 4 月 13 日，中国与葡萄牙两国政府正式签署《关于澳门问题的联合声明》，宣布中华人民共和国政府将于 1999 年 12 月 20 日对澳门恢复行使主权。中国在不长时间内相继解决香港、澳门问题，港、澳回归祖国进程启动，有力证明了"一国两制"伟大构想的可行性。

五、党的十三大与社会主义初级阶段理论的确立

1987 年 10 月 25 日至 11 月 1 日，党的十三大召开。邓小平主持

大会开幕式。赵紫阳代表第十二届中央委员会作了题为《沿着有中国特色的社会主义道路前进》的报告。这次大会的主要历史功绩，是比较系统地论述了我国社会主义初级阶段的理论，明确概括和全面阐发了党的"一个中心、两个基本点"的基本路线，对中国特色社会主义新道路的基本内容及理论轮廓作出初步总结。

大会指出："正确认识我国社会现在所处的历史阶段，是建设有中国特色的社会主义的首要问题，是我们制定和执行正确的路线和政策的根本依据。"围绕以上主旨，大会环环相扣地深入论述了关于社会主义初级阶段的 7 个方面的问题：一是揭示了社会主义初级阶段论断的两层含义。二是阐明了我国社会主义必须经历一个很长初级阶段的历史根据和现实根据。三是总结了我国超越社会主义初级阶段的历史教训。四是阐述了社会主义初级阶段的"特指"和时长。五是明确了现阶段我国社会的主要矛盾是人民日益增长的物质文化需要同落后的社会生产之间的矛盾。六是概括了我国社会主义初级阶段的走向和总体特征。七是规定了基于社会主义初级阶段实际的一系列具有长远意义的指导方针，包括：必须集中力量进行现代化建设；必须坚持全面改革；必须坚持对外开放；必须以公有制为主体，大力发展有计划的商品经济；必须以安定团结为前提，努力建设民主政治；必须以马克思主义为指导，努力建设精神文明；等等。

大会明确阐明了党在社会主义初级阶段建设中国特色社会主义的基本路线。这就是：领导和团结全国各族人民，以经济建设为中心，坚持四项基本原则，坚持改革开放，自力更生，艰苦创业，为把我国建设成为富强、民主、文明的社会主义现代化国家而奋斗。这条基本路线，被简称为"一个中心、两个基本点"，即以经济建设为中心，坚持四项基本原则，坚持改革开放。这是党的十一届三中全会以来党一以贯之坚持的基本路线，是党和国家的生命线、人民的幸福线。

大会还依据邓小平的相关论述，着眼中国现代化建设全局，对我国经济建设作了分"三步走"的战略部署："第一步，实现国民生产总值比一九八○年翻一番，解决人民的温饱问题。……第二步，到本世纪末，使国民生产总值再增长一倍，人民生活达到小康水平。第三步，到下个世纪中叶，人均国民生产总值达到中等发达国家水平，人民生活比较富裕，基本实现现代化。"[①]"三步走"发展战略，是我们党关于中国经济现代化长远发展目标的总构想，它把党的十二大所规定的经济发展战略部署进一步丰富和具体化了，集中反映了中国共产党带领中国人民致力于国家富强、民族复兴、人民幸福的雄心壮志。

大会还对深化经济体制改革和政治体制改革作出全面部署。关于经济体制改革，大会重点阐述了 3 个方面的问题：一是针对改革中的某些疑惑和争议性问题，阐述了经济体制改革的社会主义性质。二是进一步阐述了社会主义商品经济理论，强调公有制基础上的有计划的商品经济应是计划与市场内在统一的体制，计划和市场的作用范围都是覆盖全社会的；新的经济运行机制，总体上来说应当是"国家调节市场，市场引导企业"的机制。三是围绕转变企业经营机制这个中心环节，阐述了进一步深化经济改革的主要任务。大会还对在改革开放中加强党的建设作了深入论述，提出要以党内民主推动人民民主，走出一条不搞政治运动而靠改革和制度建设来加强党的建设的新路子。

党的十三大高度评价党的十一届三中全会以来我们党领导开辟的有中国特色的社会主义道路的重大意义，对党的十一届三中全会以来，我们党在对社会主义再认识的过程中，在哲学、政治经济学和科学社会主义等方面发挥和发展了科学理论观点，从 12 个方面作了科

[①] 　中共中央文献研究室编：《十三大以来重要文献选编》（上），人民出版社 1991 年版，第 16 页。

学概括。强调这些科学理论观点，初步回答了我国社会主义建设的阶段、任务、动力、条件、布局和国际环境等基本问题，构成了建设有中国特色的社会主义理论的轮廓，规划了我们前进的科学轨道。

党的十三大以后，改革开放和社会主义现代化建设继续推进。然而，就在党和政府着手对改革发展中暴露出来的深层次矛盾和问题进行"治理整顿"、以为进一步深化改革扩大开放创造更好条件的时候，1989年春夏之交国内发生了一场严重政治风波；国际上，从1989年下半年起，东欧、苏联局势急剧动荡，最终发生东欧剧变、苏共垮台、苏联解体。由此而来的"马克思主义过时论""社会主义失败论""历史终结论"等一度甚嚣尘上。这一切，给我国改革开放和社会主义现代化建设事业造成严重冲击，党和国家面临严峻考验。

| 第 十 一 讲 |

"应变局、平风波"，改革开放进入新阶段

国内政治风波平息后，党的十三届四中全会对中央领导机构成员作了调整，选举江泽民为中央委员会总书记。全会之后，新的中央领导集体在国内外形势十分复杂、世界社会主义出现严重曲折的严峻考验面前，团结带领全党全国各族人民坚持党的基本理论、基本路线，捍卫了中国特色社会主义，确立社会主义市场经济体制的改革目标和基本框架，开创全面改革开放新局面，形成"三个代表"重要思想，推进党的建设新的伟大工程，成功把中国特色社会主义推向 21 世纪。

一、经受政治风波考验，进一步治理整顿和推进改革

从党的十二大到十三大这 5 年，全党全国各族人民团结一致，奋力开拓，推动我国改革开放和社会主义现代化建设出现了一个加速发展的飞跃时期，我国整体国民经济上了一个新台阶。但必须指出的是，伴随新旧体制的转轨特别是 1984 年下半年以来改革发展的快速推进，我国经济发展中潜伏的许多深层次矛盾和问题也日益显现出来，主要是社会总需求远远超过社会总供给、工农业以及基础工业与加工工业的比例关系严重失调、经济发展中的高消耗低产出问题严重

等，成为进一步深化改革的障碍。对于逐渐暴露出来的矛盾和问题，党和政府曾力图解决，但未能达到预期效果。在此情况下，1988 年 8 月，中央政治局讨论并原则通过《关于价格、工资改革的初步方案》，加快推进价格改革，目标是用 5 年左右的时间，初步理顺价格关系，以解决对经济发展和市场发育有严重影响、突出不合理的价格问题。但这个方案的主要内容公布后，进一步强化了人们物价上涨的预期，引发了一场全国性的商品抢购和挤兑储蓄存款风潮，造成经济秩序的进一步混乱和社会不安定，造成经济社会波动。

面对严峻形势，国务院随即发出《关于做好当前物价工作和稳定市场的紧急通知》，要求采取强有力措施，包括经济的和行政的措施，坚决控制物价上涨。1988 年 9 月，党的十三届三中全会进一步提出治理经济环境、整顿经济秩序、全面深化改革的指导方针和相关政策措施。以这次全会为标志，我国改革开放和现代化建设进入了治理整顿阶段。治理整顿是在坚持改革开放的前提下，对国民经济的又一次大调整。正当治理整顿工作进一步推进时，即遭受到了一场严重政治风波的干扰。

1988 年末至 1989 年春，在一些大城市特别是在北京，极少数人利用党和政府工作中的失误以及人民群众对物价上涨和一些党员干部腐败的不满情绪，进行煽动反对共产党的领导、反对社会主义制度的活动，并最终酿成一场严重政治风波。在邓小平等老一辈革命家支持下，中央政治局采取果断措施，一举平息了这场风波，捍卫了我国社会主义国家政权和 10 年改革开放成果，维护了人民根本利益。

1989 年 6 月 23 日至 24 日，党的十三届四中全会在北京举行。全会对中央领导机构成员进行了调整，选举江泽民为中央委员会总书记。全会以后，新的中央领导集体坚决地、全面地贯彻党的基本路线，一手抓治理整顿、深化改革，一手抓思想政治工作、党的建设，认真克服"一手硬，一手软"的现象，全国政治局面迅速趋向稳定，经济形势逐步好转，思想战线出现新的转机。

加强党的建设，进一步治理整顿和推进改革。1989年7月，中央政治局全体会议讨论并通过《关于近期做几件群众关心的事的决定》，要求从党中央和国务院的领导同志做起，在惩治腐败和带头廉洁奉公、艰苦奋斗方面做7件事。8月，中央政治局讨论并通过《关于加强党的建设的通知》。1990年3月，党的十三届六中全会通过《关于加强党同人民群众联系的决定》。11月，中共中央批转中央纪律检查委员会《关于加强党风和廉政建设的意见》，要求各级党委和政府，一定要从党和国家的生死存亡、改革开放的兴衰成败的高度，充分认识党风和廉政建设的重要性和紧迫性，重点解决坚决纠正行业不正之风和认真清理党政干部违纪违法建私房和用公款超标准装修住房两个问题。1989年12月30日，中共中央又发布《关于坚持和完善中国共产党领导的多党合作和政治协商制度的意见》，强调中国共产党领导的多党合作和政治协商制度是我国的一项基本政治制度，重申"长期共存、互相监督、肝胆相照、荣辱与共"是中国共产党同各民主党派合作的基本方针。在大力加强党的建设和党的领导的同时，思想宣传工作、新闻舆论工作、知识分子工作、对青年学生的思想政治工作也得到了切实加强。

在经历了严重政治风波后，保证经济"不滑坡"并保持较高发展速度，是体现党的建设和党的领导成效、维护政治和社会稳定的重要检验尺度和基础。1989年11月，党的十三届五中全会审议通过《关于进一步治理整顿和深化改革的决定》。经过努力，到1991年底，历时3年的治理整顿取得显著成效，基本实现了预期目标。在集中力量进行治理整顿期间，改革开放的步伐并没有停顿。在经济改革方面，农业在进一步巩固和完善家庭联产承包责任制的基础上，发展了农业社会化服务体系和农产品市场，建立粮食专项储备制度。工业在继续完善企业承包经营责任制的同时，采取了一系列改善外部环境、转换内部机制、增强国营大中型企业活力的改革措施。股份制、租赁制改革试点进一步扩大。1990年12月19日、1991年7月3日，上海证券交易所和深圳证券交易所相继开业运营，既推动了股份制改革的发展，也表明了我国坚定不移推进改革开放的决心和意志。此外，以逐步实现外贸企业自主经营、自负盈亏为主要内容的外贸体制改革，以调整煤炭、电力、原油、运输、钢铁等重要商品和劳务价格以及粮食、食油统销价格为主要内容的价格改革，也迈出了重大步伐。在此期间，我国以公有制经济为主体的多种经济成分继续发展，非公有制经济在国民经济中所占的比重继续有所上升。在对外开放方面，为了向世界进一步展示中国坚持改革开放的决心和行动，1990年4月，党中央、国务院批准开发开放浦东，在浦东实行经济技术开发区和经济特区的某些政策。6月，中国第一保税区——上海外高桥保税区经国务院批准成立。上海浦东的开发开放，是20世纪90年代初党中央深化改革、扩大开放的重大标志性举措，不但有力促进了上海振兴崛起，而且对带动整个长江流域乃至全国改革发展都具有重大的辐射作用和深远意义。

在治理整顿和深化改革的推动下，到1990年底，我国胜利实现了"七五"计划指标。1990年12月，党的十三届七中全会审议并通过了《中共中央关于制定国民经济和社会发展十年规划和"八五"计划的建议》。全会在总结历史和现实经验教训的基础上，确定了制定与实施十年规划和"八五"计划的基本指导方针。全会还对党的十一届三中全会以来，全党对于建设有中国特色的社会主义的基本理论和基本实践所形成的共同认识进行了科学总结，提出12条主要原则，标志着党对中国特色社会主义发展规律认识的深化。在全会闭幕会上，江泽民讲话指出："尽管国际风云变幻，尽管我们在前进的道路上遇到这样那样的困难，但是我们党、国家和人民经受住了考验，我们胜利地走过来了。"①

二、沉着应对西方"制裁"和苏东剧变外部挑战

国内政治风波平息后，以美国为首的西方国家借口"人权""自由""民主"，纷纷宣布对中国实行"制裁"，掀起了一股气势汹汹的反华浪潮。美国国会还先后通过了20多项干涉中国内政的议案。英国单方面推迟了关于香港问题的中英谈判。在西方国家对华"制裁"的同时，国际局势发生重大变化。波兰、东德、匈牙利、捷克斯洛伐克、保加利亚、罗马尼亚、南斯拉夫等国的共产党先后失去执政地位。1991年12月，苏联解体。东欧剧变、苏联解体，其速度之快、程度之激烈，出乎人们的预料，世界社会主义运动遭受严重挫折。苏东剧变后，西方国家和国际上反共反社会主义势力欢欣鼓舞，叫喊"马克思主义过时了"，"社会主义失败了"，预言中国也将很快重蹈苏东覆辙。面对严峻局势，党中央处变不惊、顶住压力、保持定力，成功打破了西方的"制裁"，妥善应对了苏东剧变，坚持和维护了改革开放大局，捍卫了中国特色社会主义伟大事业。

在西方各种施压面前，中国的立场是坚定的。1989年7月2日，在会见美国总统特使布伦特·斯考克罗夫特时，邓小平指出："中国的内政决不允许任何人加以干涉，不管后果如何，中国都不会

---

① 中共中央文献研究室编：《十三大以来重要文献选编》（中），人民出版社1991年版，第1428页。

让步。"①9月4日，在同中央负责同志谈话时，他又指出："要维护我们独立自主、不信邪、不怕鬼的形象。我们绝不能示弱。""中国肯定要沿着自己选择的社会主义道路走到底。谁也压不垮我们。只要中国不垮，世界上就有五分之一的人口在坚持社会主义。我们对社会主义的前途充满信心。""对于国际局势，概括起来就是三句话：第一句话，冷静观察；第二句话，稳住阵脚；第三句话，沉着应付。不要急，也急不得。要冷静、冷静、再冷静，埋头实干，做好一件事，我们自己的事。"②

对于苏联东欧局势的变化，邓小平提出：现在旧的格局在改变中，新的格局还没有形成，我们对外政策还是两条，第一条是反对霸权主义、强权政治，维护世界和平；第二条是建立国际政治新秩序和经济新秩序。"具体的做法，还是要坚持同所有国家都来往……不管苏联怎么变化，我们都要同它在和平共处五项原则的基础上从容地发展关系，包括政治关系，不搞意识形态的争论。"③

根据邓小平阐述的方针策略，党中央确定了20世纪90年代初期我国外交工作的两个重点：一是开展睦邻外交，稳定和积极发展同周边国家的关系，加强同第三世界国家的团结与合作；二是积极主动，努力打破西方"制裁"，恢复和稳定同西方发达国家的关系。

为了打破西方"制裁"，从1989年下半年开始，我国领导人走出国门，以周边国家和发展中国家为中心，积极开展各个层面的外交活动。为了声援中国，埃及、坦桑尼亚、阿根廷、印度尼西亚、蒙古国、朝鲜、越南等几十个发展中国家的元首和政府首脑相继到中国访

---

① 中共中央文献研究室编：《邓小平年谱（1975—1997）》（下），中央文献出版社2004年版，第1284页。
② 《邓小平文选》第三卷，人民出版社1993年版，第320、321页。
③ 《邓小平文选》第三卷，人民出版社1993年版，第353页。

问。中国不仅发展和加强了同周边国家和发展中国家的关系，而且取得了外交工作新突破。1990 年至 1992 年，中国同印度尼西亚恢复了外交关系，中越关系实现了正常化，中印关系有了很大改善；我国还同沙特阿拉伯、新加坡、文莱、以色列、韩国以及苏联解体后新建立的国家等共 23 个国家建立了外交关系。这个数字，超过了新中国成立初期第一次建交高潮时的数目。

以美国为首的西方国家曾以为，只要采取了"制裁"措施，就可以孤立中国，迫使中国政府放弃原则，向强权屈服。但一段时间过后，中国不但没有屈服，反而国内政局迅速恢复稳定，经济继续发展，对外交往不断扩大，这一切大大出乎西方国家的预料。事实表明，中国难以被"完全"孤立，"制裁"中国不仅损害了中国利益，对"制裁"实施者本身也毫无益处。也正因为如此，从宣布"制裁"中国开始，西方各国出于自身利益考虑，在政策和做法上就表现得并不一致，有的国家领导人公开表示不赞成孤立中国，并且强调同中国保持正常关系的重要性。

中国领导人审时度势，把推动日本加速改善对华关系作为第一步，采取了政治和经济结合、官方和民间结合的方针，推动日本于1990 年 7 月率先取消对华"制裁"。随后，德国、英国、澳大利亚等其他一些西方国家和国际组织也先后取消对华"制裁"，恢复同中国在政治、经济和文化领域的接触交流。到 1991 年底，中国同大多数西方国家的关系回到正常轨道。美国带头"制裁"中国，使两国关系陷于严重困难。1990 年 8 月，伊拉克入侵科威特引发海湾危机后，为求得中国支持，美国不得不重新考虑改善对华关系。1990 年 11 月，中国外长应邀访问美国；1991 年 11 月，美国国务卿访问中国。美国对华"制裁"措施这时虽然没有完全解除，但在高层互访以及部分经济领域已有所突破。到了 1993 年 11 月，江泽民与美国总统克林顿在西雅图举行首脑会晤，标志着中美建交以来两国关系最艰难时期的结束。

三、邓小平南方谈话与改革开放新阶段

1992 年 1 月 18 日至 2 月 21 日，中国社会主义改革开放和现代化建设的总设计师邓小平来到武昌、深圳、珠海、上海等地视察并发表重要谈话，科学总结了党的十一届三中全会以来党的基本实践和基本经验，以一系列振聋发聩的新观点、新论断，从理论上深刻回答了长期困扰和束缚人们思想的许多重大问题，强调要毫不动摇地坚持党的"一个中心、两个基本点"的基本路线；改革开放胆子要大一些，敢于试验，判断改革开放成败得失的标准，应主要看是否有利于发展社会主义社会的生产力，是否有利于增强社会主义国家的综合国力，是否有利于提高人民的生活水平；计划经济不等于社会主义，资本主义也有计划，市场经济不等于资本主义，社会主义也有市场，计划和市场都是经济手段；社会主义的本质，是解放生产力，发展生产力，消灭剥削，消除两极分化，最终达到共同富裕；社会主义经历一个长过程发展后必然代替资本主义，这是社会历史发展不可逆转的总趋势；等等，讲话振聋发聩，澄清了前进道路上的迷雾，成为把改革开放和社会主义现代化建设推向新阶段的又一个解放思想、实事求是的宣言书，为党的十四大召开奠定了思想理论基础。

1992 年 10 月 12 日至 18 日，党的十四大在北京召开。江泽民向大会作了题为《加快改革开放和现代化建设步伐，夺取有中国特色社会主义事业的更大胜利》的报告。大会顺应历史要求和人民愿望，作出了 3 项具有深远意义的重大决策。第一，确立邓小平同志建设有中国特色社会主义理论在全党的指导地位。第二，明确我国经济体制改

革的目标是建立社会主义市场经济体制。第三，提出抓住机遇，加快发展，集中精力把经济建设搞上去。以邓小平南方谈话和党的十四大为标志，中国改革开放和现代化建设进入了加速发展的新阶段。

1993年11月11日至14日，党中央召开十四届三中全会，审议通过《关于建立社会主义市场经济体制若干问题的决定》，把党的十四大提出的建立社会主义市场经济体制改革目标和原则具体化了，在某些方面又有进一步发展，是指导此后10年我国经济体制改革的行动纲领。

根据党的十四大和十四届三中全会的部署，从1994年起，我国经济体制改革进入整体推进、重点突破的新阶段，尤其是在财税、金融、外汇、外贸、投资、价格、住房以及国有企业等领域，改革取得了重要突破和进展。这一系列改革，推动我国旧的计划经济体制加速向社会主义市场经济体制转变，市场机制作用范围不断扩大，经济活力显著增强。

与此同时，我国实施全方位宽领域对外开放的决心更加坚定，对外开放不断向纵深推进，"引进来"与"走出去"相结合，推动形成全方位、多层次、宽领域对外开放新格局。

在建立社会主义市场经济体制各项改革的推动和抓住机遇、加快发展方针指导下，1993年，我国国民经济在1992年快速增长的基础上继续保持较快发展。但是，在加快改革发展的过程中，由于一些地方和部门片面追求高速度，同时由于旧的宏观调控机制逐渐失效，新的调控机制尚未完善，经济发展中也出现了一些新的矛盾和问题，某些方面的情况还相当严峻，主要表现为货币投放量过大，经济秩序特别是金融秩序混乱；投资需求和消费需求出现双膨胀趋势；财政困难状况加剧；基础设施和基础工业的"瓶颈"制约进一步强化；进出口不平衡，对外贸易逆差不断扩大；物价上涨明显加快；等等。对这些问题，如不采取有力措施，坚决扭转宏观经济环境紧张的局面，有可能引起经济大的波动，影响社会稳定。党中央、国务院及时发现了这些问题，果断出台了一系列加强宏观调控的重大举措。

在深入调研并征求意见的基础上，1993 年 6 月，中共中央、国务院印发《关于当前经济情况和加强宏观调控的意见》，以整顿金融秩序为重点，提出了加强和改善宏观调控的 16 条措施。为了确保宏观调控各项措施全面有效落实，1993 年 7 月，国务院在北京相继召开全国金融工作会议、全国财政工作会议和全国税务工作会议，作出具体部署。在党中央、国务院的有力领导下，从 1993 年下半年起，宏观调控各项措施逐步贯彻落实，经济过热的势头得到迅速遏制。此后，又经过 3 年努力，到 1996 年底，以抑制通货膨胀为主要任务的宏观调控基本达到了预期目标，国民经济成功实现了从发展过快到"高增长、低通胀"的"软着陆"。

"软着陆"的实现，积累了在发展社会主义市场经济条件下进行宏观调控的宝贵经验，也为国民经济持续快速健康发展奠定了坚实基础，充分显示了党中央、国务院驾驭和把握复杂经济局势的能力。

四、跨世纪的改革发展部署与总体小康的实现

1997 年 9 月 12 日至 18 日，党的十五大在北京召开。江泽民向大会作了题为《高举邓小平理论伟大旗帜，把建设有中国特色社会主义事业全面推向二十一世纪》的报告。大会最主要的贡献，是第一次使用"邓小平理论"这个概念，强调邓小平理论是当代中国的马克思主义，是马克思主义在中国发展的新阶段，它第一次比较系统地初步回答了中国社会主义的发展道路、发展阶段、根本任务、发展动力、外部条件、政治保证、战略步骤、党的领导和依靠力量以及祖国统一

等一系列基本问题，指导我们党制定了在社会主义初级阶段的基本路线，它是贯通哲学、政治经济学、科学社会主义等领域，涵盖经济、政治、科技、教育、文化、民族、军事、外交、统一战线、党的建设等方面比较完备的科学体系，又是需要从各方面进一步丰富发展的科学体系。大会通过的党章修正案明确规定："中国共产党以马克思列宁主义、毛泽东思想、邓小平理论作为自己的行动指南。"①

继党的十三大之后，党的十五大进一步深入阐述了社会主义初级阶段理论，强调了正确认识和把握国情的重大意义，提出了党在社会主义初级阶段的经济、政治、文化纲领。大会指出，公有制为主体、多种所有制经济共同发展，是我国社会主义初级阶段的一项基本经济制度。公有制经济不仅包括国有经济和集体经济，还包括混合所有制经济中的国有成分和集体成分。公有制的主体地位主要体现为公有资产在社会总资产中占优势，国有经济控制国民经济命脉，对经济发展起主导作用，主要体现在控制力上。公有制实现形式可以而且应当多样化，股份制是现代企业的一种资本组织形式，资本主义可以用，社会主义也可以用。大会在我国经济发展"三步走"战略第二步目标即将实现之际，放眼21世纪前50年，对如何实现第三步目标作出进一步规划，提出了新的"三步走"发展战略。围绕这个发展战略，大会对我国跨世纪改革发展作出了部署。大会还深入论述了坚持党的领导、加强党的建设的重要性，并围绕"建设一个什么样的党、怎样建设党"、如何开创党的建设新的伟大工程作出部署。

按照党的十五大的部署，在奋力把中国特色社会主义事业推向21世纪的进程中，党团结带领人民勇敢应对来自经济、政治和自然

---

① 中共中央文献研究室编：《十五大以来重要文献选编》（上），人民出版社2000年版，第53页。

界等方面的严峻挑战，坚定不移深化改革，全方位扩大开放，取得了社会主义现代化建设新的巨大成就。

1997年下半年，东南亚国家爆发金融危机，并很快波及整个亚洲和世界其他地区，造成国际金融市场持续动荡，世界经济受到冲击。由于国际市场萎缩等原因，我国外贸进出口总额迅速下降，经济建设遇到严重困难。1998年2月，面对金融危机加剧蔓延，党中央提出了"坚定信心，心中有数，未雨绸缪，沉着应付，埋头苦干，趋利避害"的指导方针，作出了扩大内需，发挥国内市场巨大潜力，积极扩大出口，适当增加进口，保持人民币汇率稳定等重大决策。7月，党中央果断决定：实施积极的财政政策和稳健的货币政策，由中央财政向商业银行增发长期建设国债，增加投资，加强基础设施建设；同时增加中低收入者的收入，改善人民生活；并采取出口退税等措施，千方百计增加出口，从多方面拉动经济增长。以上重大决策部署很快取得成效。从1999年下半年开始，外贸出口大幅回升。到2000年，国民经济发展出现重要转机，党和政府成功战胜了这场金融危机带来的困难，并在许多国家因这场金融危机出现经济衰退、货币大幅度贬值的情况下，中国兑现了人民币不贬值的承诺，为缓解危机和促进亚洲国家经济恢复发展作出了贡献。党和政府带领人民还成功应对了来自自然界和政治领域的严峻挑战。

应对亚洲金融危机和一系列重大斗争的胜利，充分显示了我国社会主义制度的优越性和党中央驾驭全局、解决复杂问题的能力，使党和人民在推进改革开放和现代化建设、实现跨世纪发展奋斗目标的道路上更加充满信心。

在应对和战胜各方面困难和风险的同时，党和政府迎难而上，进一步深入推进各领域改革发展，取得了改革开放和现代化建设新成就。稳定农村基本政策，深化农村改革，推动农村产业结构战略性调整。1998 年 10 月，党的十五届三中全会通过《关于农业和农村工作若干重大问题的决定》，提出农业和农村跨世纪发展的目标和任务，强调要坚定不移贯彻土地承包期再延长 30 年的政策，赋予农民长期而有保障的土地使用权。国有企业改革是整个经济体制改革的中心环节。1998 年，位列亏损榜首的纺织行业被确定为国有企业改革和脱困的突破口。1999 年 9 月，党的十五届四中全会审议通过《关于国有企业改革和发展若干重大问题的决定》。经过 3 年努力，到 2000 年底，国有企业改革与脱困目标基本实现。社会保障制度改革全面推进。1998 年 5 月，在国有企业改革进入攻坚战之时，党中央、国务院召开国有企业下岗职工基本生活保障和再就业工作会议，作出了"两个确保""建立三条保障线"的重大决策。1999 年，国务院发布《城市居民最低生活保障条例》，标志着城市居民最低生活保障制度建立。

顺利开展农村税费改革试点。2000 年 3 月，在深入调研的基础上，中共中央、国务院下发《关于进行农村税费改革试点工作的通知》（以下简称《通知》）。经过一年努力，农村税费改革试点取得了初步成效。2002 年，在总结交流改革试点经验的基础上，全国农村税费改革试点省份扩大到 20 个。

提出并实施西部大开发战略。1999 年 9 月，党的十五届四中全会正式提出国家要实施西部大开发战略，强调要通过优先安排基础设施建设、增加财政转移支付等措施，支持中西部地区和少数民族地区加快发展。2000 年 1 月 16 日，国务院成立西部地区开发领导小组，西部大开发战略全面启动。

加入世界贸易组织（WTO）是我国全方位扩大对外开放的一个重大步骤。2001 年 11 月 10 日，在卡塔尔首都多哈举行的世界贸易组织第四届部长级会议，一致通过了《关于中国加入世贸组织的决定》。12 月 11 日，中国正式成为世界贸易组织第 143 个成员。加入世界贸易组织，使中国在经济全球化进程中获得了更大的发展空间和更为广阔的参与国际竞争的舞台，对中国改革开放产生了深远影响。

在深化改革、扩大开放、应对各种风险挑战的过程中，党中央带领全党全国人民开拓创新，迎难而上，到2000年，胜利完成了"九五"计划规定的主要任务，我国改革开放和社会主义现代化建设取得新的巨大成就。

国民经济持续快速健康发展，综合国力进一步增强。"九五"期间，国内生产总值年均增长8.6%，2000年达到10.02万亿元，人均国民生产总值比1980年翻两番的目标提前3年在1997年实现。主要工农业产品产量位居世界前列，商品短缺状况基本结束。产业结构调整取得积极进展。粮食等主要农产品生产能力明显提高，实现了农产品供给由长期短缺到总量基本平衡、丰年有余的历史性转变。"九五"计划的完成，使我国在实现"三步走"战略第一步目标的基础上，又实现了第二步目标，人民生活总体上达到小康水平，这是改革开放取得的巨大成果，是中国特色社会主义的伟大胜利，是中华民族发展史上的一个新的里程碑。

五、加强党的建设，提出"三个代表"重要思想

党的十四大以后，围绕在社会主义市场经济条件下加强党的建设的目标、任务和途径等问题，党中央进行积极探索并取得重要成果，保证党在建设中国特色社会主义伟大事业中始终发挥领导核心作用。1994年9月，党的十四届四中全会作出《关于加强党的建设几个重大问题的决定》，把党的建设提到"新的伟大工程"的高度，明确提出了新时期党的建设总目标，这就是："在当代世界风云变幻的条件下，在当代中国改革开放和现代化建设的伟大变革中，把党建设成为

用建设有中国特色社会主义理论武装起来、全心全意为人民服务、思想上政治上组织上完全巩固、能够经受住各种风险、始终走在时代前列的马克思主义政党。"这个总目标，包含了党的指导思想、性质、宗旨以及党的建设的总体要求，集中反映了我们党对自身建设规律的新认识。

深入开展党风廉政建设和反腐败斗争。1993 年，党中央作出了加大反腐败斗争力度的重大决策，以后每年都对党风廉政建设和反腐败工作进行专门研究。1993 年 8 月，十四届中央纪委召开第二次全体会议。江泽民在会上提出，要从 3 个方面着手做好反腐败工作：（一）各级党政领导干部要带头廉洁自律，特别是省部级以上领导干部要起表率作用；（二）集中力量查办一批大案要案，重点查办发生在党政领导机关和司法部门、行政执法部门、经济管理部门工作人员中的案件；（三）紧紧抓住本地区本部门本单位的突出问题，刹住群众最不满意的几股不正之风。反腐败三项工作格局由此提出。10 月 5 日，中共中央、国务院作出《关于反腐败斗争近期抓好几项工作的决定》，正式确立了反腐败斗争三项工作格局，并进行了部署。此后，随着形势的发展，中央纪委每年都对反腐败三项工作进行检查和总结，并不断赋予三项工作以新的内容和要求。为保证领导干部廉洁自律的各项规定落到实处，1995 年 1 月，十四届中央纪委第五次全会提出，建立党政机关县处级以上领导干部收入申报制度、党和国家机关工作人员在国内公务活动中收受礼品登记制度、国有企业业务招待费使用情况向职工代表大会报告制度。为了进一步加强党内监督，1996 年 1 月，十四届中央纪委第六次全会提出，选派部级干部到地方和部门巡视，负责了解省、部级领导班子及其成员贯彻执行党的路线、方针、政策的情况及廉政情况，直接报告中央纪委并及时报告党中央。

开展"三讲"教育，创立"三个代表"重要思想。根据党的十五大的部署，1998 年 11 月 21 日，中共中央印发《关于在县级以上党政领导班子、领导干部中深入开展以"讲学习、讲政治、讲正气"为主要内容的党性党风教育的意见》。根据《意见》，"三讲"教育采取自上而下的办法，分级分批进行。"三讲"教育的开展，使广大干部普遍受到一次深刻的马克思主义教育，经受了一次党内政治生活锻炼，贯彻党的基本路线和民主集中制原则的自觉性进一步提高。

在指导"三讲"教育活动的过程中，江泽民结合党的性质和宗旨要求，就如何加强新形势下党的建设问题进行了深刻思考。2000 年 2 月，江泽民在广东考察工作时，第一次完整提出了"三个代表"重要思想，指出："总结我们党七十多年的历史，可以得出一个重要的结论，这就是：我们党所以赢得人民的拥护，是因为我们党在革命、建设、改革的各个历史时期，总是代表着中国先进生产力的发展要求，代表着中国先进文化的前进方向，代表着中国最广大人民的根本利益"。他要求"所有的共产党员和领导干部，都要深刻认识和牢牢把握这'三个代表'，用以指导自己的思想和行动"。①2000 年 5 月至 2001 年 6 月，江泽民又分别到北京、吉林、黑龙江、江苏、浙江、上海、安徽、江西、广东、海南、甘肃、宁夏等地考察，多次主持召开近 30 次党建工作座谈会，听取各方面意见和建议，并在全国党校工作会议、中央思想政治工作会议、党的十五届五中全会、中央经济工作会议、中央统战工作会议、全国宣传部长会议、中央纪委全会等多个重要场合继续从不同角度阐发"三个代表"，使"三个代表"重要思想的科学内涵不断丰富、完善和深化。

在深入调研的基础上，2001 年 7 月 1 日，江泽民在庆祝中国共

---

① 江泽民：《论"三个代表"》，中央文献出版社 2001 年版，第 2、3 页。

产党成立 80 周年大会上发表重要讲话。讲话以"三个代表"重要思想统领全篇，深刻总结了我们党领导革命、建设和改革的基本经验，更加系统深入地阐述了"三个代表"重要思想的深刻内涵和精神实质。江泽民在讲话中还就按照"三个代表"要求加强和改进党的建设，特别是围绕坚持党的工人阶级先锋队的性质，根据经济发展和社会进步的实际，不断增强党的阶级基础和扩大党的群众基础，不断提高党的社会影响力等问题作了重要论述。江泽民指出，看一个政党是否先进，是不是工人阶级先锋队，主要应看它的理论和纲领是不是马克思主义的，是不是代表社会发展的正确方向，是不是代表最广大人民的根本利益。改革开放以来，我国的社会阶层构成发生了新的变化，出现了民营科技企业的创业人员和技术人员、受聘于外资企业的管理技术人员、个体户、私营企业主、中介组织的从业人员、自由职业人员等社会阶层，他们也是有中国特色社会主义事业的建设者。能否自觉地为实现党的路线和纲领而奋斗，是否符合党员条件，是吸收新党员的主要标准，来自工人、农民、知识分子、军人、干部的党员是党的队伍最基本的组成部分和骨干力量，同时也应该把承认党的纲领和章程、自觉为党的路线和纲领而奋斗、经过长期考验、符合党员条件的社会其他方面的优秀分子吸收到党内来；不能简单地把有没有财产、有多少财产当作判断人们政治上先进与落后的标准，而主要应该看他们的思想政治状况和现实表现，看他们的财产是怎么得来的以及对财产怎么支配和使用，看他们以自己的劳动对建设有中国特色社会主义事业所作的贡献。这个讲话是"三个代表"重要思想进一步深化并初步形成理论体系的标志。

2001 年 9 月 24 日至 26 日，党的十五届六中全会召开。全会按照"三个代表"重要思想，重点分析了进入新世纪党面临的新形势新任务，审议通过《关于加强和改进党的作风建设的决定》，提出"八个坚持、八个反对"要求，即坚持解放思想、实事求是，反对因循守旧、不思进取；坚持理论联系实际，反对照抄照搬、本本主义；坚持密切联系群众，反对形式主义、官僚主义；坚持民主集中制原则，反对独断专行、软弱涣散；坚持党的纪律，反对自由主义；坚持清正廉洁，反对以权谋私；坚持艰苦奋斗，反对享乐主义；坚持任人唯贤，反对用人上的不正之风。全会之后，各级党委、纪委组织党员干部深入学习党内法规和廉政法律法规，利用重大典型案例进行警示教育，促进广大党员干部提高党性觉悟，增强拒腐防变能力，解决思想作风、学风、工作作风、领导作风和生活作风中存在的突出问题。

2002年5月31日，党的十六大召开前夕，江泽民在中央党校省部级干部进修班毕业典礼上发表讲话，对党的十六大的主题和贯彻"三个代表"要求等问题作出进一步系统阐述，指出："'三个代表'同马克思列宁主义、毛泽东思想和邓小平理论一脉相承，反映了当代世界和中国的发展变化对党和国家工作的新要求"；"联系党成立以来的全部历史经验，总结我们党带领人民建设有中国特色社会主义事业必须坚持的基本经验，归结起来就是，我们党必须始终代表中国先进生产力的发展要求，代表中国先进文化的前进方向，代表中国最广大人民的根本利益"。这个讲话把迎接党的十六大召开的政治、思想和理论准备推向了高潮。

全面建设小康社会与改革开放的拓展

党的十六大对全面建设小康社会作出部署。党的十六大以后，党和国家深入贯彻落实科学发展观，以加入世界贸易组织为契机，紧紧抓住并用好重要战略机遇期，有力应对各方面风险挑战，变压力为动力，化挑战为机遇，坚定不移推进全面建设小康社会进程，坚定不移深化改革开放，形成中国特色社会主义事业总体布局，不断开创中国特色社会主义新局面。在十六大后的十年中，我国经济总量从世界第六位跃升到第二位，社会生产力、经济实力、科技实力迈上一个大台阶，人民生活水平、居民收入水平、社会保障水平迈上一个大台阶，综合国力、国际竞争力、国际影响力迈上一个大台阶，国家面貌发生新的历史性变化，为全面建成小康社会、为中国特色社会主义进入新时代奠定坚实基础。

一、全面建设小康社会与提出科学发展观

2002 年 11 月 8 日至 14 日，党的十六大召开。江泽民代表第十五届中央委员会向大会作了题为《全面建设小康社会，开创中国特色社会主义事业新局面》的报告。大会的主题是：高举邓小平理论伟

大旗帜，全面贯彻"三个代表"重要思想，继往开来，与时俱进，全面建设小康社会，加快推进社会主义现代化，为开创中国特色社会主义事业新局面而奋斗。大会全面总结了党的十五大以来党领导全国人民在改革发展稳定、内政外交国防、治党治国治军各方面取得的巨大成就，特别是着重总结了党的十三届四中全会以来13年的奋斗历程和基本经验，全面阐述了"三个代表"重要思想的时代背景、历史地位、精神实质和根本要求，强调始终做到"三个代表"，是我们党的立党之本、执政之基、力量之源。大会通过的《中国共产党章程（修正案）》，把"三个代表"重要思想同马克思列宁主义、毛泽东思想、邓小平理论一道，作为党必须长期坚持的指导思想写进党章。

大会综观全局，作出了21世纪头20年是我国必须紧紧抓住并且可以大有作为的重要战略机遇期的重大判断，并从经济、政治、文化等方面勾画了全面建设小康社会的宏伟蓝图。大会根据党的十五大确定的到2010年、建党100年和新中国成立100年的发展目标，明确提出：21世纪头20年，我国要集中力量，全面建设惠及十几亿人口的更高水平的小康社会，使经济更加发展、民主更加健全、科教更加进步、文化更加繁荣、社会更加和谐、人民生活更加殷实。这是我国实现现代化建设第三步战略目标必经的承上启下的发展阶段，也是完善社会主义市场经济体制和扩大对外开放的关键阶段。经过了这个阶段的建设，再继续奋斗几十年，到21世纪中叶基本实现现代化，把我国建成富强民主文明的社会主义国家。依据上述总体战略规划，大会提出了全面建设小康社会的具体目标，并围绕这个目标回答了关系党和国家长远发展的一系列重大理论和实践问题，对中国特色社会主义经济、政治、文化等各方面工作作出全面规划和部署。

党的十六大以后，正当全党全国人民深入学习贯彻"三个代表"重要思想和大会精神，意气风发地为实现全面建设小康社会的宏伟目标而努力工作的时候，一场突如其来的非典型性肺炎（简称"非典"）疫病灾害使党和国家遭受严重考验。面对考验，党中央、国务院果断决策，提出了"沉着应对、措施果断，依靠科学、有效防治，加强合作、完善机制"的"非典"防治工作总要求，始终把人民群众身体健康和生命安全放在第一位，坚持一手抓防治"非典"不放松，一手抓经济建设这个中心不动摇。在党中央、国务院的坚强领导下，到2003 年 6 月底，我国有效控制住了"非典"疫情。

从与"非典"疫情对抗的特殊战斗中，党和政府吸取了宝贵经验教训，开始进一步深入思考由这次疫情所进一步暴露的我国经济社会发展中存在的突出矛盾和问题。

2003 年 7 月 28 日，在全国防治"非典"工作会议上，胡锦涛强调，"发展绝不只是指经济增长，而是要坚持以经济建设为中心，在经济发展的基础上实现社会全面发展。我们要更好地坚持全面发展、协调发展、可持续发展的发展观，更加自觉地坚持推动社会主义物质文明、政治文明和精神文明协调发展，坚持在经济社会发展的基础上促进人的全面发展，坚持促进人与自然的和谐"①。

2003 年 8 月底 9 月初，在江西考察工作时，胡锦涛要求各级领导干部一定要"牢固树立协调发展、全面发展、可持续发展的科学发展观，积极探索符合实际的发展新路子"，要"把推进城市发展和推进农村发展结合起来，把发挥科学技术的作用和发挥人力资源的优势结合起来，把发展经济和保护资源环境结合起来，把对外开放和对内开放结合起来，努力走出一条生产发展、生活富裕、生态良好的文明发展道路"。2003 年 10 月，党的十六届三中全会第一次完整提出要"坚

---

① 中共中央文献研究室编：《十六大以来重要文献选编》（上），中央文献出版社2005 年版，第 396—397 页。

持以人为本，树立全面、协调、可持续的发展观"，并首次表述了"五个统筹"要求，即统筹城乡发展、统筹区域发展、统筹经济社会发展、统筹人与自然和谐发展、统筹国内发展和对外开放。

科学发展观总结了我国改革开放和社会主义现代化建设的成功经验，吸取了世界上其他国家在发展进程中的经验教训，概括了战胜"非典"疫情的深刻启示，揭示了我国经济社会发展的客观规律，反映了我们党对发展问题的新认识。

二、完善社会主义市场经济体制的部署和相关改革

根据党的十六大的部署，2003 年 10 月，党的十六届三中全会审议通过《中共中央关于完善社会主义市场经济体制若干问题的决定》。《决定》提出了完善社会主义市场经济体制的主要目标，并围绕总目标，就进一步巩固和发展公有制经济，鼓励、支持和引导非公有制经济发展；完善国有资产管理体制，深化国有企业改革；深化农村改革，完善农村经济体制；完善市场体系，规范市场秩序；继续改善宏观调控，加快转变政府职能；完善财税体制，深化金融改革；深化涉外经济体制改革，全面提高对外开放水平；推进就业和分配体制改革，完善社会保障体系；深化科技教育文化卫生体制改革，提高国家创新能力和国民整体素质；深化行政管理体制改革，完善经济法律制度；加强和改善党的领导等问题作出具体部署。

这次全会后，围绕贯彻落实科学发展观，我国经济体制改革不断深入，社会主义市场经济体制日趋完善。

为巩固和发展公有制经济，进一步发挥国有经济的主导作用，2003 年 3 月，国务院成立国有资产监督管理委员会，主要负责监管中央所属企业（不含金融类企业）的国有资产，确保国有资产保值增

值，指导推动国有企业改革，完善公司治理结构，调整国有经济布局等。其后，地方国有资产监管机构也相继建立。《企业国有资产监督管理暂行条例》《企业国有资产评估管理暂行办法》《企业国有产权转让管理暂行办法》《中华人民共和国企业国有资产法》等国有资产监管法律规章的建立和逐步完善，推动国有企业改革有法可依、不断深化。国有企业股份制改革进一步加快，一批具有国际竞争力的大公司大企业集团发展壮大。邮政、电力、电信、民航、铁路等行业改革取得积极进展，国有经济活力、控制力和影响力明显增强。

为了进一步推动非公有制经济健康有序发展，着力消除影响其发展的体制机制障碍，2005 年 2 月，国务院印发《关于鼓励支持和引导个体私营等非公有制经济发展的若干意见》，从放宽非公有制经济市场准入、加大对非公有制经济的财税金融支持、完善对非公有制经济的社会服务、维护非公有制企业和职工的合法权益、引导非公有制企业提高自身素质、改进政府对非公有制企业的监管、加强对发展非公有制经济的指导和政策协调 7 个方面提出了促进非公有制经济发展的 36 条具体政策措施。之后，有关部门又相继出台了多个配套文件，形成一整套鼓励非公有制经济发展的政策法规。到 2008 年，在规模以上工业中，国有及国有控股工业占全部规模以上工业总产值的比重下降至 28.3%，国有企业的数量虽然有所减少，但质量和实力提升；集体企业占 2.4%，非公有制企业比重上升到 65.6%。

进一步深化财政、金融体制改革。针对国有商业银行经营管理不善、金融风险加剧的状况，重点对中国工商银行、中国银行、中国建设银行和交通银行进行股份制改造并成功上市，促进国有商业银行资产质量和盈利能力明显提高，银行业发生了重大变化。为规范上市公司股权分置改革工作，保护投资者合法权益，促进资本市场改革开放和稳定发展，2005 年 8 月，有关部门相继发布《关于上市公司股权分置改革的指导意见》和《上市公司股权分置改革管理办法》，解决了上市公司股权分置这个长期困扰证券市场发展的制度性问题。利率市场化改革迈出实质性步伐，2005 年 7 月 21 日，我国对完善人民币汇率形成机制进行改革，人民币汇率不再盯住单一美元，而是实行以市场供求为基础、参考一篮子货币进行调节、有管理的浮动汇率制度，人民币汇率弹性明显增强。财税体制改革进一步深化，财政转移支付制度和公共财政制度逐步完善。启动和扩大增值税转型改革试点。2007 年 3 月，十届全国人大五次会议通过《中华人民共和国企业所得税法》，统一内外资企业所得税制度，为各类企业创造了更加公平竞争的法制环境。投资体制改革和价格改革也取得新进展。

市场体系建设进一步加强，生产要素市场化程度稳步提高。在推动资本市场改革发展方面，2004 年 1 月，国务院发布《关于推进资本市场改革开放和稳定发展的若干意见》，确定以扩大直接融资、完善现代市场体系、更大程度地发挥市场在资源配置中的基础性作用为目标，建设透明高效、结构合理、机制健全、功能完善、运行安全的资本市场。土地和矿产资源市场秩序、产品质量和食品药品安全等专项整治取得明显成效；保护知识产权力度进一步加大，严厉打击了制假售假、非法传销、商业欺诈、盗版侵权等违法犯罪活动。

在推进经济改革的同时，以疾病预防控制和农村为重点，全国公共卫生体系建设和相关改革力度进一步加大。"非典"疫情之后，我国进行了新中国成立以来规模最大的公共卫生体系建设，基本建成了覆盖城乡、功能比较完善的疾病预防控制体系和应急医疗救治体系。

在扩大对外开放方面，2005 年 10 月，党的十六届五中全会提出要"实施互利共赢的开放战略"，"不断提高对外开放水平，增强在扩大开放条件下促进发展的能力"。根据党中央、国务院的决策部署，我国认真履行加入世界贸易组织的各项承诺，同时进一步深化涉外经济体制改革，促进贸易投资便利化；放开外贸经营权，大幅度降低关税，取消进口配额、许可证等非关税措施，进出口商品结构逐步优化，利用外资质量进一步提高。实施"走出去"战略迈出坚实步伐，对外经济互利合作取得明显成效。

在不断深化经济体制改革、推进对外开放的同时，针对国民经济发展中出现的新情况新问题，党和政府及时采取措施，大力加强宏观调控，按照"果断有力、适时适度、区别对待、注重实效"的原则，综合运用经济、法律手段和必要的行政手段，严把土地、信贷两个闸门，着力解决影响经济平稳较快发展的突出问题。

文化体制改革是中国全面改革的重要组成部分，文化建设是中国特色社会主义事业总体布局的一项重要内容。根据党的十六大关于"抓紧制定文化体制改革的总体方案"的要求，2003 年初，中央宣传部会同文化部、国家广电总局、国家新闻出版总署等有关部门，在深入调查研究的基础上，拟定了《文化体制改革试点工作方案》，并确定北京、上海、重庆、浙江等 9 个省市为文化体制改革综合性试点地区。从 2004 年起，我国文化体制改革试点工作全面铺开。在总结文化体制改革试点经验的基础上，2005 年 12 月，中共中央、国务院发布《关于深化文化体制改革的若干意见》，对进一步推进文化体制改革的重大意义、指导思想、原则要求和目标任务作了全面阐述。2006 年 9 月，新中国第一个专门部署文化建设的五年发展规划——《国家"十一五"时期文化发展规划纲要》颁布实施。从 2006 年起，我国文化发展和文化体制改革走上了加速推进的新征程。

党的十六大以后，针对我国经济社会发展中存在的区域发展不协调不平衡问题，党中央以科学发展观为指导，在继续扎实推进西部大开发战略的同时，相继作出振兴东北地区等老工业基地、促进中部地区崛起战略，支持东部地区率先发展，在改革开放中先行先试，推动我国区域更加平衡协调发展。

统筹城乡经济社会发展，是党的十六大提出的一项重大战略任务。党的十六大以后，党中央在大力推进农业和农村经济结构战略性调整、千方百计增加农民收入的同时，根据统筹城乡发展的要求，明确把解决好"三农"（指农业、农村、农民）问题作为"全党工作的重中之重，放在更加突出的位置"①，采取一系列更直接更有力的政策措施，推动农业、农村改革发展走上快车道。2004 年 9 月，胡锦涛在党的十六届四中全会上第一次提出了"两个趋向"的重要论断，即"在工业化初始阶段，农业支持工业、为工业提供积累是带有普遍性的趋向；但在工业化达到相当程度以后，工业反哺农业、城市支持农村，实现工业与农业、城市与农村协调发展，也是带有普遍性的趋向"②。"两个趋向"的重要论断，从全局和战略高度提出了新阶段解决"三农"问题的指导思想，为我国在新形势下形成工业反哺农业、城市支持农村的机制确定了基调。2005 年 12 月 29 日，十届全国人大常委会第十九次会议决定废止《中华人民共和国农业税条例》。从此，中国农民告别了绵延 2600 多年的"皇粮国税"。

根据统筹城乡发展的方略和"两个趋向"重要论断，2005 年 10 月，党的十六届五中全会明确提出建设社会主义新农村的重大任务。同年 12 月，中共中央、国务院印发《关于推进社会主义新农村建设的若干意见》，就推进"十一五"时期社会主义新农村建设提出总体要求和一系列重大方针政策。从 2004 年到 2008 年，党中央、国务院连续印发 5 个关于"三农"问题的"一号文件"，统筹推进社会主义新农

---

① 中共中央文献研究室编：《十六大以来重要文献选编》（上），中央文献出版社 2005 年版，第 112 页。

② 中共中央文献研究室编：《十六大以来重要文献选编》（中），中央文献出版社 2006 年版，第 311 页。

村建设和城乡协调发展。

三、确立构建社会主义和谐社会的战略目标

实现社会和谐，建设美好社会，是人类孜孜以求的社会理想。党的十一届三中全会以后，我们党坚定不移实行改革开放，推动我国综合国力和人民生活水平实现伟大跨越，我国社会总体上是和谐的。但是，随着改革开放的不断深入，随着经济体制深刻变革，社会结构深刻变动，利益格局深刻调整，思想观念深刻变化，这种空前的社会变革，既给我国发展进步带来了巨大活力，也带来了这样那样的矛盾和问题，解决这些矛盾和问题，要求党和政府必须坚持以经济建设为中心，把构建社会主义和谐社会摆在更加突出的地位。

党的十六大在部署全面建设小康社会目标时，提出了"社会更加和谐"的要求。2004 年 9 月，党的十六届四中全会把"构建社会主义和谐社会的能力"列为党必须大力加强的 6 大执政能力之一，并初步阐述了构建社会主义和谐社会的主要内容，强调要把和谐社会建设摆在重要位置。2005 年 10 月，党的十六届五中全会通过的"十一五"规划建议，对和谐社会建设作出了相应的规划和安排。

为了进一步推动社会主义和谐社会建设，2006 年 10 月，党的十六届六中全会通过《关于构建社会主义和谐社会若干重大问题的决定》。《决定》把构建社会主义和谐社会提到确保党的事业兴旺发达和国家长治久安的战略高度来思考，放到中国特色社会主义事业总体布局中来谋划，作为全面建设小康社会的重大现实课题来部署，明确提出了构建社会主义和谐社会的指导思想、目标任务和工作原则。《决定》从 6 个方面对如何推进社会主义和谐社会建设作出安排：坚持协调发展，加强社会事业建设；加强制度建设，保障社会公平正义；建

设和谐文化，巩固社会和谐的思想道德基础；完善社会管理，保持社会安定有序；激发社会活力，增进社会团结和睦；加强党对构建社会主义和谐社会的领导。

构建社会主义和谐社会，是我们党从全面建设小康社会、开创中国特色社会主义事业新局面的全局出发提出的一项重大任务，反映了党对共产党执政规律、社会主义建设规律、人类社会发展规律认识的深化，使中国特色社会主义事业总体布局由经济建设、政治建设、文化建设"三位一体"发展为经济建设、政治建设、文化建设、社会建设"四位一体"，开辟了中国特色社会主义新境界。

四、高举伟大旗帜，应对危机考验，深化改革开放

2007 年 10 月 15 日至 21 日，党的十七大在北京举行。胡锦涛向大会作了题为《高举中国特色社会主义伟大旗帜，为夺取全面建设小康社会新胜利而奋斗》的报告。大会指出，改革开放以来我们取得一切成绩和进步的根本原因，归结起来就是：开辟了中国特色社会主义道路，形成了中国特色社会主义理论体系。大会对科学发展观的时代背景、科学内涵、精神实质等作了进一步的深刻阐述，对深入贯彻落实科学发展观提出了明确要求。大会基于国际国内形势新变化和新世纪新阶段我国发展呈现的一系列新的阶段性特征，顺应全国人民过上更美好生活的新期待，在党的十六大确立的目标的基础上，提出了实现全面建设小康社会奋斗目标的更高要求。从实现全面建设小康社会奋斗目标新要求出发，大会对进一步深化改革开放，推进我国经济、政治、文化、社会建设等重大问题作出全面部署。

党的十七大在改革发展关键阶段回答了举什么旗、走什么路、以什么样的精神状态、朝着什么样的发展目标继续前进等重大问题，为

深化改革开放、夺取全面建设小康社会新胜利提供了有力指导。

党的十七大以后，进入 2008 年，世界经济形势风云变幻，险象环生，由美国次贷危机引发的国际金融危机愈演愈烈，迅速从局部发展到全球，从发达国家传导到新兴市场国家和发展中国家，从金融领域扩散到实体经济领域，酿成了一场历史罕见、冲击力极强、波及范围很广的国际金融危机。面对百年不遇的国际金融危机，党中央总揽全局，运筹帷幄，采取一系列政策措施，经受住了金融危机考验。2008 年 11 月，党中央、国务院确定了扩大内需、促进经济增长的 10项措施。2009 年是新世纪以来我国经济社会发展最为困难的一年，党中央、国务院立足"保增长、扩内需、调结构"这一总体目标，继续坚持积极的财政政策和适度宽松的货币政策，同时又出台和实施了一系列新的重大举措，形成应对国际金融危机、促进经济平稳较快增长的"一揽子"计划。经过艰苦努力，到 2009 年底，我国应对国际金融危机冲击取得重大成果，在世界各国中率先实现经济回升向好。

在应对国际金融危机的同时，党和政府还克服和战胜了来自自然界及政治上的一系列困难挑战。2008 年 5 月 12 日，四川汶川发生特大地震，造成 6.9 万人遇难。地震发生后，在党中央、国务院、中央军委的领导下，我国迅速组织开展了历史上救援速度最快、动员范围最广、投入力量最大的抗震救灾活动。在夺取抗震救灾斗争重大胜利后，党和政府迅速制定灾区灾后恢复重建计划。到 2011 年 5 月，3年恢复重建工作取得决定性胜利，受灾地区的基础设施和群众的生产生活大大超过灾前水平，创造了灾后重建的人间奇迹。

应对国际金融危机、战胜特大自然灾害、有力维护社会稳定的过程，也是在危机中抓住机遇，进一步深化改革、扩大开放、加快发展的过程。党的十七大以后，党和政府毫不动摇坚持社会主义市场经济的改革方向，不断加快企业、财税、金融等重点领域和关键环节改革，从制度上更好地发挥市场在资源配置中的基础性作用，推动形成有利于科学发展的宏观调控体系；同时，始终坚持互利共赢的开放战略，更加积极地参与国际经济技术合作，不断提高开放型经济发展水平。

在加快国有大型企业改革方面，通过实行股份制、公司制改造和兼并重组，到 2011 年底，国资委监管的中央企业从 2007 年的 159 家减至 117 家。在大力支持公有制经济发展的同时，为了推动各种所有制经济平等竞争、共同发展，2010 年 5 月，国务院印发《关于鼓励和引导民间投资健康发展的若干意见》，明确民间资本可以进入能源、军工、电信、航空运输等传统垄断行业，非公有制经济发展的体制环境得到改善。在加快财税体制改革方面，自 2009 年 1 月 1 日起，在全国所有地区、所有行业推行由生产型增值税向消费型增值税转型的改革，以消除生产型增值税存在的重复征税因素，减轻纳税人负担。在金融体制改革方面，2009 年 1 月，中国农业银行股份有限公司成立，并于 2010 年 7 月成功上市。至此，我国大型商业银行股份制改革基本完成。在推进全方位综合配套改革试验方面，继上海浦东新区、天津滨海新区之后，2007 年 6 月到 2011 年底，国务院又确定了 9 个国家综合配套改革试验区。在农村改革方面，2008 年 10 月，党的十七届三中全会通过《中共中央关于推进农村改革发展若干重大问题的决定》，从加强农村制度建设、积极发展现代农业、加快发展农村公共事业等方面明确了推进农村改革发展的主要任务。

对外开放的广度和深度不断扩大。中国加入世界贸易组织后，全面加强同多边贸易规则的对接，对外开放政策的稳定性、透明度、可预见性显著提高，为多边贸易体制有效运转作出了重要贡献。在不断扩大对外开放的过程中，对外贸易、利用外资、对外投资等领域发展迅速。2002 年至 2011 年中国加入世界贸易组织的 10 年间，出口总值由 3256 亿美元增至 18983.8 亿美元，进口总值由 2952 亿美元增至 17434 亿美元，成为世界第二大贸易国和第一大出口国。

加快转变经济发展方式。党的十七大强调"实现未来经济发展目标，关键要在加快转变经济发展方式、完善社会主义市场经济体制方面取得重大进展"。根据党中央、国务院的决策部署，我国在积极应对国际金融危机冲击的同时，坚持在发展中促转变、在转变中谋发展，在加快推进经济发展方式转变上取得了重要进展。着力提高自主创新能力，建设创新型国家。2006 年 1 月，在全国科技大会上，胡锦涛宣布了中国到 2020 年建成创新型国家的目标。在创新战略推动下，载人航天工程、探月工程、超级计算机实现重大突破。建设生态文明，是关系人民福祉、关乎中华民族永续发展的根本大计。党的十七大首次将"建设生态文明"作为一项战略任务和全面建设小康社会的新要求明确下来。2008 年 9 月，胡锦涛强调，"我们必须走生产发展、生活富裕、生态良好的文明发展道路，全面推进社会主义经济建设、政治建设、文化建设、社会建设以及生态文明建设，努力加快实现以人为本、全面协调可持续的科学发展"。这些重要论述和要求，为中国特色社会主义事业"五位一体"总体布局的形成奠定了理论基础。

推动改革发展的过程中，党和政府对加快少数民族地区经济社会发展给予高度重视，作出一系列重大决策部署。2010 年 1 月，中共中央、国务院召开改革开放以来第五次西藏工作座谈会，深刻分析了西藏工作面临的形势和任务，明确了做好西藏工作的指导思想、主要任务、工作要求。为了进一步谋划和推动新疆工作，2010 年 5 月，中共中央、国务院召开新中国成立以来首次新疆工作座谈会，对推进新疆跨越式发展和长治久安作出部署，新疆经济社会发展掀开新一页。

党的十七大以后，社会主义民主法治建设和政治体制改革积极稳妥推进。2010 年 3 月，修改后的全国人大和地方各级人大选举法规定城乡按相同人口比例选举人大代表，更好地体现了人人平等、地区平等、民族平等原则。截至 2011 年 8 月底，以宪法为统帅，中国已制定现行有效法律 240 部、行政法规 706 部、地方性法规 8600 多部，涵盖社会关系各个方面的法律部门已经齐全，中国特色社会主义法律体系已经形成，这是我国社会主义民主法制建设史上的重要里程碑，各项基本政治制度进一步完善，司法体制改革深入推进，行政管理体制改革不断深化，服务型政府建设加快推进。

当今时代，文化越来越成为民族凝聚力和创造力的重要源泉，越来越成为综合国力竞争的重要因素。2009 年 7 月，我国发布第一部文化产业专项规划《文化产业振兴规划》，标志着文化产业上升为国家战略性产业。2011 年 10 月，党的十七届六中全会专题研究文化体制改革和文化发展问题，审议通过了《中共中央关于深化文化体制改革，推动社会主义文化大发展大繁荣若干重大问题的决定》，提出了到 2020 年我国文化改革发展奋斗目标，并围绕这个目标对深化文化体制改革、促进文化大发展大繁荣作出部署。

针对人民群众反映强烈的"看病难""看病贵"等医药卫生领域存在的突出问题，2009 年 3 月，中共中央、国务院印发《关于深化医药卫生体制改革的意见》，确定了深化医药卫生体制改革的总体目标。截至 2011 年 9 月底，新型农村合作医疗、城镇居民基本医疗保险、城镇职工基本医疗保险 3 项基本医疗保险制度覆盖了全国 95%以上的城乡居民，参保人数增加到 12.95 亿人。其中，新型农村合作医疗参保人数 8.32 亿人，城镇居民基本医疗保险参保人数 2.16 亿人，城镇职工基本医疗保险参保人数 2.47 亿人。

社会建设与人民幸福安康息息相关。在大力发展经济的同时，党中央坚持发展为了人民、发展依靠人民、发展成果由人民共享的理念，大力加强社会建设，切实保障和改善民生，在推进全国人民学有所教、劳有所得、病有所医、老有所养、住有所居方面取得新成效。

　　进入 21 世纪，我国国防和军队建设、对外战略和外交工作取得新进展，香港、澳门与祖国内地的联系更加密切，"一国两制"实践日益丰富；在坚决反对和遏制"台独"分裂势力的同时，台海局势和两岸关系出现积极变化。

五、以改革创新精神加强执政党的自身建设

　　执政能力建设是党执政后的一项根本建设。党的十六大把"加强党的执政能力建设，提高党的领导水平和执政水平"作为一项重大战略任务提出来。根据这一要求，2004 年 9 月，党的十六届四中全会审议通过《中共中央关于加强党的执政能力建设的决定》，明确了新形势下加强党的执政能力建设的指导思想、总体目标和主要任务，提出按照推动社会主义物质文明、政治文明、精神文明协调发展的要求，不断提高驾驭社会主义市场经济的能力、发展社会主义民主政治的能力、建设社会主义先进文化的能力、构建社会主义和谐社会的能力、应对国际局势和处理国际事务的能力。《决定》强调，无产阶级政党夺取政权不容易，执掌好政权尤其是长期执掌好政权更不容易，党的执政地位不是与生俱来的，也不是一劳永逸的；必须居安思危，增强忧患意识，深刻吸取世界上一些执政党兴衰成败的经验教训，更加自觉地加强执政能力建设，始终为人民执好政、掌好权。

　　保持马克思主义政党的先进性，是马克思主义建党理论中一个带根本性的重大课题。党的十六大正式作出"在全党开展以实践'三个代表'重要思想为主要内容的保持共产党员先进性教育活动"的决定。在两年试点基础上，2004 年 11 月，中共中央印发《关于在全党开展以实践"三个代表"重要思想为主要内容的保持共产党员先进性

教育活动的意见》。根据党中央的部署，先进性教育活动分 3 批进行，每批大约半年，分为学习动员、分析评议、整改提高 3 个阶段，涉及近 7000 万名党员，350 万余个基层党组织，到 2006 年 6 月基本结束。这次先进性教育活动，以学习实践"三个代表"重要思想为主线，全面落实科学发展观，坚持正面教育、自我教育为主，坚持理论联系实际，坚持教育活动与生产工作"两不误、两促进"，基本实现了提高党员素质、加强基层组织、服务人民群众、促进各项工作的目标，取得了显著的实践成果、制度成果、理论成果。

提高党的执政能力，保持共产党员先进性，归根结底必须大力加强党的自身建设。在推进党的执政能力建设和先进性建设的同时并围绕这条主线，党中央从强化理论武装、发展党内民主、改革组织人事制度、改进基层党组织建设、反腐倡廉等方面就加强党的自身建设提出和实施了一系列重要举措。在推进党风廉政建设和反腐败斗争方面，确立了"标本兼治、综合治理、惩防并举、注重预防"的反腐败战略方针，初步构筑了反腐倡廉法规制度体系的总体框架。2003 年底，中共中央颁布实施《中国共产党党内监督条例（试行）》和《中国共产党纪律处分条例》。党内监督条例规定了加强党内监督工作的 10 项制度；纪律处分条例及其配套规定，具体规定了党员违反廉洁自律规定行为、贪污贿赂行为、违反财经纪律行为等违反党纪行为及其量纪标准。2004 年 9 月，国务院颁布实施《中华人民共和国行政监察法实施条例》。12 月，中央纪委、中央组织部、监察部、国务院国资委联合发布《国有企业领导人员廉洁从业若干规定（试行）》，这是我国第一部专门针对国有企业领导人员的比较系统的廉洁从业的规定。2005 年 1 月，中共中央印发《建立健全教育、制度、监督并重的惩治和预防腐败体系实施纲要》，明确了惩治和预防腐败体系建设的指导思想、主要目标和工作原则。针对权钱交易案件中出现的新情况新问题，2007 年 5 月，中央纪委颁布《关于严格禁止利用职务上的便利谋取不正当利益的若干规定》，明确了对党员干部在经济和社会交往中可能出现以权谋私等 8 种行为的处理办法。加强和健全权力运行监督制约机制，推进权力运行程序化。2003 年 8 月，根据党的十六大关于"改革和完善党的纪律检查体制，建立和完善巡视制度"的决策，中央纪委、中央组织部正式组建了专门的巡视工作机构。从 2002 年 12 月到 2007 年 6 月，全国纪律检查机关共立案 677924 件，结案 679846 件，给予党纪处分 518484 人，查处了一批严重违纪违法大案要案。

　　为了全面推进执政党的自身建设，2009 年 9 月，党的十七届四中全会通过《关于加强和改进新形势下党的建设若干重大问题的决定》。《决定》强调，党的先进性和党的执政地位都不是一劳永逸、一成不变的，过去先进不等于现在先进，现在先进不等于永远先进；过去拥有不等于现在拥有，现在拥有不等于永远拥有。《决定》提出，加强和改进新形势下党的建设的总要求是："全面贯彻党的十七大关于党的建设总体部署，按照党章要求，着眼于继续解放思想、坚持改革开放、推动科学发展、促进社会和谐，着眼于提高党的执政能力、保持和发展党的先进性，着眼于增强全党为党和人民事业不懈奋斗的使命感和责任感，着眼于保持党同人民群众的血肉联系，突出重点，突破难点，全面推进思想建设、组织建设、作风建设、制度建设和反腐倡廉建设，提高党的建设科学化水平，进一步把党建设成为立党为公、执政为民，求真务实、改革创新，艰苦奋斗、清正廉洁，富有活力、团结和谐的马克思主义执政党，确保党始终是中国工人阶级的先锋队、同时是中国人民和中华民族的先锋队。"[1]

---

[1] 《中共中央关于加强和改进新形势下党的建设若干重大问题的决定》，《人民日报》2009 年 9 月 28 日。

《决定》第一次提出了"提高党的建设科学化水平"重大历史新课题。围绕党的建设总要求，着眼于提高党的建设科学化水平，《决定》就如何加强和改进新形势下党的建设，重点从建设马克思主义学习型政党、坚持和健全民主集中制、深化干部人事制度改革、做好抓基层打基础工作、弘扬党的优良作风、加快推进惩治和预防腐败体系建设等方面作出深入论述并提出具体要求。

按照党的十七大和十七届四中全会的部署，各级党组织坚持党要管党、从严治党，推动党的建设各项改革创新迈出重要步伐。

为了推进党风廉政建设和反腐败斗争，2008 年 5 月，中共中央印发《建立健全惩治和预防腐败体系 2008—2012 年工作规划》，进一步明确了 2008 年至 2012 年间惩治和预防腐败体系建设的指导思想、基本要求和工作目标，作出了教育、制度、监督、改革、纠风、惩处六项工作整体推进的工作部署并提出了相关措施。反腐倡廉制度建设不断加强。2010 年 1 月，中共中央印发《中国共产党党员领导干部廉洁从政若干准则》。3 月，中共中央办公厅印发《党政领导干部选拔任用工作责任追究办法（试行）》，中央组织部印发《党政领导干部选拔任用工作有关事项报告办法（试行）》《地方党委常委会向全委会报告干部选拔任用工作并接受民主评议办法（试行）》《市县党委书记履行干部选拔任用工作职责离任检查办法（试行）》等干部工作四项监督制度，共同构成了事前报告、事后评议、离任检查、违规失责追究，从源头上预防和治理用人腐败的干部选拔任用监督体系。5 月，中共中央办公厅、国务院办公厅印发《关于领导干部报告个人有关事项的规定》《关于对配偶子女均已移居国（境）外的国家工作人员加强管理的暂行规定》。10 月，中共中央办公厅、国务院办公厅印发《党政主要领导干部和国有企业领导人员经济责任审计规定》。11 月，中共中央、国务院印发新修订的《关于实行党风廉政建设责任制的规定》。经过多年不懈努力，我国内容科学、程序严密、配套完备、有效管用的反腐倡廉法规制度框架基本形成，反腐倡廉基本实现有法可依。

权力运行监督制约机制逐步健全。2009年7月，中共中央颁布《中国共产党巡视工作条例（试行）》，推动巡视工作经常化、制度化、规范化。从2007年11月至2010年底，中央巡视组共完成对30个省(区、市)、12家中央金融单位和13户国有重要骨干企业的巡视。

党中央关于加强和改进党的建设的一系列决策部署，推动党的建设新的伟大工程不断取得新进展，党作为中国特色社会主义事业领导核心的作用显著增强。

第十三讲

夺取新时代中国特色社会主义伟大胜利

党的十八大以来，中国特色社会主义进入新时代。以习近平同志为核心的党中央"坚持和加强党的全面领导，统筹推进'五位一体'总体布局、协调推进'四个全面'战略布局，坚持和完善中国特色社会主义制度、推进国家治理体系和治理能力现代化，坚持依规治党、形成比较完善的党内法规体系，战胜一系列重大风险挑战，实现第一个百年奋斗目标，明确实现第二个百年奋斗目标的战略安排，党和国家事业取得历史性成就、发生历史性变革，为实现中华民族伟大复兴提供了更为完善的制度保证、更为坚实的物质基础、更为主动的精神力量"①。在中国共产党的坚强领导下，中国人民谱写了新时代中国特色社会主义新的辉煌篇章。

---

① 习近平：《在庆祝中国共产党成立 100 周年大会上的讲话》，《求是》2021 年第 14 期。

一、提出"中国梦"，形成"四个全面"战略布局

党的十八大不仅确立了科学发展观的指导思想地位，就全面建成小康社会作出新的部署，还选举产生了新一届党中央领导集体。以党的十八大召开为标志，中国不但有了新的奋斗目标，还进入了一个新的发展阶段。

（一）召开党的十八大，部署全面建成小康社会

2012 年 11 月 8 日至 14 日，中国共产党第十八次全国代表大会在北京召开。大会批准了胡锦涛同志代表十七届中央委员会所作的《坚定不移沿着中国特色社会主义道路前进，为全面建成小康社会而奋斗》的报告，通过了《关于十七届中央委员会报告的决议》《关于〈中国共产党章程（修正案）〉的决议》和《关于中央纪律检查委员会工作报告的决议》。

大会主题是：高举中国特色社会主义伟大旗帜，以邓小平理论、"三个代表"重要思想、科学发展观为指导，解放思想，改革开放，凝聚力量，攻坚克难，坚定不移沿着中国特色社会主义道路前进，为全面建成小康社会而奋斗。[①]

大会分析了国际国内形势的发展变化，回顾总结了过去五年的工作和党的十六大以来的奋斗历程及取得的历史性成就，对新的时代条件下推进中国特色社会主义事业作出了全面部署，对全面提高党的建设科学化水平提出了明确要求。大会明确提出夺取中国特色社会主义新胜利必须坚持的八个基本要求，提出建设中国特色社会主义，总依据是社会主义初级阶段，总布局是"五位一体"，总任务是实现社会

---

① 《中国共产党第十八次全国代表大会文件汇编》，人民出版社 2012 年版，第 1 页。

主义现代化和中华民族伟大复兴，概括了中国特色社会主义道路、理论体系和制度的丰富内涵。

大会确定了全面建成小康社会和全面深化改革的目标，提出到2020年实现全面建成小康社会的宏伟目标，并从经济持续健康发展，人民民主不断扩大，文化软实力显著增强，人民生活水平全面提高，资源节约型、环境友好型社会建设取得重大进展等五个方面提出要求。报告还对全面深化改革作出部署，提出全面建成小康社会，必须以更大的政治勇气和智慧，不失时机深化重要领域改革，坚决破除一切妨碍科学发展的思想观念和体制机制弊端，构建系统完备、科学规范、运行有效的制度体系，使各方面制度更加成熟更加定型。

大会报告系统阐述了科学发展观的时代背景、历史地位、精神实质，明确指出科学发展观是党必须长期坚持的指导思想，要求全党必须更加自觉地把推动经济社会发展作为深入贯彻落实科学发展观的第一要义，必须更加自觉地把以人为本作为深入贯彻落实科学发展观的核心立场，必须更加自觉地把统筹兼顾作为深入贯彻落实科学发展观的根本方法。大会通过的党章修正案把科学发展观作为党的行动指南写入党章，成为全党要长期坚持的指导思想。

大会顺利实现中共中央领导集体的新老交替。经过认真酝酿，大会选举出由205名委员、171名候补委员组成的十八届中央委员会，选举出十八届中央纪律检查委员会委员130名。11月15日，党的十八届一中全会召开，全会选举习近平、李克强、张德江、俞正声、刘云山、王岐山、张高丽为中央政治局常委，选举习近平为中央委员会总书记；决定习近平为中央军事委员会主席，范长龙、许其亮为中央军事委员会副主席；批准王岐山任中央纪委书记。

党的十八大勾画了在新的历史条件下全面建成小康社会、加快推进社会主义现代化、夺取中国特色社会主义新胜利的宏伟蓝图，是中国共产党团结带领全国各族人民沿着中国特色社会主义道路继续前进、为全面建成小康社会而奋斗的政治宣言和行动纲领，为新一届中央领导集体的工作指明了方向。

（二）提出实现中华民族伟大复兴的"中国梦"

2012 年 11 月 29 日，习近平总书记在参观《复兴之路》展览时，第一次提出实现民族复兴中国梦的概念和命题。他明确指出："实现中华民族伟大复兴，就是中华民族近代以来最伟大的梦想。这个梦想，凝聚了几代中国人的夙愿，体现了中华民族和中国人民的整体利益，是每一个中华儿女的共同期盼。"[①]

2013 年 3 月 17 日，习近平总书记在十二届全国人民代表大会第一次会议上的讲话中，进一步阐明了中国梦的本质，强调实现全面建成小康社会、建成富强民主文明和谐的社会主义现代化国家的奋斗目标，实现中华民族伟大复兴的中国梦，就是要实现国家富强、民族振兴、人民幸福。

实现中国梦必须走中国道路。这就是中国特色社会主义道路。这条道路来之不易，它是在改革开放 30 多年的伟大实践中走出来的，是在中华人民共和国成立 60 多年的持续探索中走出来的，是在对近代以来 170 多年中华民族发展历程的深刻总结中走出来的，是在对中华民族 5000 多年悠久文明的传承中走出来的，具有深厚的历史渊源和广泛的现实基础。中华民族是具有非凡创造力的民族，我们创造了伟大的中华文明，我们也能够继续拓展和走好适合中国国情的发展道路。全国各族人民一定要增强对中国特色社会主义的道路自信、理论自信、制度自信，坚定不移沿着正确的中国道路奋勇前进。

---

① 《十八大以来重要文献选编》（上），中央文献出版社 2014 年版，第 84 页。

实现中国梦必须弘扬中国精神。这就是以爱国主义为核心的民族精神，以改革创新为核心的时代精神。这种精神是凝心聚力的兴国之魂、强国之魂。爱国主义始终是把中华民族坚强团结在一起的精神力量，改革创新始终是鞭策我们在改革开放中与时俱进的精神力量。全国各族人民一定要弘扬伟大的民族精神和时代精神，不断增强团结一心的精神纽带、自强不息的精神动力，永远朝气蓬勃迈向未来。

实现中国梦必须凝聚中国力量。这就是中国各族人民大团结的力量。中国梦是民族的梦，也是每个中国人的梦。只要我们紧密团结，万众一心，为实现共同梦想而奋斗，实现梦想的力量就无比强大，我们每个人为实现自己梦想的努力就拥有广阔的空间。生活在我们伟大祖国和伟大时代的中国人民，共同享有人生出彩的机会，共同享有梦想成真的机会，共同享有同祖国和时代一起成长与进步的机会。有梦想，有机会，有奋斗，一切美好的东西都能够创造出来。全国各族人民一定要牢记使命，心往一处想，劲往一处使，用 13 亿人的智慧和力量汇集起不可战胜的磅礴力量。①

中国梦归根到底是人民的梦，必须紧紧依靠人民来实现，必须不断为人民造福。中国梦生动形象表达了全体中国人民的共同理想追求，昭示着国家富强、民族振兴、人民幸福的美好前景，为坚持和发展中国特色社会主义注入新的内涵和时代精神，成为凝聚党心民心、激励中华儿女为实现中华民族伟大复兴而奋斗的强大精神力量。当然，伟大梦想是等不来、喊不来的，而是拼出来、干出来的。党的十八大以后，以习近平同志为核心的党中央，带领全党全国各族人民积极向着实现民族复兴的中国梦奋勇前行。

---

① 《十八大以来重要文献选编》（上），中央文献出版社 2014 年版，第 234—235 页。

（三）协调推进"四个全面"战略布局

党的十八大以来，以习近平同志为核心的党中央日益明晰地展示治国理政的大思路和新特点。2014 年 8 月，习近平总书记阐述了全面推进依法治国与全面建成小康社会和全面深化改革的关系，要求把握好这"三个全面"的逻辑联系。到 12 月，在江苏考察调研时，习近平总书记在"三个全面"后增加了一个"全面从严治党"，要求协调推进全面建成小康社会、全面深化改革、全面推进依法治国、全面从严治党，推动改革开放和社会主义现代化建设迈上新台阶。①2015 年 1 月 23 日，在十八届中央政治局第二十次集体学习时，习近平总书记指出"这'四个全面'是当前党和国家事业发展中必须解决好的主要矛盾"②。2015 年 2 月 2 日，在省部级主要领导干部学习贯彻十八届四中全会精神全面推进依法治国专题研讨班开班式上，习近平总书记又明确指出："党的十八大以来，党中央从坚持和发展中国特色社会主义全局出发，提出并形成了全面建成小康社会、全面深化改革、全面依法治国、全面从严治党的战略布局。"③ 从此，"四个全面"以战略布局的身份出现在全党全国人民面前。在这一布局中，全面建成小康社会是战略目标，其他三个全面是战略举措，每个"全面"相互之间具有紧密的内在逻辑，是一个整体战略部署的有序展开。

从实践上看，党的十八届三中、四中、五中、六中全会相继就全面深化改革、全面依法治国、全面建成小康社会、全面从严治党进行了专题研究，完成了"四个全面"战略布局顶层设计。2013 年 11 月，党的十八届三中全会通过《中共中央关于全面深化改革若干重大问

---

①　习近平：《论坚持全面深化改革》，中央文献出版社 2018 年版，第 147 页。

②　习近平：《论坚持全面深化改革》，中央文献出版社 2018 年版，第 148 页。

③　习近平：《论坚持全面深化改革》，中央文献出版社 2018 年版，第 148 页。

题的决定》，提出全面深化改革的总目标是完善和发展中国特色社会主义制度，推进国家治理体系和治理能力现代化；经济体制改革的核心问题是处理好政府和市场的关系，使市场在资源配置中起决定性作用和更好发挥政府作用。同年 12 月 30 日，中央全面深化改革领导小组成立，习近平任组长。就这次全会的历史地位，习近平总书记曾评价说："党的十八届三中全会也是划时代的，开启了全面深化改革、系统整体设计推进改革的新时代，开创了我国改革开放的新局面。"①

2014 年 10 月，党的十八届四中全会通过《中共中央关于全面推进依法治国若干重大问题的决定》，强调全面推进依法治国，总目标是建设中国特色社会主义法治体系，建设社会主义法治国家。这就是，在中国共产党领导下，坚持中国特色社会主义制度，贯彻中国特色社会主义法治理论，形成完备的法律规范体系、高效的法治实施体系、严密的法治监督体系、有力的法治保障体系，形成完善的党内法规体系，坚持依法治国、依法执政、依法行政共同推进，坚持法治国家、法治政府、法治社会一体建设，实现科学立法、严格执法、公正司法、全民守法，促进国家治理体系和治理能力现代化。

2015 年 10 月，党的十八届五中全会通过《中共中央关于制定国民经济和社会发展第十三个五年规划的建议》，对"十三五"时期完成全面建成小康社会作出部署，提出了坚持创新、协调、绿色、开放、共享的发展理念，强调新发展理念是关系我国发展全局的一场深刻变革。习近平总书记指出，这五大发展理念不是凭空得来的，是我们在深刻总结国内外发展经验教训的基础上形成的，也是在深刻分析国内外发展大势的基础上形成的，集中反映了我们党对经济社会发展规律认识的深化，也是针对我国发展中的突出矛盾和问题提出来

---

① 《习近平谈治国理政》第三卷，外文出版社 2020 年版，第 111 页。

的。这五大发展理念相互贯通、相互促进，是具有内在联系的集合体，要统一贯彻，不能顾此失彼，也不能相互替代。①

2016 年 10 月 24 日至 27 日，党的十八届六中全会在北京举行。全会明确了习近平总书记在党中央和全党的核心地位，审议通过了《关于新形势下党内政治生活的若干准则》和《中国共产党党内监督条例》这两个推进全面从严治党的重要党内法规，系统总结了党的十八大以来全面从严治党的理论和实践，就新形势下加强党的建设作出新的重大部署，充分体现了党中央坚定不移推进全面从严治党的坚强决心和历史担当。

"四个全面"战略布局是从我国发展现实需要中得出来的，从人民群众的热切期待中得出来的，是为推动解决我们面临的突出矛盾和问题提出来的，是中国共产党在新的时代条件下推进改革开放和社会主义现代化建设、坚持和发展中国特色社会主义的战略抉择。

二、决胜全面建成小康社会，党的指导思想实现与时俱进

2017 年 10 月 18 日至 24 日，党的十九大在北京举行。大会批准了习近平同志代表十八届中央委员会所作的《决胜全面建成小康社会　夺取新时代中国特色社会主义伟大胜利》的报告，批准了中央纪律检查委员会的工作报告，审议通过了《中国共产党章程（修正案）》，选举产生了新一届中央委员会和中央纪律检查委员会。

大会的主题是：不忘初心，牢记使命，高举中国特色社会主义伟大旗帜，决胜全面建成小康社会，夺取新时代中国特色社会主义伟大

---

① 《习近平谈治国理政》第二卷，外文出版社 2017 年版，第 197、200 页。

胜利，为实现中华民族伟大复兴的中国梦不懈奋斗。①

在回顾和总结过去工作基础上，大会作出中国特色社会主义进入新时代、社会主要矛盾发生转化等重大政治论断。党的十九大报告指出，经过长期努力，中国特色社会主义进入了新时代，这是我国发展新的历史方位。这个新时代的丰富内涵主要包括，它是承前启后、继往开来、在新的历史条件下继续夺取中国特色社会主义伟大胜利的时代，是决胜全面建成小康社会、进而全面建设社会主义现代化强国的时代，是全国各族人民团结奋斗、不断创造美好生活、逐步实现全体人民共同富裕的时代，是全体中华儿女勠力同心、奋力实现中华民族伟大复兴中国梦的时代，是我国日益走近世界舞台中央、不断为人类作出更大贡献的时代。中国特色社会主义进入新时代的重大意义在于，它意味着近代以来久经磨难的中华民族迎来了从站起来、富起来到强起来的伟大飞跃，迎来了实现中华民族伟大复兴的光明前景；意味着科学社会主义在 21 世纪的中国焕发出强大生机活力，在世界上高高举起了中国特色社会主义伟大旗帜；意味着中国特色社会主义道路、理论、制度、文化不断发展，拓展了发展中国家走向现代化的途径，给世界上那些既希望加快发展又希望保持自身独立性的国家和民族提供了全新选择，为解决人类问题贡献了中国智慧和中国方案。

大会报告指出，中国特色社会主义进入新时代，我国社会主要矛盾已经转化为人民日益增长的美好生活需要和不平衡不充分的发展之间的矛盾。我国社会主要矛盾的变化是关系全局的历史性变化，对党和国家工作提出了许多新要求。要在继续推动发展的基础上，着力解决好发展不平衡不充分问题，大力提升发展质量和效益，更好满足人

---

① 习近平：《决胜全面建成小康社会　夺取新时代中国特色社会主义伟大胜利——在中国共产党第十九次全国代表大会上的报告》，人民出版社 2017 年版，第 1 页。

民在经济、政治、文化、社会、生态等方面日益增长的需要，更好推动人的全面发展、社会全面进步。我国社会主要矛盾的变化，没有改变我们对我国社会主义所处历史阶段的判断，我国仍处于并将长期处于社会主义初级阶段的基本国情没有变，我国是世界最大发展中国家的国际地位没有变。我们要牢牢把握社会主义初级阶段这个基本国情，牢牢立足社会主义初级阶段这个最大实际，牢牢坚持党的基本路线这个党和国家的生命线、人民的幸福线。

新时代呼唤新思想。大会把习近平新时代中国特色社会主义思想确立为党的指导思想。党的十八大以来，以习近平同志为核心的党中央，坚持解放思想、实事求是、与时俱进、求真务实，坚持辩证唯物主义和历史唯物主义，紧密结合新的时代条件和实践要求，以全新的视野深化对共产党执政规律、社会主义建设规律、人类社会发展规律的认识，进行艰辛理论探索，取得重大理论创新成果，创立了习近平新时代中国特色社会主义思想。习近平新时代中国特色社会主义思想，是对马克思列宁主义、毛泽东思想、邓小平理论、"三个代表"重要思想、科学发展观的继承和发展，是马克思主义中国化最新成果，是党和人民实践经验和集体智慧的结晶，是中国特色社会主义理论体系的重要组成部分，是全党全国人民为实现中华民族伟大复兴而奋斗的行动指南，必须长期坚持并不断发展。习近平新时代中国特色社会主义思想，从理论和实践结合上系统回答了新时代坚持和发展什么样的中国特色社会主义、怎样坚持和发展中国特色社会主义这个重大时代课题，回答了新时代坚持和发展中国特色社会主义的总目标、总任务、总体布局、战略布局和发展方向、发展方式、发展动力、战略步骤、外部条件、政治保证等基本问题，并且根据新的实践对经济、政治、法治、科技、文化、教育、民生、民族、宗教、社会、生态文明、国家安全、国防和军队、"一国两制"和祖国统一、统一战线、外交、党的建设等各方面作出理论分析和政策指导。

党的十九大报告用"八个明确"概括了这一思想的核心内容，即明确坚持和发展中国特色社会主义，总任务是实现社会主义现代化和中华民族伟大复兴，在全面建成小康社会的基础上，分两步走在本世纪中叶建成富强民主文明和谐美丽的社会主义现代化强国；明确新时代我国社会主要矛盾是人民日益增长的美好生活需要和不平衡不充分的发展之间的矛盾，必须坚持以人民为中心的发展思想，不断促进人的全面发展、全体人民共同富裕；明确中国特色社会主义事业总体布局是"五位一体"、战略布局是"四个全面"，强调坚定道路自信、理论自信、制度自信、文化自信；明确全面深化改革总目标是完善和发展中国特色社会主义制度、推进国家治理体系和治理能力现代化；明确全面推进依法治国总目标是建设中国特色社会主义法治体系、建设社会主义法治国家；明确党在新时代的强军目标是建设一支听党指挥、能打胜仗、作风优良的人民军队，把人民军队建设成为世界一流军队；明确中国特色大国外交要推动构建新型国际关系，推动构建人类命运共同体；明确中国特色社会主义最本质的特征是中国共产党领导，中国特色社会主义制度的最大优势是中国共产党领导，党是最高政治领导力量，提出新时代党的建设总要求，突出政治建设在党的建设中的重要地位。

为贯彻落实习近平新时代中国特色社会主义思想，党的十九大报告提出新时代坚持和发展中国特色社会主义的基本方略，并概括为"十四个坚持"，即坚持党对一切工作的领导；坚持以人民为中心；坚持全面深化改革；坚持新发展理念；坚持人民当家作主；坚持全面依法治国；坚持社会主义核心价值体系；坚持在发展中保障和改善民生；坚持人与自然和谐共生；坚持总体国家安全观；坚持党对人民军队的绝对领导；坚持"一国两制"和推进祖国统一；坚持推动构建人类命运共同体；坚持全面从严治党。习近平新时代中国特色社会主义思想，是指导思想层面的表述，在行动纲领层面称之为中国特色社会主义基本方略。要全面贯彻党的基本理论、基本路线、基本方略，更好引领党和人民事业发展。

新时代有新要求新目标。大会就决胜全面建成小康社会，开启全面建设社会主义现代化国家新征程作出战略部署。到 2020 年，要按照全面建成小康社会各项要求，紧扣中国社会主要矛盾变化，突出抓重点、补短板、强弱项，特别是要坚决打好防范化解重大风险、精准脱贫、污染防治的攻坚战，使全面建成小康社会得到人民认可、经得起历史检验。习近平总书记指出：我们既要全面建成小康社会、实现第一个百年奋斗目标，又要乘势而上开启全面建设社会主义现代化国家新征程，向第二个百年奋斗目标进军。党的十九大报告综合分析国际国内形势和中国发展条件，对第二个百年奋斗目标进行了战略规划，将全面建设社会主义现代化国家的新征程分为两个阶段来安排。第一个阶段，从 2020 年到 2035 年，在全面建成小康社会的基础上，再奋斗 15 年，基本实现社会主义现代化。第二个阶段，从 2035 年到本世纪中叶，在基本实现现代化的基础上，再奋斗 15 年，把我国建成富强民主文明和谐美丽的社会主义现代化强国。显见，新时代中国特色社会主义发展的战略安排是从全面建成小康社会到基本实现现代化再到全面建成社会主义现代化强国。

为实现新的战略安排，大会对社会主义经济建设、政治建设、文化建设、社会建设、生态文明建设等方面作出重大部署。在经济建设上，要贯彻新发展理念，建设现代化经济体系，以供给侧结构性改革为主线，推动经济发展质量变革、效率变革、动力变革，不断增强我国经济创新力和竞争力。在政治建设上，要坚持党的领导、人民当家作主、依法治国有机统一，健全人民当家作主制度体系，发展社会主义民主政治，推进社会主义民主政治制度化、规范化、程序化。在文化建设上，要坚定文化自信，推动社会主义文化繁荣兴盛，牢牢掌握意识形态工作领导权，培育和践行社会主义核心价值观，加强思想道德建设，繁荣发展社会主义文艺，推动文化事业和文化产业发展。在社会建设上，要提高保障和改善民生水平，加强和创新社会治理，不断满足人民日益增长的美好生活需要，让改革发展成果更多更公平惠及全体人民。在生态文明建设上，要践行绿水青山就是金山银山的理念，加快生态文明体制改革，形成节约资源和保护环境的空间格局、产业结构、生产方式、生活方式，建设美丽中国。大会还就国防和军队建设、港澳台工作、外交工作、新时代推进党的建设新的伟大工程作出全面部署。

2017 年 10 月 25 日，党的十九届一中全会召开。全会选举习近平、李克强、栗战书、汪洋、王沪宁、赵乐际、韩正为中央政治局常委，习近平为中央委员会总书记。全会决定习近平为中央军事委员会主席，许其亮、张又侠为中央军事委员会副主席。全会批准赵乐际任中央纪委书记。一批经验丰富、德才兼备、奋发有为的同志进入中央领导机构，充分显示出党和国家事业蓬勃兴旺、充满活力。

党的十九大不仅在中国共产党的历史上，而且在中华人民共和国的发展史上，都具有重要的里程碑意义。这次大会在政治上、理论上、组织上、实践上取得的一系列重大成果，对党团结带领人民决胜全面建成小康社会、夺取新时代中国特色社会主义伟大胜利产生了重大而深远的影响。

（一）深化党和国家机构改革，总结改革开放经验

进入新时代，党和国家机构设置和职能配置面临新课题。面对新时代新任务提出的新要求，党和国家机构设置和职能配置同统筹推

进"五位一体"总体布局、协调推进"四个全面"战略布局的要求还不完全适应，同实现国家治理体系和治理能力现代化的要求还不完全适应。2013 年 11 月，党的十八届三中全会通过的《中共中央关于全面深化改革若干重大问题的决定》提出要统筹党政群机构改革，理顺部门职责关系。随着全面深化改革不断推进，深化机构改革被提上议事日程。2015 年，习近平总书记要求中央全面深化改革领导小组对深化机构改革进行调研。此后，他多次主持会议研究这一课题。2017 年 7 月，习近平总书记就深化机构改革作出批示，要求"坚持问题导向，把各地区各部门各方面对机构改革的意见摸清楚，把机构设置存在的问题弄清楚"。随后，中央改革办和中央编办组成 10 个调研组，分赴 31 个省区市、71 个中央和国家机关部门。短短一个月，当面听取了 139 位省部级主要负责同志的意见和建议。调查组还向 657 个市县的 1197 位党委和政府主要负责同志个人发放了问卷，收集了 31 个省份的深化地方机构改革调研报告。调研抓准了问题、凝聚了共识，表明了改革的必要性和紧迫性。

在这些准备的基础上，2018 年 2 月 26 日至 28 日召开的党的十九届三中全会审议通过《中共中央关于深化党和国家机构改革的决定》（以下简称《决定》）和《深化党和国家机构改革方案》（以下简称《方案》），同意把《方案》的部分内容按照法定程序提交十三届全国人大一次会议审议。这标志着改革开放以来力度最大的党和国家机构改革拉开帷幕。

此次改革的目标是构建系统完备、科学规范、运行高效的党和国家机构职能体系，形成总揽全局、协调各方的党的领导体系，职责明确、依法行政的政府治理体系，中国特色、世界一流的武装力量体系，联系广泛、服务群众的群团工作体系，推动人大、政府、政协、监察机关、审判机关、检察机关、人民团体、企事业单位、社会组织等在党的统一领导下协调行动、增强合力，全面提高国家治理能力和治理水平。这次改革遵循了坚持党的全面领导、坚持以人民为中心、坚持优化协同高效、坚持全面依法治国的四条原则。

为确保机构有序推进，党的十九届三中全会部署了党和国家机构改革的路线图和时间表：中央和国家机关机构改革在 2018 年底前落实到位；省级党政机构改革方案在 2018 年 9 月底前报党中央审批，在 2018 年底前机构调整基本到位；省以下党政机构改革，由省级党委统一领导，在 2018 年底前报党中央备案；所有地方机构改革任务在 2019 年 3 月底前基本完成。同时，中央成立了深化党和国家机构改革协调小组，负责指导协调督促中央一级新机构的组建工作、审批部门"三定"规定和省级机构改革方案、统筹协调和研究解决改革实施工作中的重大问题。

这次改革，涉及中央和国家机关部门、直属单位超过 80 个，调整幅度之大，触及利益之深，为数十年来之最。根据中央部署，改革从上到下有条不紊推进，在一年多时间内就完成了这次历史性变革。2019 年 7 月 5 日，中共中央召开深化党和国家机构改革总结会议。习近平总书记在会上指出，深化党和国家机构改革是对党和国家组织结构和管理体制的一次系统性、整体性重构。我们整体性推进中央和地方各级各类机构改革，重构性健全党的领导体系、政府治理体系、武装力量体系、群团工作体系，系统性增强党的领导力、政府执行力、武装力量战斗力、群团组织活力，适应新时代要求的党和国家机构职能体系主体框架初步建立，为完善和发展中国特色社会主义制度、推进国家治理体系和治理能力现代化提供了有力组织保障。[①] 当然完成组织架构重建、实现机构职能调整，只是解决了"面"上的问

①《习近平谈治国理政》第三卷，外文出版社 2020 年版，第 105 页。

题，真正要发生"化学反应"，还有大量工作要做。

在改革开放步入 40 周年之际，中共中央、国务院召开大会隆重庆祝。习近平总书记在 2018 年 12 月 18 日发表的重要讲话，着眼中华民族实现伟大复兴的历史大势，回顾改革开放 40 年的光辉历程，总结改革开放的伟大成就和宝贵经验，明确提出了把新时代改革开放继续推向前进的目标要求。党中央、国务院决定，授予 100 名同志改革先锋称号，颁授改革先锋奖章；为感谢国际社会对中国改革开放事业的支持和帮助，向 10 名国际友人颁授中国改革友谊奖章。习近平总书记在讲话中指出，40 年前我们党作出实行改革开放的历史性决策，是基于对党和国家前途命运的深刻把握，是基于对社会主义革命和建设实践的深刻总结，是基于对时代潮流的深刻洞察，是基于对人民群众期盼和需要的深刻体悟。40 年来，我们从实行家庭联产承包、乡镇企业异军突起、取消农业税牧业税和特产税到农村承包地"三权"分置、打赢脱贫攻坚战、实施乡村振兴战略，从兴办深圳等经济特区、沿海沿边沿江沿线和内陆中心城市对外开放到加入世界贸易组织、共建"一带一路"、设立自由贸易试验区、谋划中国特色自由贸易港、成功举办首届中国国际进口博览会，从"引进来"到"走出去"，从搞好国营大中小企业、发展个体私营经济到深化国资国企改革、发展混合所有制经济，从单一公有制到公有制为主体、多种所有制经济共同发展和坚持"两个毫不动摇"，从传统的计划经济体制到前无古人的社会主义市场经济体制再到使市场在资源配置中起决定性作用和更好发挥政府作用，从以经济体制改革为主到全面深化经济、政治、文化、社会、生态文明体制和党的建设制度改革，党和国家机构改革、行政管理体制改革、依法治国体制改革、司法体制改革、外事体制改革、社会治理体制改革、生态环境督察体制改革、国家安全体制改革、国防和军队改革、党的领导和党的建设制度改革、纪检监察制度改革等一系列重大改革扎实推进，各项便民、惠民、利民举措持续实施，使改革开放成为当代中国最显著的特征、最壮丽的气象。①

新时代继续把改革开放推向前进，要深刻认识已取得的伟大成就。这些成就主要包括：中国共产党带领人民始终坚持解放思想、实事求是、与时俱进、求真务实，坚持马克思主义指导地位不动摇，坚持科学社会主义基本原则不动摇；始终坚持以经济建设为中心，不断解放和发展社会生产力；始终坚持中国特色社会主义政治发展道路，不断深化政治体制改革；始终坚持发展社会主义先进文化，加强社会主义精神文明建设；始终坚持在发展中保障和改善民生；始终坚持保护环境和节约资源，坚持推进生态文明建设；始终坚持党对军队的绝对领导，不断推进国防和军队现代化；始终坚持推进祖国和平统一大业，实施"一国两制"基本方针；始终坚持独立自主的和平外交政策；始终坚持加强和改善党的领导。

继续把改革开放推向前进，应深刻把握弥足珍贵的经验启示。它们是：必须坚持党对一切工作的领导，不断加强和改善党的领导；必须坚持以人民为中心，不断实现人民对美好生活的向往；必须坚持马克思主义指导地位，不断推进实践基础上的理论创新；必须坚持走中国特色社会主义道路，不断坚持和发展中国特色社会主义；必须坚持完善和发展中国特色社会主义制度，不断发挥和增强我国制度优势；必须坚持以发展为第一要务，不断增强我国综合国力；必须坚持扩大开放，不断推动共建人类命运共同体；必须坚持全面从严治党，不断提高党的创造力、凝聚力、战斗力；必须坚持辩证唯物主义和历史唯物主义世界观和方法论，正确处理改革发展稳定关系。

40多年的伟大实践充分证明，改革开放是党和人民大踏步赶上

---

① 习近平：《论坚持全面深化改革》，中央文献出版社2018年版，第506—507页。

时代的重要法宝，是决定实现"两个一百年"奋斗目标、实现中华民族伟大复兴的关键一招。改革开放已走过千山万水，但仍需跋山涉水，中国绝不能有半点骄傲自满、固步自封，也绝不能有丝毫犹豫不决、徘徊彷徨，必须统揽伟大斗争、伟大工程、伟大事业、伟大梦想，勇立潮头、奋勇搏击，把改革开放进行到底。

（二）聚焦制度建设，推动国家治理体系和治理能力现代化

制度优势是一个国家的最大优势，制度竞争是国家间最根本的竞争。新中国成立 70 年来，中华民族之所以能迎来从站起来、富起来到强起来的伟大飞跃，最根本的是因为党领导人民建立和完善了中国特色社会主义制度。① 制度更加成熟更加定型是一个动态过程，对待中国特色社会主义制度，既要坚持更要完善。在此背景下，2019 年 10 月 28 日至 31 日，党的十九届四中全会在北京举行。会议审议通过了《中共中央关于坚持和完善中国特色社会主义制度、推进国家治理体系和治理能力现代化若干重大问题的决定》。这个决定是坚持和完善中国特色社会主义制度、推进国家治理体系和治理能力现代化的政治宣言和行动纲领。

全会认为，中国特色社会主义制度和国家治理体系是以马克思主义为指导、植根中国大地、具有深厚中华文化根基、深得人民拥护的制度和治理体系，是具有强大生命力和巨大优越性的制度和治理体系，是能够持续推动拥有 14 亿人口大国进步和发展、确保拥有 5000 多年文明史的中华民族实现"两个一百年"奋斗目标进而实现伟大复兴的制度和治理体系。中国国家制度和国家治理体系具有 13 个方面的显著优势，主要是：坚持党的集中统一领导，坚持党的科学理论，

---

① 《习近平谈治国理政》第三卷，外文出版社 2020 年版，第 119 页。

保持政治稳定，确保国家始终沿着社会主义方向前进；坚持人民当家作主，发展人民民主，密切联系群众，紧紧依靠人民推动国家发展；坚持全面依法治国，建设社会主义法治国家，切实保障社会公平正义和人民权利；坚持全国一盘棋，调动各方面积极性，集中力量办大事；坚持各民族一律平等，铸牢中华民族共同体意识，实现共同团结奋斗、共同繁荣发展；坚持公有制为主体、多种所有制经济共同发展和按劳分配为主体、多种分配方式并存，把社会主义制度和市场经济有机结合起来，不断解放和发展社会生产力；坚持共同的理想信念、价值理念、道德观念，弘扬中华优秀传统文化、革命文化、社会主义先进文化，促进全体人民在思想上精神上紧紧团结在一起；坚持以人民为中心的发展思想，不断保障和改善民生、增进人民福祉，走共同富裕道路；坚持改革创新、与时俱进，善于自我完善、自我发展，使社会始终充满生机活力；坚持德才兼备、选贤任能，聚天下英才而用之，培养造就更多更优秀人才；坚持党指挥枪，确保人民军队绝对忠诚于党和人民，有力保障国家主权、安全、发展利益；坚持"一国两制"，保持香港、澳门长期繁荣稳定，促进祖国和平统一；坚持独立自主和对外开放相统一，积极参与全球治理，为构建人类命运共同体不断作出贡献。这些显著优势是坚定中国特色社会主义道路自信、理论自信、制度自信、文化自信的基本依据。

全会通过的《决定》不仅明确坚持和完善中国特色社会主义制度、推进国家治理体系和治理能力现代化的指导思想、重大意义，还提出了总体目标，到中国共产党成立 100 年时，在各方面制度更加成熟更加定型上取得明显成效；到 2035 年，各方面制度更加完善，基本实现国家治理体系和治理能力现代化；到新中国成立 100 年时，全面实现国家治理体系和治理能力现代化，使中国特色社会主义制度更加巩固、优越性充分展现。

全会通过的《决定》聚焦坚持和完善支撑中国特色社会主义的根本制度、基本制度、重要制度，安排了 13 个部分，明确了各项制度必须坚持和巩固的根本点、完善和发展的方向。全会明确并决定坚持和完善这个制度体系的内容是：党的领导制度体系，提高党科学执政、民主执政、依法执政水平；人民当家作主制度体系，发展社会主义民主政治；中国特色社会主义法治体系，提高党依法治国、依法执政能力；中国特色社会主义行政体制，构建职责明确、依法行政的政府治理体系；社会主义基本经济制度，推动经济高质量发展；繁荣发展社会主义先进文化的制度，巩固全体人民团结奋斗的共同思想基础；统筹城乡的民生保障制度，满足人民日益增长的美好生活需要；共建共治共享的社会治理制度，保持社会稳定、维护国家安全；生态文明制度体系，促进人与自然和谐共生；党对人民军队的绝对领导制度，确保人民军队忠实履行新时代使命任务；"一国两制"制度体系，推进祖国和平统一；独立自主的和平外交政策，推动构建人类命运共同体；党和国家监督体系，强化对权力运行的制约和监督。其中，党的领导制度是国家的根本领导制度，统领和贯穿其他各个方面制度。

用一次中央全会专门研究国家制度和国家治理问题并作出决定，这在中国共产党的历史上还是第一次，在新中国历史上也是第一次。这次全会是一次具有开创性、里程碑意义的重要会议。

（三）统筹新冠肺炎疫情防控和经济社会发展

2020 年年初暴发的新冠肺炎疫情，是百年来全球发生的最严重的传染病大流行，是新中国成立以来我国遭遇的传播速度最快、感染范围最广、防控难度最大的重大突发公共卫生事件。

面对突如其来的严重疫情，中国共产党坚持人民至上、生命至上，以坚定果敢的勇气和坚忍不拔的决心，同时间赛跑、与病魔较量，迅速打响疫情防控的人民战争、总体战、阻击战，用1个多月的时间初步遏制疫情蔓延势头，用2个月左右的时间将本土每日新增病例控制在个位数以内，用3个月左右的时间取得武汉保卫战、湖北保卫战的决定性成果，进而又接连打了几场局部地区聚集性疫情歼灭战，夺取了全国抗疫斗争重大战略成果。在此基础上，统筹推进疫情防控和经济社会发展工作，抓紧恢复生产生活秩序，取得显著成效。

抗击疫情，坚强领导是关键。中共中央统揽全局、果断决策，以非常之举应对非常之事。坚持把人民生命安全和身体健康放在第一位，第一时间实施集中统一领导，中央政治局常委会、中央政治局召开21次会议研究决策，领导组织党政军民学、东西南北中大会战，提出坚定信心、同舟共济、科学防治、精准施策的总要求，明确坚决遏制疫情蔓延势头、坚决打赢疫情防控阻击战的总目标，周密部署武汉保卫战、湖北保卫战，因时因势制定重大战略策略。我们成立中央应对疫情工作领导小组，派出中央指导组，建立国务院联防联控机制。在党中央的坚强领导下，全国迅速形成统一指挥、全面部署、立体防控的战略布局，有效遏制了疫情大面积蔓延，有力改变了病毒传播的危险进程，最大限度保护了人民生命安全和身体健康。其间，中国人民风雨同舟、众志成城，构筑起疫情防控的坚固防线。中国举全国之力实施规模空前的生命大救援，用10多天时间先后建成火神山医院和雷神山医院、大规模改建16座方舱医院、迅速开辟600多个集中隔离点，19个省区市对口帮扶除武汉以外的16个市州，最优秀的人员、最急需的资源、最先进的设备千里驰援，在最短时间内实现了医疗资源和物资供应从紧缺向动态平衡的跨越式提升。各行各业扛起责任，国有企业、公立医院勇挑重担，460多万个基层党组织冲锋陷阵，400多万名社区工作者在全国65万个城乡社区日夜值守，各类民营企业、民办医院、慈善机构、养老院、福利院等积极出力，广大党员、干部带头拼搏，人民解放军指战员、武警部队官兵、公安民警奋勇当先，广大科研人员奋力攻关，数百万快递员冒疫奔忙，180万名环卫工人起早贪黑，新闻工作者深入一线，千千万万志愿者和普通人默默奉献。武汉人民、湖北人民识大体、顾大局，不畏艰险、顽强不屈，自觉服从疫情防控大局需要，主动投身疫情防控斗争，为阻断疫情蔓延、为全国抗疫争取了战略主动，作出了巨大牺牲和重大贡献。尤其是全国数百万名医务人员奋战在抗疫一线，54万名湖北省和武汉市医务人员同病毒短兵相接，率先打响了疫情防控遭遇战。346支国家医疗队、4万多名医务人员毅然奔赴前线，很多人在万家团圆的除夕之夜踏上征程。

在抗击疫情的艰难时刻，中共中央准确把握疫情形势变化，立足全局、着眼大局，及时作出统筹疫情防控和经济社会发展的重大决策，坚持依法防控、科学防控，推动落实分区分级精准复工复产，最大限度保障人民生产生活。加大宏观政策应对力度，扎实做好"六稳"工作，全面落实"六保"任务，制定一系列纾困惠企政策，出台多项强化就业优先、促进投资消费、稳定外贸外资、稳定产业链供应链等的措施，促进新业态发展，推动交通运输、餐饮商超、文化旅游等各行各业有序恢复，实施支持湖北发展一揽子政策，分批分次复学复课。以更大的决心、更强的力度推进脱贫攻坚，支持扶贫产业恢复生产，优先支持贫困劳动力务工就业，防止因疫致贫或返贫。中国成为疫情发生以来第一个恢复增长的主要经济体，在疫情防控和经济恢复上都走在世界前列。

同时，中国同世界各国携手合作、共克时艰，为全球抗疫贡献了中国智慧和中国力量。中国本着公开、透明、负责任的态度，积极履行国际义务，第一时间向世界卫生组织、有关国家和地区组织主动通报疫情信息，第一时间发布新冠病毒基因序列等信息，第一时间公布诊疗方案和防控方案，同许多国家、国际和地区组织开展疫情防控交流活动 70 多次，开设疫情防控网上知识中心并向所有国家开放，毫无保留同各方分享防控和救治经验。中国在自身疫情防控面临巨大压力的情况下，尽己所能为国际社会提供援助，宣布向世界卫生组织提供两批共 5000 万美元现汇援助，向 32 个国家派出 34 支医疗专家组，向 150 个国家和 4 个国际组织提供 283 批抗疫援助，向 200 多个国家和地区提供和出口防疫物资。从 3 月 15 日至 9 月 6 日，我国总计出口口罩 1515 亿只、防护服 14 亿件、护目镜 2.3 亿个、呼吸机 20.9 万台、检测试剂盒 4.7 亿人份、红外测温仪 8014 万件，有力支持了全球疫情防控。中国以实际行动帮助挽救了全球成千上万人的生命，以实际行动彰显了中国推动构建人类命运共同体的真诚愿望。

在这场同严重疫情的殊死较量中，中国人民和中华民族以敢于斗争、敢于胜利的大无畏气概，铸就了生命至上、举国同心、舍生忘死、尊重科学、命运与共的伟大抗疫精神。伟大抗疫精神，同中华民族长期形成的特质禀赋和文化基因一脉相承，是爱国主义、集体主义、社会主义精神的传承和发展，是中国精神的生动诠释，丰富了民族精神和时代精神的内涵。应该在全社会大力弘扬伟大抗疫精神，使之转化为全面建设社会主义现代化国家、实现中华民族伟大复兴的强大力量。① 这次新冠肺炎疫情也暴露了国家治理体系还存在短板，必须构建起更加强大的公共卫生体系②、进一步开展爱国卫生运动，保持经济社会健康协调发展。

在抗击疫情取得重大成果之际，2020 年 10 月 26 日至 29 日，党

---

① 习近平：《在全国抗击新冠肺炎疫情表彰大会上的讲话》，《人民日报》2020 年 9 月 9 日。

② 习近平：《构建起强大的公共卫生体系　为维护人民健康提供有力保障》，《求是》2020 年第 18 期。

的十九届五中全会在北京举行。全会听取和讨论了习近平受中央政治局委托作的工作报告，审议通过了《中共中央关于制定国民经济和社会发展第十四个五年规划和二〇三五年远景目标的建议》。习近平总书记就《建议（讨论稿）》向全会作了说明。全会一致认为，面对错综复杂的国际形势、艰巨繁重的国内改革发展稳定任务特别是新冠肺炎疫情严重冲击，以习近平同志为核心的党中央不忘初心、牢记使命，团结带领全党全国各族人民砥砺前行、开拓创新，奋发有为推进党和国家各项事业，战胜各种风险挑战，中国特色社会主义的航船继续乘风破浪、坚毅前行。实践再次证明，有习近平同志作为党中央的核心、全党的核心领航掌舵，有全党全国各族人民团结一心、顽强奋斗，我们就一定能够战胜前进道路上出现的各种艰难险阻，一定能够在新时代把中国特色社会主义更加有力地推向前进。

全会提出了到 2035 年基本实现社会主义现代化的远景目标，这就是：我国经济实力、科技实力、综合国力将大幅跃升，经济总量和城乡居民人均收入将再迈上新的大台阶，关键核心技术实现重大突破，进入创新型国家前列；基本实现新型工业化、信息化、城镇化、农业现代化，建成现代化经济体系；基本实现国家治理体系和治理能力现代化，人民平等参与、平等发展权利得到充分保障，基本建成法治国家、法治政府、法治社会；建成文化强国、教育强国、人才强国、体育强国、健康中国，国民素质和社会文明程度达到新高度，国家文化软实力显著增强；广泛形成绿色生产生活方式，碳排放达峰后稳中有降，生态环境根本好转，美丽中国建设目标基本实现；形成对外开放新格局，参与国际经济合作和竞争新优势明显增强；人均国内生产总值达到中等发达国家水平，中等收入群体显著扩大，基本公共服务实现均等化，城乡区域发展差距和居民生活水平差距显著缩小；平安中国建设达到更高水平，基本实现国防和军队现代化；人民生活更加美好，人的全面发展、全体人民共同富裕取得更为明显的实质性进展。

全会提出了"十四五"时期经济社会发展指导思想、必须遵循的原则以及经济社会发展主要目标。全会明确坚持创新在我国现代化建设全局中的核心地位，把科技自立自强作为国家发展的战略支撑，面向世界科技前沿、面向经济主战场、面向国家重大需求、面向人民生命健康，深入实施科教兴国战略、人才强国战略、创新驱动发展战略，完善国家创新体系，加快建设科技强国。要强化国家战略科技力量，提升企业技术创新能力，激发人才创新活力，完善科技创新体制机制。这是党和国家第一次把创新提到这么高的地位，说明了执政党的高度清醒和自觉。

党的十九届五中全会的召开尤其是远景目标的制定，为中国经济发展进一步明确了路线图和时间表，为全面建设社会主义现代化国家提供了有力支撑。

三、党和国家事业取得历史性成就、发生历史性变革

在党的十八大以来这段极不平凡的岁月中，中国共产党坚持以习近平新时代中国特色社会主义思想为指导，解决了许多长期想解决而没有解决的难题，办成了许多过去想办而没有办成的大事，实现全面建成小康社会的第一个百年奋斗目标，推动党和国家事业取得历史性成就、发生历史性变革。

（一）经济社会发展取得重大成就

一是发展理念、发展方式发生深刻变革，经济建设取得重大成就。面对世界经济形势低迷和国内经济"三期叠加"等不利条件和复

杂形势，中共中央果断作出经济发展进入新常态的重要论断，坚决落实创新、协调、绿色、开放、共享的新发展理念，加快完善使市场在资源配置中起决定性作用、更好发挥政府作用的体制机制，还坚定不移推进供给侧结构性改革，坚定不移推进"三去一降一补"，并在党的十九大上提出建设现代化经济体系推动经济高质量发展，从而推动发展的质量和效益不断提升。在习近平新时代中国特色社会主义经济思想指引下，党和国家致力于"三新一高"，即立足新发展阶段、贯彻新发展理念、构建新发展格局，推动经济社会高质量发展，取得明显成效。这些成就具体表现在：2013 年至 2019 年经济保持中高速增长，在世界主要国家中名列前茅，国内生产总值从 54 万亿元增长到 99.1 万亿元，稳居世界第二，多年对世界经济增长贡献率超过 30%。2020 年虽受新冠肺炎疫情影响，但实现 2.3% 的增长实属不易，国内生产总值突破 100 万亿元。供给侧结构性改革深入推进，经济结构不断优化，数字经济等新兴产业蓬勃发展，高铁、公路、桥梁、港口、机场等基础设施建设快速推进。农业现代化稳步推进，粮食生产能力超过 1.2 万亿斤。城镇化率超过 60%。区域发展协调性增强，"一带一路"建设、京津冀协同发展、长江经济带发展成效显著。创新驱动发展战略大力实施，创新型国家建设成果丰硕，天宫、蛟龙、天眼、悟空、墨子、大飞机等重大科技成果相继问世。开放型经济新体制逐步健全，对外贸易、对外投资、外汇储备稳居世界前列。

二是全面依法治国发生深刻变革，民主法治建设迈出重大步伐。针对我国法制建设相对滞后，有法不依、执法不严、违法不究、司法不公等问题严重影响社会公平正义与和谐稳定的状况，党中央成立中央全面依法治国领导小组（后改为中央全面依法治国委员会），统筹协调全面依法治国工作，全面推进司法体制改革，果断解决重大刑事冤假错案，中国特色社会主义法治体系日益完善，全社会法治观念明显增强。法治建设的一个重大成就是形成了习近平法治思想。同时，积极发展社会主义民主政治，党的领导、人民当家作主、依法治国有机统一的制度建设全面加强，党的领导体制机制不断完善，社会主义民主不断发展，党内民主更加广泛，社会主义协商民主全面展开，爱国统一战线巩固发展，民族宗教工作创新推进。国家监察体制改革取得实效，行政体制改革、司法体制改革、权力运行制约和监督体系建设有效实施。浙江"最多跑一次"等举措让人们见证了改革实效。

三是意识形态工作发生深刻变革，思想文化建设取得重大进展。意识形态工作是一项极端重要的工作。以习近平同志为核心的党中央，多次召开思想宣传领域工作会议，强调牢牢坚持马克思主义在意识形态领域指导地位的根本制度，不断建立健全意识形态工作责任制，加强舆论宣传阵地管理，加强网络舆论监管，对错误思想敢于亮剑、敢于斗争，坚决遏制各种错误思想炒作和蔓延，极大加强了党对意识形态工作的领导，大大扭转了意识形态领域一度出现的被动局面。同时，思想文化建设方面，中国特色社会主义和中国梦深入人心，社会主义核心价值观和中华优秀传统文化广泛弘扬，群众性精神文明创建活动扎实开展。公共文化服务水平不断提高，文艺创作持续繁荣，文化事业和文化产业蓬勃发展，互联网建设管理运用不断完善，全民健身和竞技体育全面发展。主旋律更加响亮，正能量更加强劲，文化自信得到彰显，国家文化软实力和中华文化影响力大幅提升，全党全社会思想上的团结统一更加巩固。

四是社会治理体系更加完善，人民生活水平不断提高。坚持以人民为中心的发展思想，推出一大批惠民举措，人民的幸福感、获得感、安全感显著增强。在2021年7月1日举行的庆祝中国共产党成立100周年大会上，习近平总书记郑重宣布"在中华大地上全面建成了小康社会，历史性地解决了绝对贫困问题"①，这是一个历史性成就，足以彪炳史册。教育事业全面发展，中西部和农村教育明显加强。就业状况持续改善，城镇新增就业年均 1300 万人以上。城乡居民收入增速超过经济增速，中等收入群体持续扩大。覆盖城乡居民的社会保障体系基本建立，人民健康和医疗卫生水平大幅提高，保障性住房建设稳步推进。社会治理体系更加完善，社会大局保持稳定。国家安全全面加强，中国成为世界上最具安全感的国家之一。

五是生态文明建设发生深刻变革、建设成效十分显著。针对导致发展不可持续和人民群众反映强烈的生态环境恶化问题，党中央把生态文明建设纳入中国特色社会主义总体布局，倡导"绿水青山就是金山银山"的理念，强调"要像保护眼睛一样保护生态环境"，全面加强生态文明制度建设，实行最严格的生态环境保护制度，从快从严推动环保督查，全党全国贯彻绿色发展理念的自觉性和主动性显著增强，忽视生态环境保护的状况明显改变。生态文明制度体系加快形成，主体功能区制度逐步健全，国家公园体制、河长制湖长制积极推进。全面节约资源有效推进，能源资源消耗强度大幅下降。重大生态保护和修复工程进展顺利，森林覆盖率持续提高。生态环境治理明显加强，环境状况得到改善。引导应对气候变化国际合作，成为全球生态文明建设的重要参与者、贡献者、引领者。在习近平生态文明思想指导下，美丽中国肯定能如期建成。

之所以经济社会发展取得巨大成就，和党的十八大以后推动全面深化改革有关。面对改革进入攻坚期和深水区，针对各方面体制机制存在的突出矛盾和问题，党中央成立中央全面深化改革领导小组（后改为中央全面深化改革委员会），统筹协调全面深化改革工作。

① 习近平：《在庆祝中国共产党成立 100 周年大会上的讲话》，《求是》2021 年第 14 期。

在 2020 年 12 月 30 日举行的十九届中央深化改革委员会第十七次会议上，习近平总书记对过去七年多的改革进行了总结，指出，"党的十八届三中全会以来，党中央以前所未有的决心和力度冲破思想观念的束缚，突破利益固化的藩篱，坚决破除各方面体制机制弊端，积极应对外部环境变化带来的风险挑战，开启了气势如虹、波澜壮阔的改革进程。党的十八届三中全会确定的目标任务全面推进，各领域基础性制度框架基本确立，许多领域实现历史性变革、系统性重塑、整体性重构，为推动形成系统完备、科学规范、运行有效的制度体系，使各方面制度更加成熟更加定型奠定了坚实基础，全面深化改革取得历史性伟大成就"。经过在制度建设上持续发力，中国特色社会主义制度更加完善，国家治理体系和治理能力现代化水平明显提高，全社会发展活力和创新活力明显增强。

（二）中国特色大国外交发生深刻变革，全方位外交布局深入展开

在习近平外交思想指引下，党中央强调党管外交原则，对外交总体布局作出战略谋划，坚持统筹国内国际两个大局，全面推进中国特色大国外交，形成全方位、多层次、立体化的外交布局，为我国发展尽力营造良好外部条件。

党的十八大以来，中国共产党不仅提出构建人类命运共同体、坚持正确义利观、阐明全球治理观等新的理念，还先后实施共建"一带一路"倡议，发起创办亚洲基础设施投资银行，设立丝路基金，举办"一带一路"国际合作高峰论坛、亚太经合组织领导人非正式会议、二十国集团领导人杭州峰会、金砖国家领导人厦门会晤、亚信峰会、国际进口博览会等，积极承担国际责任，促进全球治理体系变革，在对外工作上取得一系列新突破。新冠肺炎疫情暴发后，创新方式积极

开展外交活动。

同时，积极开展钓鱼岛维权斗争，划设东海防空识别区并实施常态化管控，强化对南海重点岛礁和海域管控，抓住时机推进海南岛礁扩建工程建设，取得了经略海洋、维护海权的历史性突破，在南海问题上取得了战略主动。

（三）国防和军队现代化发生深刻变革，强军兴军开创新局面

在习近平强军思想指导下，党中央着眼于实现中国梦强军梦，制定新形势下军事战略方针，明确建设世界一流军队目标，全力推进国防和军队现代化。

坚持政治建军，2013 年在古田召开全军政治工作会议，推动恢复和发扬我党我军光荣传统和优良作风，坚定不移开展党风廉政建设和反腐败斗争，人民军队政治生态得到有效治理。坚持改革强军，在强军目标指引下，全面深化国防和军队改革，构建起军委管总、战区主战、军种主建新格局，人民军队组织架构和力量体系实现革命性重塑，国防和军队改革取得历史性突破。坚持科技强军、人才强军、依法治军、从严治军，推进治军方式根本性转变。坚持战斗力这个唯一的根本的标准，加强练兵备战。坚持总体国家安全观，统筹发展和安全两件大事，组建中央国家安全委员会，全面加强国家安全工作，突出抓好维护政治安全。

几年来，我国军方有效遂行海上维权、反恐维稳、抢险救灾、国际维和、亚丁湾护航、人道主义救援等重大任务，武器装备加快发展，军事斗争准备取得重大进展。人民军队在中国特色强军之路上迈出坚定步伐。

（四）全面准确贯彻"一国两制"方针，港澳台工作取得新进展

党中央坚持"和平统一、一国两制"方针，牢牢掌握宪法和基本法赋予的中央对香港、澳门全面管治权。近年来，不断深化内地和港澳地区交流合作，将港澳发展纳入国家整体规划，大力建设粤港澳大湾区，港珠澳大桥建成通车。2020 年制定实施《中华人民共和国香港特别行政区维护国家安全法》。2021 年 3 月 11 日，第十三届全国人民代表大会第四次会议通过《全国人民代表大会关于完善香港特别行政区选举制度的决定》。这些重大举措对于确保爱国爱港者治港，维护国家主权、安全、发展利益，保持香港长期繁荣稳定，具有重要意义。

坚持一个中国原则和"九二共识"，推动两岸关系和平发展，加强两岸经济文化交流合作，实现两岸领导人历史性会晤。2019 年 1 月 2 日，中共中央隆重纪念《告台湾同胞书》发表 40 周年，习近平总书记发表的重要讲话，郑重宣示了新时代坚持"一国两制"和推进祖国和平统一的五项重大主张：携手推动民族复兴，实现和平统一目标；探索"两制"台湾方案，丰富和平统一实践；坚持一个中国原则，维护和平统一前景；深化两岸融合发展，夯实和平统一基础；实现同胞心灵契合，增进和平统一认同。习近平总书记郑重倡议，在坚持"九二共识"、反对"台独"的共同政治基础上，两岸各政党、各界别推举代表性人士，就两岸关系和民族未来开展广泛深入的民主协商，就推动两岸关系和平发展达成制度性安排。五项重大主张系统阐释了实现国家统一的目标内涵、基本方针、路径模式，指明了今后一个时期对台工作的基本思路、重点任务和前进方向，既有原则的坚定性又有极强的针对性和极大的包容性。讲话宣示了坚决反对"台独"分裂、

外来干涉的严正立场，重申中国政府、中国人民维护国家主权和领土完整的坚定决心和强大能力。他强调："统一是历史大势，是正道。'台独'是历史逆流，是绝路。""我们愿意为和平统一创造广阔空间，但绝不为各种形式的'台独'分裂活动留下任何空间。"① 这一重要讲话，为"台独"势力划出了不可逾越的红线，形成强大震慑，有利于应对台湾局势变化，有利于坚决反对和遏制"台独"分裂势力，有力维护了台海和平稳定。

四、新时代中国特色社会主义的坚强领导和坚强保障

坚持和发展中国特色社会主义，关键在党。中国共产党的领导，是中国特色社会主义最本质的特征，是中国特色社会主义制度的最大优势，是中国最大的国情。党的十八大以来，中国改革开放和社会主义现代化建设之所以能取得历史性的成就、发生历史性的变革，其最根本原因就是坚持和加强党的全面领导、坚持全面从严治党，勇于自我革命。夺取新时代中国特色社会主义伟大胜利，依然需要坚持和加强党的全面领导、全面从严治党、勇于自我革命。

（一）坚持和加强党的全面领导

党政军民学，东西南北中，党是领导一切的，党是最高政治领导力量。坚持和加强党的全面领导，是全面、系统、整体的。绝不仅指某一方面或某一领域的片面领导，而是指党对治国理政的方方面面，对国家政权的一切机构、体制、制度等的设计、安排、运行的全面领

---

① 习近平：《为实现民族伟大复兴　推进祖国和平统一而共同奋斗——在〈告台湾同胞书〉发表 40 周年纪念会上的讲话》，人民出版社 2019 年版，第 8—9 页。

导。各领域、各层级、各方面，都要坚持党的领导。只有坚持党的全面领导，才能统筹协调各个领域、行业，团结各个地区、民族。如若不然，大家各自为政、各行其是，中国就会变成一盘散沙，党的领导也会成为一句空话。

制度是管根本管长远的，坚持和加强党的全面领导，必须从制度上下功夫。首先，建立健全党对重大工作的领导体制机制。在中央政治局及其常委会领导下，优化党中央决策议事协调机构。其他方面的议事机构要同党中央议事协调机构的设立调整相衔接。党的十八大以来，中共中央成立多个高层领导机构以推进国家治理体系建设，如中央全面深化改革领导小组、中央国家安全委员会、中央网络安全和信息化领导小组（后改为中央网络安全和信息化委员会）、中央军委深化国防和军队改革领导小组、中央反腐败协调小组国际追赃工作办公室、中央军民融合发展委员会，等等。强化组织体系建设，不断强化党的组织在同级组织中的领导地位，实现党的组织的全覆盖，为实现党的领导奠定组织和制度基础。其次，严格执行向党中央的请示报告制度。中央政治局每年应向党中央和总书记书面述职，中央书记处、中央纪律检查委员会、全国人大常委会党组以及国务院党组等机构要每年向中央政治局及其常委会报告工作，各地区各级党委遇有突发性重大问题和工作中的重大问题也要及时向党中央请示报告。针对请示报告制度执行过程中出现的问题，习近平总书记曾举例，"有些领导干部个人重大问题不报告。不是说非要家里出了命案才需要报告。有的同志有重病不报，对所有人都隐瞒了，最后病危了组织还不知道，场面上的工作都干不了了，但就是不说，最后命都给耽误没了"①。近年来，中国共产党也加强了请示报告制度的执行力度。同时，还要完

---

① 习近平：《论坚持党对一切工作的领导》，中央文献出版社 2019 年版，第 91 页。

善严格执行民主集中制的具体制度。坚持民主基础上的集中和集中指导下的民主相结合，坚持集体领导与个人分工负责相结合，既坚持纪律又保持活力，努力在全党形成又有集中又有民主、又有纪律又有自由、又有统一意志又有个人心情舒畅生动活泼的政治局面。

2019年10月召开的党的十九届四中全会不仅把党的领导制度作为根本制度，还就坚持和完善党的领导制度作出安排，明确党的领导制度体系由六个方面的制度组成。一是建立不忘初心、牢记使命的制度。为中国人民谋幸福、为中华民族谋复兴的初心和使命，集中体现了党的性质宗旨、理想信念、奋斗目标，将其制度化是确保我们党在新时代新征程始终充满蓬勃生机和旺盛活力的战略之举、长远之计。二是完善坚定维护党中央权威和集中统一领导的各项制度。坚定维护党中央权威和集中统一领导是党的领导的最高原则，贯穿全党的一切工作和活动中，任何时候任何情况下都不能含糊、不能动摇。建立健全相关制度能为贯彻落实这一最高原则提供有力制度保障。三是健全党的全面领导制度。全面领导是对党"总揽全局、协调各方"领导核心地位的准确界定。健全党的全面领导制度，事关坚持和完善中国特色社会主义制度、推进国家治理体系和治理能力现代化的根本方向和根本保证。四是健全为人民执政、靠人民执政各项制度。党的根本宗旨是全心全意为人民服务，人民对美好生活的向往是党的奋斗目标。健全为人民执政、靠人民执政的各项制度，是树立群众观点、站稳人民立场的必然要求，也是时刻保持党同人民群众血肉联系、厚植党的群众基础的必然选择。五是健全提高党的执政能力和领导水平制度。落实党的全面领导，提高党的执政能力和领导水平是关键。健全党的全面领导制度，必然要健全提高党的执政能力和领导水平制度。六是完善全面从严治党制度。打铁必须自身硬。全面从严治党是坚持和加强党的全面领导的必然要求。全面从严治党永远在路上，这就需要依靠制度机制的保障。这六个方面的制度，构成党的领导制度体系的"四梁八柱"，为确保党总揽全局、协调各方的领导核心地位提供坚强制度保障。

坚持和加强党的全面领导是具体的，不是空洞的、抽象的，体现在治国理政的方方面面，体现在国家政权的机构、体制、制度等的设计、安排和运行之中，体现在坚决维护习近平总书记党中央的核心、全党的核心地位，坚决维护党中央权威和集中统一领导，体现在党严格依法依规办事，确保党的领导更加坚强有力。新时代坚决做到"两个维护"，要求中央政治局首先要带头树立政治意识、大局意识、核心意识、看齐意识，严格遵守党章和党内政治生活准则，全面落实党的十九大关于加强和维护党中央集中统一领导的各项要求，自觉在以习近平同志为核心的党中央集中统一领导下履行职责、开展工作。要求各级领导干部应坚持用党的理论创新最新成果武装头脑、指导实践、推动工作。要求各级纪委应带头尊崇党章，把维护党章和其他党内法规作为首要任务，加强对遵守党章、执行党纪情况的监督检查，严肃查处违反党章党规党纪的行为，坚决维护党章权威，做党章的坚定执行者和忠实捍卫者。要求全体党员做到忠诚干净担当，坚持说老实话、干老实事、做老实人，决不搞两面派、不做"两面人"。

（二）党的建设全面加强、全面从严治党持续发力

全面从严治党是党的十八大以来党的建设的鲜明主题。以习近平同志为核心的党中央把全面从严治党纳入战略布局，从作风建设这个环节突破，把党的政治建设作为根本性建设，大力抓思想建设、组织建设、纪律建设、制度建设，坚持零容忍反腐败，使中国共产党始终成为中国特色社会主义事业的坚强领导核心，确保中国特色社会主义

阔步前行。

从加强党的作风建设切入。2012 年 12 月 4 日，中共中央政治局会议审议通过《十八届中央政治局关于改进工作作风、密切联系群众的八项规定》，俗称"中央八项规定"①。实际上 11 月 29 日，习近平总书记在参观《复兴之路》展览时，就开始带头执行八项规定了。

为进一步加强作风建设，2013 年 4 月，中共中央政治局决定在全党自上而下分批开展党的群众路线教育实践活动。此次活动以为民务实清廉为主要内容，坚决反对形式主义、官僚主义、享乐主义和奢靡之风（简称"四风"），以"照镜子、正衣冠、洗洗澡、治治病"为总要求，主要任务是教育引导党员、干部树立群众观点，弘扬优良作风，解决突出问题，保持清廉本色，使党员、干部思想进一步提高、作风进一步转变，党群干群关系进一步密切，进一步树立党的良好形象。2014 年 3 月，习近平总书记在参加十二届全国人大二次会议安徽代表团审议时，提出了"三严三实"的要求。他指出："各级领导干部都要树立和发扬好的作风，既严以修身、严以用权、严以律己，又谋事要实、创业要实、做人要实。"②2015 年 4 月，中共中央办公厅

①　该规定要求，中央政治局全体同志要改进调查研究，切忌走过场、搞形式主义；要轻车简从、减少陪同、简化接待。要精简会议活动，切实改进会风，提高会议实效，开短会、讲短话，力戒空话、套话。要精简文件简报，切实改进文风，没有实质内容、可发可不发的文件、简报一律不发。要规范出访活动，严格控制出访随行人员，严格按照规定乘坐交通工具。要改进警卫工作，减少交通管制，一般情况下不得封路、不清场闭馆。要改进新闻报道，中央政治局同志出席会议和活动应根据工作需要、新闻价值、社会效果决定是否报道，进一步压缩报道的数量、字数、时长。要严格文稿发表，除中央统一安排外，个人不公开出版著作、讲话单行本，不发贺信、贺电，不题词、题字。要厉行勤俭节约，严格执行住房、车辆配备等有关工作和生活待遇的规定。

②　《习近平关于党风廉政建设和反腐败斗争论述摘编》，中国方正出版社、中央文献出版社 2015 年版，第 143 页。

印发《关于在县处级以上领导干部中开展"三严三实"专题教育方案》。这是党的群众路线教育实践活动的延展，是持续深入推进党的思想政治建设和作风建设的重要举措，是严肃党内政治生活、严明党的政治纪律和政治规矩的重要抓手。"三严三实"专题教育，使广大县处级领导干部在思想、作风、党性上得到升华，推动党内政治生态不断改善。

2016 年 2 月，中共中央决定在全体党员中开展"两学一做"学习教育活动，坚持用党章党规规范党员干部的言行，用习近平总书记系列重要讲话精神武装全党，引导全体党员做"四讲四有"[①] 的合格党员。"两学一做"学习教育，是推动党内教育从"关键少数"向广大党员拓展、从集中性教育向经常性教育延伸的重要举措。2017 年 3 月，中共中央决定推进"两学一做"学习教育常态化制度化，以保证党的组织履行职责、发挥核心作用；保证党员领导干部忠诚干净担当、发挥表率作用；保证广大党员以身作则、发挥先锋模范作用。2019 年，根据十九大部署在全党开展了"不忘初心、牢记使命"主题教育活动，让全党再次受到震撼和教育。2021 年开展了党史学习教育，对于加强党的作风建设、统一全党思想，具有巨大推动作用。

突出加强党的政治建设。党的十八大以来，党中央比较注重从政治高度强调加强党的政治建设，侧重从政治上管党治党，突出强调增强"四个意识"。2017 年 10 月召开的党的十九大，第一次以党代会名义在党的历史上提出加强党的政治建设，而且把政治建设作为全党的根本性建设，明确对党的建设其他方面起统领作用，党的建设总体布局上实现了历史性突破。2018 年 6 月 29 日，习近平总书记在中央

---

① "四讲四有"，即讲政治、有信念，讲规矩、有纪律，讲道德、有品行，讲奉献、有作为。

政治局第六次集体学习时发表重要讲话，专门就加强党的政治建设进行深刻阐述，明确提出要把准政治方向、坚持党的政治领导、夯实政治根基、涵养政治生态、防范政治风险、永葆政治本色、提高政治能力等要求。2019 年初，中央出台的关于加强党的政治建设的意见，是贯彻习近平新时代中国特色社会主义思想和党的十九大精神的重大举措，是党中央深刻总结历史经验和新鲜经验对新时代加强党的政治建设作出的重大决策部署。

新时代突出强调党的政治建设具有重大意义。首先，旗帜鲜明讲政治是共产党作为马克思主义政党的根本要求，是共产党不断发展壮大、从胜利走向胜利的重要保证。其次，中国特色社会主义进入新时代，共产党要以新气象新作为统揽推进伟大斗争、伟大工程、伟大事业、伟大梦想，必须加强党的政治建设。最后，坚持和加强党的全面领导的必然要求。在党的领导问题上，曾一度存在模糊甚至错误的认识和做法，有的认识不清、底气不足、能力不够，含糊其辞不敢领导、不会领导；有的只讲业务、不讲政治，弱化党的领导，党的领导在一些地方和单位落虚落空了。解决这些问题，必须不断加强党的政治建设，建立健全坚持和加强党的全面领导的组织体系、制度体系、工作体系，提高党的执政能力和领导水平，使各级各类组织都在党的集中统一领导下齐心协力、协调一致开展工作，为夺取新时代中国特色社会主义伟大胜利提供坚强政治保证。

把思想建设作为基础性建设。党的十八大以来，党中央强调革命理想高于天，强调全党要注意补钙壮骨，坚定理想信念；强调思想滑坡是最危险的，思想上出了问题，政治上、经济上就会出问题。理论上清醒，政治上才能坚定，理想信念才能牢固。为加强思想建设、坚定理想信念，党中央明确马克思主义在意识形态领域的领导地位的根本制度，采取多种形式强化理论武装，尤其是强化习近平新时代中国特色社会主义思想的学习贯彻。

从严治党首先从党内政治生活管起严起。党的十八大后，中共中央把严肃党内政治生活、净化党内政治生态、建构健康政治文化摆在突出位置。2016年10月，党的十八届六中全会深刻总结了党内政治生活的历史经验，审议通过了《关于新形势下党内政治生活的若干准则》和《中国共产党党内监督条例》，为新时代加强和规范党内政治生活、净化政治生态提供了基本遵循和制度性保障。此后，从上到下各级党组织严格党的组织生活制度、坚持和改进"三会一课"① 等党内政治生活方式，切实开展批评和自我批评，有效解决了党组织生活不经常、不认真、不严肃的问题，加强和规范了党内政治生活，净化了党内政治生态。

把纪律建设摆在重要位置，纳入党建布局。党的十八大以来，以习近平同志为核心的党中央高度重视党的纪律建设，推动党的纪律建设不断深化。2013年1月，党的十八届中央纪委二次全会提出要严明党的政治纪律。习近平总书记指出，严明党的纪律，首要的是严明政治纪律。党的纪律是多方面的，但政治纪律是最重要、最根本、最关键的纪律，遵守党的政治纪律是遵守党的全部纪律的重要基础。2014年1月，党的十八届中央纪委三次全会提出加强党的组织纪律要求。2015年1月，党的十八届中央纪委五次全会强调把守纪律讲规矩摆在更加重要的位置。习近平总书记指出，要坚持思想建党和制度治党，加强纪律建设，使纪律真正成为"带电的高压线"。2016年1月，党的十八届中央纪委六次全会强调纪严于法、纪在法前。在党的十九大上，纪律建设被纳入党的建设的总布局，成为党的建设的重

---

① "三会一课"，是中国共产党党内组织生活制度的一部分，是对党员进行教育的重要形式，即定期召开支部党员大会、支部委员会、党小组会，按时上好党课。

要环节。

为了加强纪律建设，2003 年 12 月，中共中央印发《中国共产党纪律处分条例》；2015 年 10 月又进行了修订，明确违反政治纪律、组织纪律、廉洁纪律、群众纪律、工作纪律和生活纪律等六类违纪行为，划出了党组织和党员不可触碰的底线；2018 年 8 月，又公布了新修订的纪律处分条例，把党的十八大以来党的建设经验尤其是纪律建设的宝贵经验写了进来，强调"两个维护"。

培养造就忠诚干净担当的高素质干部队伍。党的十八大以来，中共中央强化党组织在干部选拔任用中的领导和把关作用，坚持以严的标准选拔干部、严的措施管理干部、严的纪律约束干部。2013 年 6 月，习近平总书记在全国组织工作会议上提出新时代好干部标准。他说，我们党历来高度重视选贤任能，始终把选人用人作为关系党和人民事业的关键性、根本性问题来抓。"好干部要做到信念坚定、为民服务、勤政务实、敢于担当、清正廉洁。"①2014 年 10 月，习近平总书记在对云南工作的指示中，要求党员干部要"对党忠诚、个人干净、敢于担当"。2015 年 1 月，又对县委书记提出"四有"要求，实际上也是要求全党干部做到心中有党、心中有民、心中有责、心中有戒。在 2018 年 7 月的全国组织工作会议上，习近平总书记在党的历史上第一次概括了新时代党的组织路线，即：全面贯彻新时代中国特色社会主义思想，以组织体系建设为重点，着力培养忠诚干净担当的高素质干部，着力集聚爱国奉献的各方面优秀人才，坚持德才兼备、以德为先、任人唯贤，为坚持和加强党的全面领导、坚持和发展中国特色社会主义提供坚强组织保证。新时代党的组织路线是理论的也是实践的，要在推进党的建设新的伟大工程、落实全面从严治党的实践中切

---

① 《十八大以来重要文献选编》（上），中央文献出版社 2014 年版，第 337 页。

实贯彻落实。在 2020 年 6 月 29 日举行的十九届中央政治局第二十一次集体学习时，又是围绕着贯彻落实新时代党的组织路线进行。新时代党的组织路线的提出为加强党的组织建设提供了科学遵循，为增强党的创造力、凝聚力、战斗力提供了重要保证。要贯彻落实好新时代党的组织路线，不断把党建设得更加坚强有力。

制度建设贯穿党的建设全过程。党的十八大以来，中国共产党扎实推进党的制度改革，扎紧制度的笼子，不断提升制度治党、依规治党的水平。2013 年 12 月，中共中央成立党的建设制度改革专项小组。不久，出台了《深化党的建设制度改革实施方案》，为加强党的制度建设提供了重要依据和遵循。2014 年 10 月，党的十八届四中全会提出加强党内法规制度建设，形成完善的党内法规体系。2016 年 12 月，中国共产党历史上第一次召开全国党内法规工作会议，通过了《中共中央关于加强党内法规制度建设的意见》，提出党内法规制度建设的指导思想、总体目标和重大举措，作出总体部署。习近平总书记作出重要批示，强调加强党内法规制度建设是全面从严治党的长远之策、根本之策，必须坚持依法治国与制度治党、依规治党统筹推进、一体建设。2019 年 10 月召开的十九届四中全会又对坚持和完善党和国家监督体系、强化对权力运行的制约监督作出部署，提出构建一体推进不敢腐、不能腐、不想腐体制机制。

党内法规制度体系建设取得重要进展。2013 年 11 月，中共中央出台《中央党内法规制定工作五年规划纲要（2013—2017 年)》，提出在五年时间内形成涵盖党的建设和党的工作主要领域、适应管党治党需要的党内法规制度体系框架。2014 年 11 月，中共中央印发《关于再废止和宣布失效一批党内法规和规范性文件的决定》。这两个决定分别对 1978 年至 2016 年、新中国成立至 1977 年出台的中共中央党内法规和规范性文件进行集中清理，共全面筛查 2.3 万多件中央文件，梳理出 1178 件中央党内法规和规范性文件，废止 322 件、宣布失效 369 件。这是中国共产党历史上第一次对已有的党内法规进行集中清理，及时废止了不合时宜或基本失效的法规制度，提高了党内法规制度的时效性，为进一步完善党内制度体系奠定了坚实基础。党的十八大以来，中国共产党先后制定或修订出台了 100 多部党内法规，基本形成了涵盖党的建设和党的工作主要领域、适应管党治党需要的党内法规体系。为让制度成为硬约束、真正带电的"高压线"，中共中央不仅出台一系列改革举措，而且加大对违规行为的惩治和处罚力度。例如，中共中央对违反八项规定的党员给予严肃处理。据中央纪委四次全会工作报告，仅 2019 年，全国纪检监察机关共查处违反中央八项规定精神问题 6.4 万起，处理党员、干部 8.6 万人，给予党纪政纪处分 6.6 万人。

反腐败斗争取得压倒性胜利。以习近平同志为核心的党中央，以巨大的政治勇气，以"得罪千百人、不负十三亿"的历史担当，以壮士断腕的坚强决心，坚持反腐败无禁区、全覆盖、零容忍，坚定不移"打虎""拍蝇"，开展"猎狐""天网"行动，坚持追逃防逃两手抓，经过持续艰苦努力，反腐败斗争取得压倒性胜利，海晏河清的政治生态正在形成。当然要看到，反腐败还没取得彻底性胜利，反腐败还在路上，反腐败斗争还要继续。

全面强化党内监督，充分发挥巡视利剑作用。党的十八大以来，以习近平同志为核心的党中央积极探索完善党内监督制度的途径和办法，不断创新党内监督方式。一是推动建立中央统一领导、党委（党组）全面监督、纪律检查机关专责监督、党的工作部门职能监督、党的基层组织日常监督、党员民主监督的党内监督体系。二是实践监督执纪"四种形态"，即经常开展批评和自我批评、约谈函询，让"红红脸、出出汗"成为常态；党纪轻处分、组织调整成为违纪处理的大多数；党纪重处分、重大职务调整的成为少数；严重违纪涉嫌违法立案审查的成为极少数。三是明确巡视是政治巡视不是业务巡视，发挥巡视利剑作用。四是实现派驻监督全覆盖，向中央一级党和国家机关全面派驻纪检组，充分发挥"派"的权威和"驻"的优势。同时，深化国家监察体制改革，成立国家监察委员会，实现了对公权力运行的监督全覆盖。

（三）将党的自我革命进行到底

自我革命是中国共产党最鲜明的品格，也是中国共产党最大的优势。习近平总书记鲜明指出，中国共产党能够带领人民进行伟大的社会革命，也能够进行伟大的自我革命，要"以勇于自我革命的精神打造和锤炼自己"，"把党的伟大自我革命进行到底"。

一般而言，自我革命指主体对自己自觉、自发、自动的革命性行动。中国共产党的自我革命，就是通过不断的自我净化、自我完善、自我革新、自我提高，经常解决自身存在问题，不断克服自身存在的缺点，始终保持生机活力的过程。自我净化、自我完善、自我革新、自我提高这"四个自我"，既相互区别又相互联系，既有破又有立，既有施药动刀的治病之法又有固本培元的强身之举，是勇于自我革命的生动实践和具体体现。

习近平总书记指出："党的自我革命任重而道远，决不能有停一停、歇一歇的想法。"① 进入新时代，中国共产党肩负的历史使命和自身性质决定了在新时代必须继续自我革命。同时还要看到，继续进行自我革命是发扬党的优良传统的必然选择，是马克思主义政党建设和发展的内在需要，是党实现伟大社会革命的巨大动力。将党的自我革命进行到底，是党回应时代之问、答好时代考卷的重大课题。继续进

---

① 《习近平谈治国理政》第三卷，外文出版社 2020 年版，第 532 页。

行自我革命，需要全党旗帜鲜明讲政治、在"四个自我"上下功夫、持续完善全面从严治党制度、把党的自我革命和社会革命统一起来。

党的十八大以来，"我们探索出一条长期执政条件下解决自身问题、跳出历史周期率的成功道路"①。只要勇于自我革命，敢于直面问题、努力解决问题、不断克服自身不足，中国共产党就一定会保持旺盛的生命力和强大的战斗力，就一定能够带领中国人民跨过一道道沟坎，取得一个又一个胜利，顺利实现中华民族伟大复兴的中国梦。

（四）庆祝党的百年华诞

2021年是中国共产党成立100周年的重要年份。中国共产党为庆祝百年华诞，举行了一系列重大活动，包括中国共产党历史纪念馆落成开馆、《伟大征程》的文艺演出、庆祝大会的举办，等等。其中最重要的活动是7月1日举行的庆祝中国共产党成立100周年大会。

在庆祝大会上，习近平总书记发表重要讲话，代表党和人民庄严宣告："经过全党全国各族人民持续奋斗，我们实现了第一个百年奋斗目标，在中华大地上全面建成了小康社会，历史性地解决了绝对贫困问题，正在意气风发向着全面建成社会主义现代化强国的第二个百年奋斗目标迈进。这是中华民族的伟大光荣！这是中国人民的伟大光荣！这是中国共产党的伟大光荣！"习近平总书记在讲话中深情回顾了中国共产党的百年奋斗历程，概括了四个伟大成就，提出了伟大建党精神，提出了"九个必须"的根本要求，是一篇闪耀着马克思主义光辉的经典文献，具有重大的政治意义、理论意义和实践意义。

为学习贯彻好习近平总书记"七一"重要讲话精神，中共中央办公厅发出通知，要求全党把学习贯彻"七一"重要讲话精神作为当前

---

① 《习近平谈治国理政》第三卷，外文出版社2020年版，第547页。

和今后一个时期一项重大政治任务，精心安排部署，周密组织实施，引导广大党员干部、群众深刻领会和把握讲话的重大意义、丰富内涵、核心要义、实践要求，切实把思想和行动统一到讲话精神上来。学习贯彻"七一"重要讲话精神，要深入领会全面建成小康社会的历史性成就，从历史与现实、理论与实践、国际与国内的比较中，深刻认识全面建成小康社会的伟大成就和历史意义；要深入领会党团结带领人民不懈奋斗的光辉历程和伟大成就，深刻理解一百年来党团结带领人民进行的一切奋斗、一切牺牲、一切创造，归结起来就是一个主题：实现中华民族伟大复兴；要深入领会坚持真理、坚守理想，践行初心、担当使命，不怕牺牲、英勇斗争，对党忠诚、不负人民的伟大建党精神的深刻内涵和时代价值；要深入领会以史为鉴、开创未来的"九个必须"的根本要求，"九个必须"即必须坚持中国共产党坚强领导，必须团结带领中国人民不断为美好生活而奋斗，必须继续推进马克思主义中国化，必须坚持和发展中国特色社会主义，必须加快国防和军队现代化，必须不断推动构建人类命运共同体，必须进行具有许多新的历史特点的伟大斗争，必须加强中华儿女大团结，必须不断推进党的建设新的伟大工程。

百年辉煌，皆为序章；展望未来，光明在前。全体党员要积极响应习近平总书记代表党中央发出的伟大号召："牢记初心使命，坚定理想信念，践行党的宗旨，永远保持同人民群众的血肉联系，始终同人民想在一起、干在一起，风雨同舟、同甘共苦，继续为实现人民对美好生活的向往不懈努力，努力为党和人民争取更大光荣！"① 有中国共产党的坚强领导，有全国各族人民的紧密团结，全面建成社会主义现代化强国的目标一定能够实现，中华民族伟大复兴的中国梦一定能够实现！

---

① 习近平：《在庆祝中国共产党成立100周年大会上的讲话》，《求是》2021年第14期。

| 第 十 四 讲 |

从莫尔到三大空想社会主义思想家

——空想社会主义的产生和发展

江河万里总有源。中国特色社会主义并不是凭空而来的，社会主义作为一种社会政治思想思潮，其源头是空想社会主义的产生和发展。我们要倍加珍惜、始终坚持、不断发展中国特色社会主义，就需要回溯世界社会主义思想源头，探本溯源，正本清源，从中探究社会主义发生、发展的背景、过程和规律，在此基础上不断发展社会主义，发展中国特色社会主义。

在恩格斯的名著——马克思称之为科学社会主义的入门书——《社会主义从空想到科学的发展》一书中，恩格斯梳理和概括了空想社会主义产生发展的三个阶段：第一个阶段是16—17世纪以莫尔、康帕内拉、安德里亚、闵采尔和温斯坦莱为代表的早期空想社会主义；第二个阶段是18世纪以梅叶、摩莱里、马布利和巴贝夫为代表的"直接共产主义"；第三个阶段是19世纪初以圣西门、傅立叶和欧文这三大空想社会主义思想家为代表的"批判的空想社会主义"。

一、莫尔与 16—17 世纪早期空想社会主义

15 世纪末到 16 世纪上半叶，是世界历史发展的分水岭，是近代史的开端。世界历史得以形成、资本主义时代得以开辟的技术基础是火药、指南针和造纸术。马克思指出：火药、指南针、印刷术——这是预告资产阶级社会到来的三大发明。火药把骑士阶层炸得粉碎，指南针打开了世界市场并建立了殖民地，而印刷术则变成科学复兴的手段，变成对精神发展创造必要前提的最强大的杠杆。应该说，这三大发明为资本主义战胜封建主义，提供了技术支撑。1492 年，哥伦布发现美洲。在地理大发现、技术进步和商业竞争的共同作用下，资本主义兴起了。

纵观人类近代史，资本主义制度的建立及其发展，是人类历史的巨大进步，但这一历史进步又是"用血和火的文字载入人类编年史的"①。资本主义兴起过程中的种种罪恶直接引发了社会主义思想的诞生。空想社会主义思想是直面时代问题而产生的，是时代的产物。

托马斯·莫尔（Thomas More，1478—1535）是欧洲文艺复兴时期驰名欧洲的英格兰著名政治家，一代人文主义大师，空想社会主义奠基人。他 1478 年出生在伦敦一个富裕的法官家庭。哥伦布发现美洲的同一年，14 岁的莫尔进入牛津大学读书，后来按父亲的意愿成为一名律师。1504 年，26 岁的莫尔被选为下院议员，后担任过伦敦行政司法次官、财政大臣、下院议长和英格兰大法官。1535 年，因拒绝承认亨利八世为英格兰教会领袖，被判处死刑。莫尔站在时代的前端，认识了当时世界贸易的发展，见证了资本原始积累的过程，关注和记录了资本主义的血腥后果，从而形成了自己的社会主义思想。

《乌托邦》，全名是《关于最完美的国家制度和乌托邦新岛的既有

---

① 《马克思恩格斯文集》第 5 卷，人民出版社 2009 年版，第 822 页。

益又有趣的金书》。正是在这部著作中，莫尔完美展现了自己的卓识远见，创造了一个天才卓荦的概念——"乌托邦"，开创了一种泽被后世的思想传统——社会主义。乌托邦（Utopia）这个词有两个希腊语词源，一个是 Outopos，指现实中不存在的"乌有之乡"，另一个是 Eutopos，指人们理想中的"福地乐土""幸福之邦"。

《乌托邦》首先是对资本原始积累过程的反应，是近代社会主义先驱反对早期资本主义的最初的呐喊。莫尔立足欧洲特别是英国的社会和经济事实，对刚刚萌芽的资本主义的罪恶进行了毫不留情的批判。其中最典型、最深刻的就是对"羊吃人"现象的批判。马克思在《资本论》中曾引用，以批判资本主义原始积累的残酷逻辑。

莫尔最早意识到新的时代的本质，在资产阶级刚刚登上历史舞台、资本主义部分地组织社会和经济生活的历史阶段，他就意识到这种新兴的生产方式、组织形式以及他们同政治的紧密关联，可能会对欧洲乃至整个人类的经济社会结构、社会组织方式乃至政治运行方式产生重大、长期、深刻的影响。莫尔认为，私有制是问题的根源。"任何地方私有制存在，所有的人凭现金价值衡量所有的事物，那么，一个国家就难以有正义和繁荣。"[1]

他大胆想象了一种新的生产方式。乌托邦实行公有制，以实现"每人一无所有，而又每人都富裕"[2]。每个人都参加劳动，创造的产品全部上交给了国家，国家统一提供吃的、穿的、用的、住的。大家合作生产，每个人进行自己擅长的生产活动，有人养羊，有人炼铁，有人纺织，相互补充。这样合起来，就能获得各种各样的生活资料，能够满足乌托邦人各方面需要。在共同生产的基础上，才是共同

---

[1]　[英] 托马斯·莫尔：《乌托邦》，戴镏龄译，商务印书馆1982年版，第43页。
[2]　[英] 托马斯·莫尔：《乌托邦》，戴镏龄译，商务印书馆1982年版，第44页。

消费。午饭和晚饭,大家在公共食堂一起吃。家庭所需物品到仓库申领,住房每 10 年要调换一次,以防据为私有。城市和农村的居民也轮流交换,每年都有人结束乡村生活回到城市,又有城市居民来到农村。没有穷人富人的差别,没有城市农村的差别,大家都把金银视为可耻的东西。"公共厅馆和私人住宅等地的粪桶溺盆之类的用具倒是由金银铸成。再则套在奴隶身上的链铐也是取材于金银。最后,因犯罪而成为可耻的人都戴着金耳环、金戒指、金项圈以及一顶金冠。"① 除了劳动,乌托邦人还有各种精神活动。乌托邦宪法里有规定:"在公共需要不受损害的范围内,所有公民应该除了从事体力劳动,还有尽可能充裕的时间用于精神上的自由及开拓。"②

无论中西方文明,对理想社会的美好想象自古就有。那么为什么说莫尔的《乌托邦》是空想社会主义的开山之作,是社会主义思想的源头?首先,《乌托邦》不是针对一般的不合理社会现象的,而是针对资本主义的。其次,《乌托邦》的社会制度设计是社会主义性质的,是建立在公有制基础上的,是通过社会调控实现公平正义的。

资本主义时代是从 16 世纪开始的,资本主义生产方式最先在欧洲破土而出,因此,社会主义思想自然也在那个时代的欧洲产生了。在资本主义比较活跃的地区,在莫尔《乌托邦》的启发下,英国、德国、意大利的思想家都对这一现象作出了深刻思考。《乌托邦》《太阳城》和《基督城》三本书并称早期空想社会主义的三颗明珠。这三本书的共同特点,都是用文学游记形式来描绘了一个理想社会,一个社会主义的社会秩序,被恩格斯称为"理想社会制度的空想的描写"③。同时,正如恩格斯所指出的,在每一个大的资产阶级运动中,都能看

---

① [英] 托马斯·莫尔:《乌托邦》,戴镏龄译,商务印书馆 1982 年版,第 63 页。
② [英] 托马斯·莫尔:《乌托邦》,戴镏龄译,商务印书馆 1982 年版,第 60 页。
③ 《马克思恩格斯选集》第 3 卷,人民出版社 2012 年版,第 777 页。

到空想社会主义的先驱者的身影，他们领导了发展程度不同的无产阶级的独立运动。①

闵采尔（Thomas Münzer，1498—1525）是德国宗教改革者、社会改革家，领导了欧洲历史上规模最大的农民战争。闵采尔出生于一个作坊主家庭，家境富裕。但他四处游历，太多太多下层群众的悲苦命运时刻冲击他的心灵。他选择做一个神学教员和传教士，在教学和布道中揭露社会罪恶，宣传社会变革，进而发动农民，领导起义。他的理想是用暴力建立一个以公有制为基础、消灭压迫和剥削、平等民主幸福的"千年天国"。

康帕内拉（Tommas Campanella，1568—1639）是意大利文艺复兴时期的空想社会主义者、哲学家、革命者，曾经因为挑战教会权威，参与意大利南部人民起义，先后被关在牢里 33 年，辗转 50 处监狱，受尽酷刑。他在阴暗潮湿的监狱中不改初心，向往光明，秘密写成了代表作《太阳城》，描述了一个祥和、公正的理想国度。在那里，"大家都成为富人，同时又都是穷人"，"不是他们为一切东西服务，而是一切东西为他们服务"。② 他说："请把高傲、无知和谎言，放在我从太阳那里偷来的烈火中，销毁吧！"③

安德里亚（Johann Valentin Andreae，1586—1654）是德国神学家、数学家，曾担任牧师、宗教法庭大法官、古老的贝本豪森修道院院长。他积极尝试宗教改革，探索学校教育、贫民救济等社会改革。在他的推动下，他所在的符腾堡公国在欧洲历史上第一个开始实行普

---

① 原文是："在每一个大的资产阶级运动中，都爆发过作为现代无产阶级的发展程度不同的先驱者的那个阶级的独立运动。"《马克思恩格斯选集》第 3 卷，人民出版社 2012 年版，第 777 页。

② ［意］康帕内拉：《太阳城》，陈大维等译，商务印书馆 1980 年版，第 24 页。

③ ［意］康帕内拉：《太阳城》，陈大维等译，商务印书馆 1980 年版，第 83 页。

遍义务教育。他为贫苦的印染工人建立的基金会一直存在到 1923 年。安德里亚的代表作是《基督城》，是受到《乌托邦》和《太阳城》的启发而创作的，同样描述了一个孤悬海外、实行公有制、具有浓厚宗教色彩的世外桃源。

温斯坦莱（Gerrard Winstanley，1609—1652）是 17 世纪英国资产阶级革命后期"掘地派运动"的领袖。他是最早把自己的社会主义理想付诸实践的空想社会主义者。温斯坦莱带领一批失去土地的穷苦农民，到英国圣乔治山上开垦无主的荒地，在山上，一切公有、收成也大家共享，这就是著名的掘地派运动。掘地派运动得到了热烈响应，迅速扩展到周边地区，甚至有的地方出现了上千人组成的公社。这引起了当局的警惕。运动很快被镇压了。1651 年，被镇压的第二年，温斯坦莱出版了代表作《自由法》，系统阐述了自己的设想，呼吁在土地公有制基础上建立一个真正自由的共和国。

16—17 世纪的早期空想社会主义是近代社会主义先驱，是反对早期资本主义的最初的呐喊。他们出现于欧洲近代早期、文艺复兴后期，因此他们解决现实问题的方案是与这个时期的生产力水平和资本主义发展水平相适应的，也带有浓厚的人文主义色彩和宗教色彩。但资本主义的兴起不可逆转，设想在农业社会形态中、在手工劳动基础上实现平均分配，消灭私有制，建立人人平等的公有制社会，在那个时代是不可能实现的。正如恩格斯所说："不成熟的理论，是同不成熟的资本主义生产状况、不成熟的阶级状况相适应的。解决社会问题的办法还隐藏在不发达的经济关系中，所以只有从头脑中产生出来。"[1] 早期空想社会主义的局限不是个人的局限，而是历史的局限。

---

[1] 《马克思恩格斯选集》第 3 卷，人民出版社 2012 年版，第 780—781 页。

二、18 世纪"直接共产主义"

18 世纪是革命的时代。经济上，社会生产力已经发展到了集中的工场手工业，大的工场人数已经有上千人。资本主义以更高的速度发展起来，物质也丰裕起来。政治上，资产阶级壮大起来，从组织经济领域活动扩展到组织政治领域活动，生产力的革命最终引发了各国的资产阶级革命。

18 世纪也是启蒙的时代。启蒙哲人试图找到支配人类社会的普遍法则①，进而推动社会的"进步"。他们最终找到的就是自由、平等和博爱三大原则。英国完成了资产阶级革命，一个世纪后，在启蒙运动的充分思想准备和动员的基础上，法国旧制度也行将就木。

这一时期，欧洲革命的重心转移到法国。所以这一时期空想社会主义的代表人物也都是法国人。在启蒙运动前夕有梅叶，启蒙运动之中有摩莱里、马布利和巴贝夫。他们都属于启蒙运动的左翼。

巴贝夫（François-Noël Babeuf, 1760—1797）出生于法国皮卡迪省，小时候家里很穷，15 岁就离开家独立谋生，一边做学徒，一边努力自学，读了卢梭、狄德罗、摩莱里、马布利等启蒙学者的著作。后来，他从事封建土地法顾问的职业，开始关注和思考封建特权、社会改革等现实问题。

1789 年 7 月 14 日，巴士底狱被攻克，法国大革命爆发。巴贝夫的热情和希望被点燃了。用他自己的话说，1789 年前，他只是档案管理员和土地测量员，而革命一开始，他就一跃成为"自由的宣传者

---

① ［美］斯塔夫里阿诺斯：《全球通史：从史前史到 21 世纪》（下），吴象婴等译，北京大学出版社 2006 年版，第 519 页。

和被压迫人民的维护者"①。巴贝夫在家乡发起领导抗税运动。一位居民说:"巴贝夫先生是我们这个地方的英雄。他是包税人及其喽啰们的最不妥协的敌人。"②巴贝夫发起请愿活动,在全法取得广泛响应,八百个村镇的请愿书从各地涌向国民议会。他很快便因此被捕入狱。

1794年七月的"热月政变"推翻雅各宾派专政,大革命的上升势头就此到了尽头,开始倒退。1795年,巴贝夫又被逮捕了,被关在监狱7个多月,其间结识了许多爱国者和革命活动家,凝聚为后来"平等派"的核心。那一年的冬天,因为饥饿和寒冷而倒毙巴黎街头的人,不计其数。其中也包括巴贝夫的幼女。甫一出狱,巴贝夫便发表了狱中起草的《平民宣言》和《恢复真正平等的伟大宣言》,阐述了实现真正平等的路径:"建立公共的管理,取消私有制,使每一个人从事它能够做的事情……在极其谨慎地遵循平等的情况下分配这些消费品"③。他大声疾呼道:"平民们! 觉醒吧! ……甩掉麻木不仁和颓废精神吧! ……愿人民推翻一切陈旧而野蛮的制度……让我们勇敢地走向平等吧!"④

督政府将巴贝夫视为最危险分子,下令逮捕他,并查封了他的报纸。革命运动被迫转入地下,进入密谋阶段。1796年3月,巴贝夫与狱中认识的革命者们联络建立了"平等派密谋委员会",被马克思称为第一个"真正能动的共产主义政党"⑤。

---

① [法]加·德维尔:《未发表的巴贝夫私人录事》,《法国革命》1905年第49卷,转引自[法]菲·邦纳罗蒂:《为平等而密谋》下卷,陈叔平译,商务印书馆2014年版,第242页。

② 江泓:《法国著名空想共产主义者巴贝夫》,商务印书馆1987年版,第12—13页。

③ [苏]维·姆·达林等:《论巴贝夫主义》,陈林、谷鸣译,商务印书馆1983年版,第173页。

④ 江泓:《法国著名空想共产主义者巴贝夫》,商务印书馆1987年版,第34页。

⑤ 《马克思恩格斯全集》第4卷,人民出版社1958年版,第334页。

　　这是一个组织严密的革命团体，成立了"起义督政府"，制订了严格的组织纪律和组织程序，有明确的斗争目的和武装起义计划，还制定了施政计划大纲、经济计划大纲等，计划实施财产公有制和平均分配，成立"平等共和国"①。同时，他们也与巴黎各区的群众保持着密切联系，有联络员专门了解工人要求，宣传革命思想。他们把报纸、标语、小册子等宣传品散发到外省，进行广泛动员，里昂、马恩、诺尔等地区都受到影响。巴贝夫还特别重视对军队进行动员，鼓舞士兵们"为人民而战"。②

　　平等派定于 1796 年 5 月 11 日发动 1.5 万人参加的武装起义。然而就在起义前夕，由于叛徒出卖，巴贝夫及其战友们被捕了。1797 年 5 月 27 日，巴贝夫被押上断头台。临行前的深夜，巴贝夫给亲人写了最后一封信："我是为了最伟大的和最崇高的事业而牺牲自己的……要使你们幸福，我觉得，就要使人人都能得到幸福，除此以外别无他法。"③

　　"平等派密谋委员会"是第一个明确以革命的名义、以夺取政权为目的建立的严密政治组织，第一次具体计划了实现共产主义的过渡方案，第一次提出"人民革命"的主张，强调人民群众的力量，而不是仅仅将他们视为怜悯和同情的对象。马克思对巴贝夫给予高度评价："同巴贝夫的密谋活动一起暂时遭到失败的革命运动，产生了共产主义的思想。……这种思想经过了彻底的酝酿，就成为新世界秩序

---

① [法] 菲·邦纳罗蒂：《为平等而密谋》下卷，陈叔平译，商务印书馆 2014 年版，第 89—90 页；[法] 热拉尔·瓦尔特：《巴贝夫》，刘汉玉译，商务印书馆 1992 年版，第 125 页。

② 江泓：《法国著名空想共产主义者巴贝夫》，商务印书馆 1987 年版，第 34 页。

③ [法] G. 韦耶德、C. 韦耶德合编：《巴贝夫文选》，梅溪译，商务印书馆 1962 年版，第 96 页。

的思想。"①

梅叶（Jean Meslier，1664—1729）出生于法国一个普通的农民家庭，自幼进入宗教学校学习，当了40多年乡村神甫。梅叶深刻认识到农村的社会矛盾，他公开站在农民这一边，多次在布道的讲坛上揭露、痛斥封建领主——不要再虐待农民，不要再掠夺孤儿。在他的晚年，为了"打开穷人的眼界，向他们说明全部真理"，"唤醒人民"，②他开始秘密写作。在他去世后，留给后人三卷本的巨著——《遗书》的手稿，设想以平等原则为出发点，建立一个实行公有制、互相支援、共同繁荣的农村公社联盟。很快，《遗书》的手抄本在法国各地秘密流传，对启蒙思想家影响巨大，伏尔泰、霍尔巴赫、狄德罗等思想家曾高度评价并从中吸取了思想素材。③同时，他的思想是早期空想社会主义与18世纪空想社会主义之间的桥梁和纽带，深刻影响了18世纪的共产主义思想和革命运动。

摩莱里（Morelly，1720—1780）也是这一阶段空想社会主义的代表人物。他出身平民，当过小学老师，匿名发表了许多著作。他的代表作是《自然法典》。这部书在很长一段时间被认为是启蒙运动巨擘狄德罗的作品，甚至曾被收入狄德罗文集之中。这部书突破了16—17世纪空想社会主义那种文学表现形式，用简明的法律条文的形式建构了一个完善、具体的公有制蓝图，明确提出理想社会的三条基本法则——公有制、劳动权以及各尽所能、各得其所，明确阐述了计划经济的思想，对后世影响很大。

---

① 《马克思恩格斯文集》第1卷，人民出版社2009年版，第320页。
② ［法］让·梅叶：《遗书》第1卷，陈太先、眭茂译，商务印书馆1959年版，第15页。
③ 蒲国良：《社会主义思想：从乌托邦到科学的飞跃（1516—1848）》，北京师范大学出版社2018年版，第197页。

马布利（Gabriel Bonnot de Mably，1709—1785）是欧洲启蒙时代法国著名的政治家、历史学家，在当时同孟德斯鸠和卢梭齐名。他出生于一个贵族家庭，青年时期就读于耶稣会学院，毕业后曾担任神职人员。后来出任外交部官员，在欧洲各国见到太多专制的黑暗、资本的恶行，人民的痛苦，毅然离开官场，回家专心研究一个理想的"新天地"①。他曾出版《希腊史论》《罗马史论》《法国史论》等历史著作，出版《论公民的权利和义务》《论法制或法律的原则》《欧洲国际法》等著作，广泛讨论政治、经济、社会等问题，曾受波兰贵族委托为波兰起草了宪法。但他最耀眼的贡献在于，他早就看到，私有制导致了欧洲的所有者与一般臣民已经分裂为不同集团②。他第一次从理论上和历史上对公有制和按需分配的原则进行了系统论证，他从理论上论证了革命的正当性和合理性，同时也提出了分步骤和平改造现实、进行社会改革的纲领。但同时，马布利也从理论上和历史经验中论证了平均主义和禁欲主义的合理性。

18 世纪的空想社会主义不再用文学方式来描绘社会主义，而是用理论探讨和逻辑论证的方式，并用"法典"形式作出明确规定。他们从启蒙思想中独立出来，逐步发展为"更进一步的、更彻底的"革命和思想，被恩格斯称为"直接的共产主义"。正如恩格斯指出的，在梅叶、摩莱里和马布利等启蒙运动的左翼思想家这里，"平等的要求已经不再限于政治权利方面，它也应当扩大到个人的社会地位方面；不仅应当消灭阶级特权，而且应当消灭阶级差别本身。禁欲主义的、禁绝一切生活享受的、斯巴达式的共产主义，是这种新学说的第一个表现形式"③。然而，当时的生产力水平已经从工场手工业发展到

---

① 《马布利选集》，何清新译，商务印书馆 1960 年版，第 171 页。
② 《马克思恩格斯全集》第 3 卷，人民出版社 1960 年版，第 217 页。
③ 《马克思恩格斯选集》第 3 卷，人民出版社 2012 年版，第 777 页。

了大工业的阶段，他们对社会主义的设计就经济生活而言基本都是农业社会，并且带有浓厚的平均主义和禁欲主义色彩，显然不能解决时代问题。他们对资本主义进行了深刻的批判，但没有认识到资本主义推动生产力发展的积极意义，没能站在时代前列客观看待城市化和工业化现象。他们的解决方案是倒退的。不过，社会主义并没有就此停步。19世纪初，社会主义开始超越农业社会主义形态。

三、19世纪初三大空想社会主义思想家

18世纪末的法国大革命摧毁了旧制度，为新兴资本主义扫清了道路，资产阶级取代封建阶级，牢固建立了自己的统治。同时，工业革命开始了。18世纪60年代起，英国各主要经济部门开始从手工业生产向机器生产过渡。19世纪初，法国也开始了工业革命。资本主义从工场手工业发展到了机器大工业的阶段，欧洲社会的整个基础发生了革命。

19世纪初，伴随资本主义生产方式和政治统治进一步扩展，社会关系发生根本性变革。资本主义社会内部矛盾开始暴露，社会问题大量涌现，社会危机空前加剧。在这样的时代背景下，19世纪初，法国和英国出现圣西门、傅立叶、欧文这三大空想社会主义思想家。

圣西门（Comte de Saint-Simon，1760—1825）是近代法国著名经济学家、政治学家，对政治学、社会学、经济学和科技哲学有深远影响。他生活的年代，正是法国从旧制度向资本主义转变的过渡时期，他被称为"法兰西的最后一位贵族和第一个社会主义者"①。

---

① ［苏］阿·列万多夫斯基：《圣西门传》，孙家衡、钱文干译，商务印书馆1983年版，第3—4页。

圣西门的家族是法国历史悠久的名门望族，相传是 8 世纪查理曼大帝的后裔。他的青少年在旧制度中度过。他是百科全书派的门生。13 岁起受教于著名的启蒙思想家、百科全书主编达兰贝尔，后来还当面请教过卢梭。1789 年 7 月，正在欧洲各处游历的圣西门听到祖国爆发了大革命的消息，回国参加革命，这一年他 29 岁。革命初期，圣西门回到母亲的故乡宣传平等和自由思想，他公开声明永远放弃了自己的爵位，并且把自己姓氏从圣西门改为包诺姆，就是庄稼汉的意思。

圣西门先后搬到巴黎工业大学和医科大学附近，结交教授学者，学习他们的最新研究成果。一年后，他前往英国、瑞士和德国游历，寻求启发。马克思、恩格斯认为，这段从事自然科学研究和旅行的时期是圣西门一生中最重要的一个时期[1]，不仅使他成为当时最博学的人物，也对他社会主义思想的形成有重大意义。

1802 年，42 岁的圣西门开始著书立说。经过革命的洗礼，体验过军旅和实业生涯，圣西门在他的第一部作品《一个日内瓦居民给当代人的信》中高呼，对全人类来说只有一种共同利益，那就是科学的进步。他设计的未来社会中，一切人都应当劳动，都应当把自己视为工场的工人。[2] 他还天才地发现，法国大革命是贵族、市民等级和无产者之间的阶级斗争。

埋头于研究工作的前十几年，圣西门多数时间处于贫困和饥饿之中，得以与人数最多、最贫困的阶级同呼吸共命运，使他随时随地关心人数最多、地位最低、受苦最深的无产阶级的命运。这段经历也加深了圣西门对资产阶级时代的认识和厌恶。他指出，那是"黑白颠倒

---

[1]　《马克思恩格斯全集》第 3 卷，人民出版社 1960 年版，第 585 页。

[2]　《圣西门选集》第 1 卷，王燕生、徐仲年、徐基恩等译，商务印书馆 2011 年版，第 19、24 页。

的世界"——对社会作出有益贡献的劳动者没有得到社会任何报酬，而特权阶级则受到尊敬和奖励，没有才能的人统治着有才能的人。

在拿破仑战争结束、波旁王朝复辟时期，法国的工商企业和银行发展迅速。圣西门敏锐地感受到法国经济生活的脉搏，意识到了科学与生产结合能够带来巨大动力。1814—1825 年间，圣西门进入思想的成熟期，身边也逐渐聚集了一批青年学生和朋友，形成了一个圣西门主义团体。他先后出版了《论实业制度》等著作，主张在发展近代工商业的基础上解决社会矛盾，推动社会进步。他的方案是建立实业和科学体系，以和平方式完成社会重建，建立一种全新的社会制度，将人类带入黄金时代。

圣西门预言：正在到来的时代是一个经济决定政治的全新时代，经济状况是政治的基础。对自由的需要源于实业的发展，而自由的扩大只能依赖于实业的加强。圣西门最早提出了"废除国家"的思想，但他并不是一个无政府主义者。他指出，政治的核心问题不是政府形式，而是所有制。在未来社会，政治是关于生产的科学，对人的政治统治应当变成对物的管理和对生产过程的领导。这一思想直接影响了马克思主义国家学说。①

恩格斯讲："我们在圣西门那里发现了天才的远大眼光，由于他有这种眼光，后来的社会主义者的几乎所有并非严格意义上的经济学思想都以萌芽状态包含在他的思想中"②。

傅立叶（Charles Fourier，1772—1837）出生于一个富商家庭，早年丧父，中学毕业后曾经做过店员、推销员、经纪人，往来欧洲各地做生意，亲身体验到资本主义最恶劣的一面。他逐渐强烈希望能改

---

① 《马克思恩格斯选集》第 3 卷，人民出版社 2012 年版，第 783 页。
② 《马克思恩格斯选集》第 3 卷，人民出版社 2012 年版，第 783 页。

造当时的社会制度，后来便专心投入研究工作，著书立说。

马克思最喜欢傅立叶的辩证法。傅立叶认为人类历史有上升期，也有下降期。他把截至那个时候的人类社会发展分为蒙昧时期、宗法时期、野蛮时期和文明时期。当时没有资本主义这个说法，傅立叶称其为文明制度。但是所谓文明制度并不真正文明。傅立叶对资本主义进行了深刻、尖锐的批判。

傅立叶清楚地把统治阶级——工业和金融的新垄断势力与无产阶级的利益之间进行了明确划分。他说，在资本主义制度下，医生遗忘自己的同胞患寒热病，律师希望每个家庭都打官司，建筑师希望一场大火让城市变为废墟，安玻璃的人希望一场冰雹砸坏所有窗子。因此资本主义是寄生的，是腐朽的，宣扬的权利和道德都是虚假的。资本主义已经陷入"恶性循环"之中，最终必将被一个更高更好的社会制度所代替。这种批判极其深刻。恩格斯曾赞扬说，在马克思主义以前，对资本主义社会"能够进行这种批评的只有傅立叶一人"[1]。

傅立叶设想了一种"和谐制度"或称"和谐公社"来代替资本主义，实行全新的劳动组织方式。不过，傅立叶的公社是建立在私有资本基础之上的，也不追求完全平等。分配上的差距还是存在。公社所得利润分为 12 份，其中 5 份给劳工，4 份给资本家，3 份给技术人员。他认为这样能让每个人发挥所长。

欧文（Robert Owen，1771—1858）来自英国威尔士，父亲是制造马鞍的工匠。欧文是英国工业革命的产儿，在他出生的 1771 年，第一台水力纺纱机出现，大大节省了人工劳力。1779 年，骡机发明出来。1785 年，第一家蒸汽纱厂出现。欧文 8 岁就辍学，到一家商店当学徒。16 岁来到当时的"棉花城"曼彻斯特，18 岁借到 100 英

---

[1] 《马克思恩格斯全集》第 2 卷，人民出版社 1957 年版，第 659 页。

镑与人合办了一家只有 3 名工人的织纱厂。20 岁起担任一家大纺织厂的经理，这里已经引入了最新的蒸汽技术，有 500 名工人。

1799 年，28 岁的欧文入股苏格兰新拉纳克工厂，这里拥有 2500 名工人，4 个棉纺织厂，1 个大机器制造厂，1 个有 2000 多名村民的村子以及 1 个占地 150 英亩的农场。欧文刚来到新拉纳克的时候，这里的工人工资微薄，每天工作十三四个小时，甚至长达 16 个小时，还有不少童工。

担任经理以后，欧文进行了一系列改革，把工人劳动时间缩短为 10 个半小时，禁止雇佣 9 岁以下的童工。他还提高工人工资待遇，改善工人居住条件，修建工人新村，在工厂内设立公共食堂、工人医院、公园和广场。这样下来，工人们有更高的工资，更短的工作时间，但劳动生产率也提高了，企业利润不仅没有减少，反而给股东们赢得了更多利益。

新拉纳克的面貌焕然一新，成了一个模范厂区，是当时欧洲最轰动的旅行目的地，人们视之为人性化的工业传奇。从 1815 年至 1825 年这十年间，新拉纳克的访客登记簿上记录了两万个各地的客人，其中包括维多利亚女王的父亲和后来的俄国沙皇，他们都成了欧文的朋友。报纸称欧文为"善人欧文先生""仁慈的欧文先生"，恩格斯称欧文为当时"欧洲最有名望的人物"。

1824 年，53 岁的欧文带着四个儿子和一些信徒，漂洋过海来到美国，在印第安纳州购买了 3 万英亩土地，建立了一个示范性公有制合作公社，称为"新和谐公社"。新和谐公社组织法规定，公社财产公有，成年人享有平等的权利和义务。公社成员追求共同的幸福，每个人都要对公共利益作出最大的贡献。公社的首要任务是使全体社员得到最好的德育、智育和体育。先后有 1000 多人加入公社，其中包括美国许多著名人士。

　　然而，由于宗教民族等分歧逐渐显现，经营管理中的问题也逐渐暴露，1828 年新和谐公社宣布解散，欧文损失了大部分财产。后来，欧文又想到墨西哥领取土地重新试验，但未能实现。但是，欧文并未放弃自己的思想和计划，回英国后继续进行宣传和斗争。

　　1825 年，英国爆发了资本主义世界第一次经济危机，劳资矛盾空前严重。19 世纪 30 年代，在欧文的一力支撑下，英国的合作运动和工人运动蓬勃发展起来，欧文也成为英国职工会的奠基人和创始人。1834 年欧文又组织了各民族各阶级协会，创办了《新道德世界周报》，恩格斯 1843—1845 年曾为这个周报撰稿。

　　欧文在工人中活动了 30 年。他越来越坚信，无产阶级"将成为所有等级中最有力量的等级"，他们的解放是不可阻挡的。他还总结了阻碍社会改革的三大障碍：第一，私有制是万恶之源；第二，宗教束缚人民的思想，造成偏见；第三，当时的婚姻形式都不是建立在爱情的基础之上，而是建立在金钱关系的基础上。

　　恩格斯高度评价欧文的作用，他说："当时英国的有利于工人的一切社会运动、一切实际进步，都是和欧文的名字联在一起的。"[1]1851 年，33 岁的马克思曾赴伦敦出席了欧文 80 岁生日聚会，聆听了他的演讲。[2] 马克思与恩格斯对欧文的评价很高，称欧文的思想为"本来意义的社会主义和共产主义的体系"[3]。

　　19 世纪初的三大空想社会主义思想家对马克思恩格斯思想的发展有直接影响，是科学社会主义的直接来源。恩格斯曾不止一次地指出："德国的理论上的社会主义永远不会忘记，它是站在圣西门、傅立叶和欧文这三个人的肩上的。虽然这三个人的学说含有十分虚幻和

① 《马克思恩格斯选集》第 3 卷，人民出版社 2012 年版，第 788 页。
② 季学明：《社会主义在中国》，上海三联书店 2020 年版，第 18 页。
③ 《马克思恩格斯选集》第 1 卷，人民出版社 2012 年版，第 431 页。

空想的性质，但他们终究是属于一切时代最伟大的智士之列的，他们天才地预示了我们现在已经科学地证明了其正确性的无数真理。"①

四、空想社会主义的贡献与历史局限性

正如恩格斯明确指出的："（现代社会主义）同任何新的学说一样，它必须首先从已有的思想材料出发"②。空想社会主义的主要贡献就在于对科学社会主义提供了重要思想来源。

第一，深刻批判了资本主义。空想社会主义揭露资本主义社会的罪恶，批判资本主义制度的全部基础，论证了未来社会代替资本主义的合理性，为马克思恩格斯提供了许多批判素材。

第二，提出了对未来社会的天才设想。虽然空想社会主义是空想，但它包含许多进步的、引导人类历史发展方向的真知灼见，也进行了许多积极探索实践，是科学社会主义的重要思想来源。正如恩格斯高度评价的，"使我们感到高兴的，倒是处处突破幻想的外壳而显露出来的天才的思想萌芽和天才的思想，而这些却是那班庸人所看不见的"③。

第三，培育了社会主义理想信念。正是空想社会主义，使人类文明形成了一个重要传统——追求一个社会互助友爱、人人全面发展的理想社会。价值理念就是远方的灯塔，是努力期望达到的目标。对现代政党政治而言，价值理念与社会理想就是政党身份归属的基础核心和动员工具。因此，价值与理想是不可或缺的。

总体上来看，空想社会主义的理想追求从吸收中世纪基督教的平等、公有观念，到启蒙时代追求抽象的理性和平等，再到形成比较科学

---

① 《马克思恩格斯文集》第2卷，人民出版社2009年版，第218页。
② 《马克思恩格斯选集》第3卷，人民出版社2012年版，第775页。
③ 《马克思恩格斯选集》第3卷，人民出版社2012年版，第781页。

的历史观、追寻工业时代的合作与协同，这样一个发展过程，它的每一次发展都建立在当时最先进思想的基础之上，都反映了那个时代的追求和理想，都激励了当时人们的抗争，推进了人类社会的进步发展。

但是空想社会主义毕竟是空想的，难以真正对社会发展发生作用。空想性源于历史局限性，体现为以下两点。

第一，强烈批判了资本主义，但是没有能够证明资本主义必然灭亡，没有揭示社会发展规律。正如恩格斯所说："这种诉诸道德和法的做法，在科学上丝毫不能把我们推向前进；道义上的愤怒，无论多么入情入理，经济科学总不能把它看做证据，而只能看做象征。"[1] 也就是说，空想社会主义对资本主义进行了尖锐批判，但是只论证了资本主义应该灭亡，并没有论证资本主义必然灭亡。最终，要通过马克思恩格斯所发现的历史唯物主义和剩余价值理论来实现对资本主义的彻底批判。

第二，精心设计了社会主义，但是没有能够找到实现社会主义的有效途径，没有找到道路和力量。如圣西门，在一定程度上看到了存在阶级和阶级斗争这个事实，但是，却没有认识到阶级斗争是历史发展的动力，甚至对阶级斗争和暴力革命持排斥的态度。而巴贝夫、布朗基等人的暴力革命却没有建立在现实基础之上。在残酷的现实面前，离开实现路径，他们的设想便只能是空话，他们的实践只能是充满幼稚的幻想。同时，大多数空想社会主义都把改造现实社会的历史责任赋予了某个天才人物。比如圣西门认为，下层群众"只有依靠天才的人，才能重新组织起来而成为一股社会力量"[2]。即便是那些革命的"实干家"们，如巴贝夫、布朗基等人，也只是把希望寄托在少数

---

[1] 《马克思恩格斯选集》第 3 卷，人民出版社 2012 年版，第 528 页。

[2] 《圣西门选集》第 1 卷，王燕生、徐仲年、徐基恩等译，商务印书馆 2011 年版，第 13 页。

革命者的密谋上。空想社会主义者没有看到人民群众特别是广大无产阶级群众的力量。

因此，马克思曾指出："这种空论的社会主义实质上只是把现代社会理想化，描绘出一幅没有阴暗面的现代社会的图画，并且不顾这个社会的现实而力求实现自己的理想。"①

必须要强调的是，空想社会主义这个概念绝没有贬低空想社会主义者的意思，从莫尔到三大空想社会主义者，他们都是自己所处时代最伟大的智士，是人类文明史上的伟人。空想社会主义的局限性并不是个人的局限性，而是历史局限性。他们所处时代的生产状况、阶级状况并不成熟，所以他们必然只能去幻想未来的模范社会。当然，在整个330多年的发展中，随着生产状况和阶级状况的发展变化，空想社会主义也走过了一个空想色彩日渐淡化、糟粕成分不断被剔除、科学内涵越来越充实的过程。

习近平总书记2019年10月31日在党的十九届四中全会第二次全体会议上指出："科学社会主义和空想社会主义的一大区别，就在于它不是一成不变的教条，而是把社会主义看作一个不断完善和发展的实践过程。"②必须注意的是，科学社会主义诞生后，在社会主义思潮、运动和制度中，空想性并没有消失，还长期存在。当然了，具有空想性，并不就是空想社会主义，这是两个概念。马克思、恩格斯在《共产党宣言》中用了大量篇幅批评形形色色的社会主义，广义上都是空想社会主义。马克思、恩格斯进行过长期理论斗争的一些社会主义流派也是空想社会主义。近代中国出现过三次空想社会主义思潮。中华人民共和国成立前夕，中国共产党就进行了对农业社会主义思想

---

① 《马克思恩格斯选集》第1卷，人民出版社2012年版，第532页。
② 《习近平谈治国理政》第三卷，外文出版社2020年版，第123页。

的批判。在改革开放的关键转折时刻，一个重要问题就是要批判超越阶段的空想论。可以说，科学社会主义正是在对同时代空想社会主义的反思、批判和斗争中产生和确立的，中国特色社会主义也是在与空想性、空想论的不断斗争中发展前进的。

习近平总书记在2018年新年贺词中鼓励我们，要"不驰于空想、不骛于虚声"。社会主义理想的实现是个持续的过程，既不能忘记远大理想而只顾眼前，也不能离开现实工作而空谈远大理想。我们要积极投身新时代中国特色社会主义伟大实践，在实践中不断探索，在探索中砥砺前行。

| 第 十 五 讲 |

马克思恩格斯创立科学社会主义

　　空想社会主义经过 330 多年的发展，到马克思、恩格斯那里发生质变，社会主义从空想变成了科学。马克思、恩格斯创立科学社会主义的时代，是一个生产力大发展、社会大变革的时代，是资本主义大踏步前进的时代，是社会急剧转型期。科学社会主义就是这个时代的产物，也是马克思、恩格斯观察时代、分析时代的结果。

一、科学社会主义创立的社会历史条件

　　19 世纪 30—40 年代，发端于英国的工业革命正高歌猛进，机器大工业取代工场手工业，英国率先成为先进工业国。此后，各主要资本主义国家经历了不同形式的资产阶级革命，并相继发生了产业革命，资本主义生产方式完全确立起来了。

　　然而，产业革命在使社会生产力迅猛发展的同时，也加剧了资本主义生产力和生产关系的矛盾。在生产的社会化和生产资料私人占有这一资本主义基本矛盾的作用下，1825 年英国爆发了世界上第一次以生产的相对过剩为特征的经济危机。在这之后的一个世纪中，大约每隔 10 年周期性地爆发一次。尽管当时资本主义还处在它的上升时

期，但是，资本主义生产关系的根本缺陷已经暴露出来。

产业革命引起了社会关系特别是阶级关系的新变化。产业革命在创造出一个工业资本家阶级的同时，也创造出一个在人数上远远超过前者的产业工人阶级；产业革命在不断地刺激资本财富的积累、强化资本的力量的同时，也在不断地扩大工人贫困的积累、聚合工人阶级的反抗力量。1831 年法国里昂工人发动起义，1842 年英国爆发第二次宪章运动，1844 年普鲁士西里西亚地区纺织工人发动起义，这一系列工人运动揭开了由无产阶级领导的社会革命的序幕。

时代的急剧变化，迫使人们对一些深层次的问题作出反思，其中最重要的就是：资本主义时代扑朔迷离的变化背后潜藏的最根本的力量是什么？推而广之，人类历史发展的动力究竟是什么？陷入经济、政治困境的资本主义究竟向何处去？进而人类向何处去？面对历史和时代发展提出的这些课题，马克思和恩格斯积极投身于革命实践活动和理论研究工作，创立了科学社会主义。

马克思、恩格斯在共同创立科学社会主义之前，各自有一段世界观变化历程。

1818 年 5 月 5 日，卡尔·马克思出生在莱茵省小城特利尔。马克思并没有上过小学，他接受家庭教育。他父亲亨利希·马克思对启蒙思想和文学的兴趣以及对时局的言行，深刻影响了他。他的邻居后来成为他的岳父的威斯特华伦男爵，对他童年也有很大影响。威斯特华伦男爵要求马克思关注圣西门的空想社会主义思想。马克思很小就读了空想社会主义著作，这恐怕对他萌发投身人类解放事业产生了不小影响①。

1835 年马克思中学毕业，他在毕业作文《青年在选择职业时的

---

① 张光明、罗传芳：《马克思传》，天地出版社 2018 年版，第 6—7 页。

考虑》中说："如果我们选择了最能为人类而工作的职业，那么，重担就不能把我们压倒，因为这是为大家作出的牺牲；那时我们所享受的就不是可怜的、有限的、自私的乐趣，我们的幸福将属于千百万人，我们的事业将悄然无声地存在下去，但是它会永远发挥作用，而面对我们的骨灰，高尚的人们将洒下热泪。"①

中学毕业后，马克思按照父亲的意愿来到了波恩大学学习法律。一年后，他父亲将他转到了柏林大学。当时柏林大学哲学的主流是黑格尔哲学，马克思1837年加入了青年黑格尔派，并迅速成为"博士俱乐部"的核心人物。马克思对黑格尔的辩证法很推崇，但他很快意识到了黑格尔唯心主义的不足。1841年，费尔巴哈发表《基督教的本质》，认为上帝就是人自身。费尔巴哈恢复了唯物主义的权威，对马克思影响很大。从此，马克思开始将辩证法与唯物主义相结合，试图创建一个新的历史观。

这一年，23岁的马克思获得耶拿大学博士学位，成为当时普鲁士最年轻的博士之一。1842年春，他开始为《莱茵报》撰稿，并最终成为该报的主编。这是马克思大学毕业后谋得的第一份也是唯一一份正式工作。在这里，他首次对共产主义问题发表看法。当时德国地方官方报纸《总汇报》公开指责《莱茵报》进行关于共产主义的宣传，1842年10月15日马克思在《莱茵报》上发表了《共产主义和奥格斯堡〈总汇报〉》一文，他肯定了共产主义运动的合理性和重要意义，同时反对空想社会主义搞的各种实验，并提出要对共产主义进行理论论证。

在此期间，马克思遇上了"物质利益难题"。19世纪初，莱茵省林木所有者鼓动着议会通过了反林木盗窃法，把农民在森林里捡拾枯

---

① 《马克思恩格斯全集》第1卷，人民出版社1995年版，第459—460页。

枝、采摘野果的行为视为盗窃犯罪，给予刑事处罚。作为普鲁士《莱茵报》的主编，马克思在 1842 年 10 月发表了《关于林木盗窃法的辩论》，他替农民做辩护。最终《莱茵报》被普鲁士政府查封，马克思的第一份工作就此终止，并被驱逐出境。

《关于林木盗窃法的辩论》是马克思哲学世界观转变的一个历史性的标志。根据黑格尔的国家观，国家是理性的，是正义的化身。法律由国家意志决定，所以法律是正义的。也就是说国家决定社会。而马克思看到的现实则是林木所有者左右着议会，左右着法律。不是国家社会决定市民社会，而是市民社会决定国家。因此，黑格尔的辩证法是唯心的，是头脚倒置的，马克思要把它颠倒过来。他开始深入研究黑格尔关于国家和法的理论，1843 年夏他完成了《黑格尔法哲学批判》。这时马克思已经不像过去那样从精神出发去研究问题，而是从实际出发去进行思考，唯物史观已经萌芽。

1843 年 11 月，马克思携新婚妻子燕妮迁居巴黎。他和朋友卢格在巴黎创办了《德法年鉴》。他们希望以《德法年鉴》为武器，再次反对普鲁士的国王，反对教会，反对一切旧秩序。恩格斯称这份刊物为"第一本社会主义的刊物"。《德法年鉴》仅仅在 1844 年 2 月 29 日发行了一本，是两期的合刊。马克思在《德法年鉴》上发表了两篇论文。一篇是《论犹太人问题》，他区分了"政治解放和人类解放"。马克思认为，资产阶级的政治解放是不彻底的。作为资产阶级政治解放结果的人，只不过是"私人"即市民社会的成员，而作为国家成员的公民则被马克思称为"公人"①。完整的人应当是建立在全面发展的基础上的人。另一篇是《〈黑格尔法哲学批判〉导言》，他提出了"无产阶级历史使命"的思想。马克思不仅明确地把无产阶级看作是人类

---

① 《马克思恩格斯全集》第 3 卷，人民出版社 2002 年版，第 189 页。

解放的社会力量，而且公开申明自己的哲学是为无产阶级服务的。这是科学社会主义的主要的一点。他说："哲学把无产阶级当做自己的物质武器，同样，无产阶级也把哲学当做自己的精神武器"。"批判的武器当然不能代替武器的批判，物质力量只能用物质力量来摧毁；但是理论一经掌握群众，也会变成物质力量。"① 这两篇文章的发表，标志着马克思从唯心主义到唯物主义，从革命民主主义到共产主义的转变。

同时，马克思撰写了《1844年经济学哲学手稿》，也称《巴黎手稿》。这份手稿中，马克思第一次试图对资本主义经济制度和资产阶级政治经济学进行批判性考察，并初步阐述自己的新的经济学、哲学观点和共产主义思想，被视为马克思科学世界观的开端。

如果说马克思是从关注农民开始走向现实的，恩格斯就是从接触工人开始的。

1820年11月28日，恩格斯出生于莱茵省的另外一座城市——巴门。先祖是犹太人。父亲是工厂主，在德国、英国都有纺织工厂。1837年，他被父亲命令从中学辍学，到营业所学习其厌恶的经商。1838年8月，在父亲的安排下去不来梅当办事员。在这里，他成为一个民主主义者，同青年德意志运动建立联系。1839年春，在该派机关刊物《德意志电讯》发表《乌培河谷来信》，揭露了工人的悲惨生活。1841年9月，恩格斯到柏林步兵炮团服兵役，业余时间去柏林大学听哲学讲课，并参加了"青年黑格尔派"。在听了谢林的演讲后，1842年他写作出版了《谢林和启示》一书，对谢林的唯心主义哲学进行了批判。1842年11月，恩格斯到英国曼彻斯特他父亲和别人合营的欧门—恩格斯纺织厂当总经理，在那里他开始真正深入工人

---

① 《马克思恩格斯选集》第1卷，人民出版社2012年版，第16、9页。

阶级的生活。看到工人阶级的悲惨生活，促进了恩格斯世界观和阶级立场的转变。1844年恩格斯写成《英国工人阶级状况》一书，这本书为科学社会主义理论提供了无可辩驳的经验事实。

1844年2月，恩格斯也在《德法年鉴》上发表了两篇文章。一篇是《英国状况：十八世纪》的一部分，强调了科学技术的进步、机器的发明和应用对生产的发展，对社会生活的影响。另一篇是《国民经济学批判大纲》，被马克思誉为"批判政治经济学范畴的天才大纲"。这是第一篇从无产阶级立场出发的政治经济学文献，以唯物主义和社会主义观点，分析了资本主义的经济问题和社会结构，指出私有制是资本主义社会一切政治经济矛盾的根源，无情地批判了整个资本主义社会制度。

同马克思一样，恩格斯也完成了"两个转变"：从唯心主义向唯物主义、从革命民主主义向共产主义的转变，并开始作为自觉的共产主义者进行思想理论和革命实践活动。

二、科学社会主义的诞生

1844年8月，恩格斯从英国返回德国巴门老家，途中经过巴黎和马克思见面。马克思、恩格斯彼此发现在"一切理论领域中都显出意见完全一致"[①]，他们见面即着手合著一部新书，来清算自己之前的青年黑格尔派思想，捍卫他们已经共同承认的唯物主义和共产主义观点。这本书于1845年出版，名为《神圣家族》，副标题是燕妮取的名字——《对批判的批判所做的批判》。借由《神圣家族》，马克思和恩格斯完成了对青年黑格尔派的告别，开始了共同创立科学社会主义的

---

① 《马克思恩格斯选集》第4卷，人民出版社2012年版，第202页。

战斗历程。

1845 年 1 月，马克思由于帮助革命的《前进报》反对普鲁士当局，而遭到了法国政府的驱逐，来到了比利时的布鲁塞尔。在布鲁塞尔的大部分时间里，马克思一家的生活极其困窘，身无分文，辗转搬家七八次才安顿下来。而早已厌倦了经商的恩格斯也在这年 4 月离开曼彻斯特，赶来与马克思会合。

1845 年 9 月到 1846 年 8 月，马克思和恩格斯共同创作了《德意志意识形态》。这一著作第一次比较系统地阐述了历史唯物主义基本原理，标志着唯物史观的创立和马克思主义哲学的形成。在《德意志意识形态》中，马克思、恩格斯把"现实的个人"作为唯物史观的前提和出发点。他们指出，"这是一些现实的个人，是他们的活动和他们的物质生活条件"①。马克思、恩格斯强调"不是意识决定生活，而是生活决定意识"。《德意志意识形态》第一次系统描述唯物史观，揭示了人类历史发展的客观规律，指明了无产阶级革命的根本原因，说明社会主义代替资本主义是不以人的意志为转移的客观规律，为科学社会主义奠定了第一个理论基石。

而 1845 年马克思的《关于费尔巴哈的提纲》，恩格斯称之为"包含着新世界观的天才萌芽的第一个文件"，则进一步明确了实践的地位。马克思告诉大家，"哲学家们只是用不同的方式解释世界，而问题在于改变世界"，实践成为马克思哲学的核心范畴。

1847 年马克思写作《哲学的贫困》，批判小资产阶级思想家蒲鲁东。蒲鲁东认为革命是梦想家的幻想，真正的出路是改良，改良就是和资产阶级携起手来共同改造这个社会；马克思则指出资本主义生产方式内在矛盾的对抗性必然导致阶级斗争尖锐化，资本主义终将为一

---

① 《马克思恩格斯选集》第 1 卷，人民出版社 2012 年版，第 146 页。

个没有阶级和阶级对抗的新社会所代替，而工人阶级就是实现这一历史性变革的伟大革命阶级。这部著作为马克思主义经济理论奠定了初步基础，这一年12月马克思又作了《资本和雇佣劳动》的演说。这两部著作，初步提出了剩余价值的思想。当然，对剩余价值学说的系统阐述则在《1857—1858年经济学手稿》中。剩余价值学说，表面看来是在研究经济问题，其实是在研究人，研究经济关系背后隐藏着的人与人的关系，揭开了资产阶级剥削的秘密，实质上是关于工人阶级革命的理论。这就为科学社会主义奠定了另一个理论基石。

唯物史观和剩余价值学说的发现，把社会主义建立在现实基础之上，建立在对人类社会发展规律和资本主义发展规律基础上，为科学社会主义奠定了两大理论基石。

19世纪三四十年代，随着工人运动的发展，欧洲成立了不少带有政治性质的工人群众组织。他们深受魏特林空想社会主义、蒲鲁东改良主义、德国"真正的社会主义"、布朗基主义等思想的影响。为了肃清这些思想影响，为工人运动提供指导，1845年马克思和恩格斯花了一个多月的时间亲自到英国实地考察工人的生活。1846年他们在布鲁塞尔一起建立了"共产主义通讯委员会"，共产主义通讯委员会很快在巴黎、伦敦、汉堡、莱比锡、西里西亚各地设立了支部。最为重要的一个成果就是，使得建党正式进入筹备阶段。

讲到建党就要讲正义者同盟。这个组织的前身是一个流亡法国的德国手工业无产者的组织，叫德意志人民联盟，1836年其左翼分裂出来组成正义者同盟。1839年5月同盟参加了法国四季社发动的起义，起义失败后其领导人有的被监禁、有的被驱逐出境，他们到伦敦重新恢复同盟组织。正义者同盟具有浓郁的帮会性质，成员主要由流亡在外的德国裁缝、木匠、钟表匠、排字工人等手工业者组成。他们希望成为小作坊师傅，宗旨是以少数人的密谋活动建立财产公有的新社会。同盟在法国、瑞士和德国也有支部。

当时正义者同盟内部一些领导成员思想发生了分歧，需要科学理论指导。1847年1月，正义者同盟领导人约瑟夫·莫尔代表同盟专程到布鲁塞尔、巴黎邀请马克思、恩格斯参加同盟，帮助同盟起草宣言，实现改组。马克思、恩格斯接受邀请参加了同盟。1847年6月2—9日，正义者同盟举行第一届代表大会。恩格斯参加了会议，马克思由于经费紧张未能成行。这次会议上，正义者同盟改称为共产主义者同盟，用"全世界无产者，联合起来"的口号代替"人人皆兄弟"，通过了恩格斯起草的《共产主义者同盟章程》（草案），规定了新的民主的组织原则。这次大会，把一个狭隘的工人小团体变成了地跨英、法、德、比、瑞等国家的国际性共产主义组织。

1847年11月29日至12月8日，共产主义者同盟第二次代表大会在伦敦召开。大会接受了马克思、恩格斯的新理论和新原则，历史上第一个按照科学社会主义原则建立起来的无产阶级政党诞生了。

马克思和恩格斯接受大会委托，经过充分酝酿，由马克思执笔起草了新的政治纲领——《共产党宣言》。

《共产党宣言》是马克思、恩格斯第三部合作著作，是科学社会主义诞生的标志。它的前身有恩格斯写的两个版本。

第一份是提交给1847年6月共产主义者同盟"一大"讨论的《共产主义信条草案》，一共22个问答题。第二份是提交给1847年11月共产主义者同盟"二大"讨论的《共产主义原理》，以问答的形式通俗地回答了诸如"什么是共产主义""什么是无产阶级"等25个极为重要的重大问题，阐述了科学社会主义的一系列极其重要的基本原理和策略原则，第一次提出"共产主义是关于无产阶级解放的条件的学说"。《共产主义原理》为《共产党宣言》的诞生提供了大体思路框架和基本思想原理。

1847 年 12 月至 1848 年 1 月，马克思、恩格斯合作完成了《共产党宣言》。1848 年 2 月出版，首次印数也只有几百册。《共产党宣言》刚发表，1848 年革命风暴就席卷欧洲。油墨未干的书籍立即分发到各国的同盟盟员手里，成为工人的思想武器。

《共产党宣言》的出版，是马克思主义诞生的标志，是科学社会主义诞生的标志。这本书第一次完整阐述了科学社会主义的基本原理，运用唯物史观的基本原理分析资本主义，得出"两个必然"的结论："资产阶级的灭亡和无产阶级的胜利是同样不可避免的"。无产阶级革命胜利后建立一个什么样的社会？他们提出："代替那存在着阶级和阶级对立的资产阶级旧社会的，将是这样一个联合体，在那里，每个人的自由发展是一切人的自由发展的条件"。如何实现这样的目标？靠无产阶级革命，实行人民民主，与旧的所有制和旧观念彻底决裂；这一切，都离不开无产阶级政党的领导。作为世界上第一个国际性共产党组织的纲领，它把那个时代的科学社会主义理论都讲清楚了，把社会主义建立在现实基础之上。从此，社会主义从空想变成了科学。

三、科学社会主义理论的发展成熟

1848 年的欧洲革命，对马克思、恩格斯丰富发展科学社会主义意义重大。这场革命总体上是资产阶级性质革命，要求的是扩大民主和人民自由，参加者范围广泛，工人阶级也参加了，不少人献出了生命。工人阶级既然已经强大起来，革命后就必然要提出自己的阶级要求，于是资产阶级与工人阶级之间的矛盾迅速尖锐起来，资产阶级运用一切手段刁难、压制、排挤工人阶级，法国工人阶级最终举行六月起义。经过 6 天激烈的巷战，工人起义被镇压，1.1 万人被枪杀，2.5

万人遭到流放。马克思称之为"分裂现代社会的两个阶级之间的第一次大规模的战斗"。起义失败了，但它却揭开了两大阶级搏斗的时代。

1848年革命彻底失败后，马克思和恩格斯撰写了大量著作，对1848年的欧洲革命进行了总结和研究，譬如《共产主义者同盟中央委员会告同盟书》《1848年至1850年的法兰西阶级斗争》《路易·波拿巴的雾月十八日》，进一步丰富和完善了无产阶级革命的理论。

欧洲1848年革命失败后，31岁的马克思被祖国作为不受欢迎的外国人驱逐出境。拿破仑的侄子路易·波拿巴当选法国总统后，巴黎也不再欢迎马克思。英国当时还是愿意接受流亡革命者的欧洲国家。1849年8月24日，马克思带着他的家人来到英国伦敦，一住就住了30年，直到生命的终点。

1857年，爆发了第一次世界性资本主义经济危机，工人大量失业，工资普遍降低，人民生活更加恶化，矛盾进一步加剧，工人运动进入了新的高涨时期。欧美各国工人组织陆续建立起来，并开展了活动。

这时，西欧各国之间的工人联系越来越多了。1862年，伦敦举办世界博览会。法国工人借参观博览会的机会，同英国工人探讨国际无产阶级团结的问题。他们指出，由于没有一个国际的工人联合组织，由于各国工人缺乏组织联系，资本家常常用招募外国雇工的办法来破坏工人的罢工斗争。为了对付国际资本的剥削和压迫，他们呼吁建立一个国际工人的联合组织。为了表达无产阶级的国际主义情谊，英、法工人还特意共同举行群众大会，声援波兰人民反抗沙俄专制统治的正义斗争。

1864年9月28日，英、法、德、意、波及爱尔兰等国的工人，在伦敦圣马丁堂聚会。马克思应邀出席了大会，会议通过决议宣告了国际工人协会成立（简称"国际"，到1889年第二国际成立，改称为

"第一国际"），选出了包括马克思在内的21人组成的临时中央委员会（后来一般称作"总委员会"）。这是世界上第一个国际工人组织。由于大会是在英国举行，英国工联又有较大的影响，因此，工联领袖奥哲尔和克里默分别被选为主席和总书记。马克思被选为总委员会委员。

从成立大会到1872年海牙代表大会，马克思都当选为总委员会委员，马克思还是总委员会的执行机关——常务委员会（小委员会）成员，每星期六晚上，常务委员会都召开会议，开会地点常常在马克思家里。马克思在第一国际一直担任德国通讯书记，还在不同的时期兼任过其他国家的通讯书记。马克思为协会起草《国际工人协会成立宣言》和《协会临时章程》，总委员会所发表的一切文件几乎都出于马克思的手笔。恩格斯说："从这一届起到海牙代表大会时止，每届总委员会的灵魂都是马克思。"

第一国际在马克思和恩格斯的领导下，在欧洲和北美广泛传播了马克思主义，逐步把马克思主义和各国工人运动结合起来，并在斗争中确立了马克思主义在国际工人运动中的领导地位。

1848年欧洲革命后，马克思加强了对经济学的研究，投身写作《资本论》。从1850年6月马克思拿到大英博物馆图书馆免费阅览证开始，他成了这里最不知疲倦的读者。马克思从上午9点钟图书馆开门，一直待到晚上7点，每天工作十个小时。

1857—1858年间，马克思以《政治经济学批判》为题写了一部手稿，现在叫1857—1858年手稿，这部手稿实现了劳动价值论的革命，创立了剩余价值理论，完成了第二个重大发现。资本家占有了工人的剩余劳动成果，由此产生了剩余价值。"资本是死劳动，它像吸血鬼一样，只有吮吸活劳动才有生命，吮吸的活劳动越多，它的生命就越旺盛。"①1859 年，他出版了《政治经济学批判（第一分册）》，这本书的序言对唯物史观这第一个伟大发现作出了经典表述，同时提出了"两个决不会"的思想："无论哪一个社会形态，在它所能容纳的全部生产力发挥出来以前，是决不会灭亡的；而新的更高的生产关系，在它的物质存在条件在旧社会的胎胞里成熟以前，是决不会出现的"②。紧接着，他以《政治经济学批判》（续）为标题写作，写出了23 个笔记本，今天叫 1861—1863 年经济学手稿。1862 年底马克思决定以资本论为标题，以政治经济学批判为副标题写作，到 1865 年完成第一、二、三册初稿。

《资本论》是一部共有 4 卷 6 册近 300 万字的皇皇巨著。马克思生前只出版了第一卷。其余各卷后来由恩格斯等人整理出版。《资本论》是科学社会主义理论的基础性著作，它对资本主义生产方式进行了科学解释，为科学社会主义理论提供了资本主义生活的经验基础，又为科学社会主义理论提供了逻辑严密的系统论证。

就《资本论》和《共产党宣言》的关系而言，《宣言》是纲领，《资本论》论证了纲领。可以说，有了《资本论》，科学社会主义的创立过程才算完整，理论本身才走向成熟。

四、科学社会主义理论体系的完善

对巴黎公社经验教训的理论总结。马克思、恩格斯不断完善他们的理论的同时，工人运动也在不断发展。理论随着实践的发展而前进，特别是巴黎革命推动了理论的发展。巴黎公社是人类历史第一次

---

① 《马克思恩格斯全集》第 44 卷，人民出版社 2001 年版，第 269 页。

② 《马克思恩格斯选集》第 2 卷，人民出版社 2012 年版，第 3 页。

无产阶级政权的伟大尝试。法国在普法战争失败后，资产阶级政府的阶级压迫和民族投降政策，激起广大群众的极度不满。1871 年 3 月 18 日，巴黎工人举行起义，推翻了资产阶级反动统治，建立了无产阶级革命政权。3 月 26 日进行公社选举，28 日巴黎公社宣告成立。

巴黎公社采取一系列革命措施：废除资产阶级常备军，代之以人民武装；废除了立法、司法、行政三权分立的机构，实行立法和行政机构统一的制度——公社委员会，建立了军事、财政、粮食、司法等 10 个委员会；废除旧政权的官僚制度，实行普选制和撤换制，规定公职人员的最高年薪不得高于一个熟练工人的薪金（6000 法郎）；废除僧侣特权，实行政教分离；实行免费义务教育；赋予妇女选举权；等等。

巴黎公社只存在了 72 天，但它是无产阶级推翻资产阶级统治，建立无产阶级专政的一次伟大尝试，是无产阶级革命史上的一个光辉节点。公社失败的第三天，马克思在位于伦敦的第一国际总委员会上宣读了《法兰西内战》。在这部文献中，马克思总结了巴黎公社的经验和教训，发展了马克思主义关于无产阶级革命和无产阶级专政的学说，提出了一系列关于无产阶级国家政权建设的思想。

科学社会主义基本原理的系统阐述。19 世纪 60 年代末 70 年代初，除荷、英、美、法之外，德国、俄国、意大利、奥匈、比利时、日本等众多国家，也都跨入了资本时代，再加上列强所占殖民地遍布全球，便大体形成了资本主义世界体系。资本主义占了优势，西方进入了相对和平时期。这一时期，马克思、恩格斯在理论研究和思想斗争中系统阐述了科学社会主义原理。

一是同拉萨尔主义的斗争。拉萨尔 1863 年 5 月担任了当时最大的、最重要的德国工人组织——全德工人联合会的第一任主席。他主张跟俾斯麦搞好关系，工人要帮助国家实现帝国的利益，帮着帝国争霸与对外扩张，帝国帮着工人提高地位，在资产阶级的帮助下和无产阶级携手迎来春天。拉萨尔反对无产阶级的暴力革命和无产阶级专政，反对工农联盟，污蔑工人阶级以外的劳动群众是"反动的一帮"。

1862 年，拉萨尔从柏林前往伦敦看望马克思。马克思不赞同拉萨尔的理论，他的观点遭到了马克思的尖锐批评，他们之间发生了激烈争吵。七年之后，即 1871 年 1 月 18 日，俾斯麦颁布了《非常法案》，取消了社会民主党，并镇压国内工人运动。当初拉萨尔跟俾斯麦谈话后说，"我吃了樱桃，而他吃下了石头"，意思是他占了便宜。马克思描述道："俾斯麦把吞下的这块石头吐了出来，狠狠地砸向工人阶级"。

1864 年 8 月，拉萨尔与人决斗身亡，但他的思想一直影响到后来。1875 年，德国社会民主工党和全德工人联合会在哥达召开大会合并，他们在纲领草案中采用了许多拉萨尔派的提法。为此，马克思抱病写成了有名的《哥达纲领批判》。

在《哥达纲领批判》中，马克思提出了从资本主义到共产主义过渡的理论，提出了共产主义阶段划分理论。他在预见未来社会发展的基础上，第一次提出了共产主义社会要分为第一阶段和高级阶段两个阶段的理论。

二是同杜林的斗争。1871—1875 年，杜林先后发表三本大部头著作，以"社会主义改革家"身份提出了社会主义理论和改造社会的详尽计划，创造了一套包罗万象的社会主义体系。他宣扬以庸俗唯物主义为基础的折中主义，倡导资产阶级庸俗政治经济学，把暴力当作一切经济现象的终极原因，鼓吹资产阶级改良主义，建议在不改变资本主义生产方式的条件下实行"劳动平等"和"分配平等"。杜林扬言要用他的"最后的、终极的真理"来一次取代马克思主义的"全面变革"。这种看似全面的理论体系及其通俗表达符合 19 世纪德国思想界和工人阶级的理论兴趣，迷惑了很多德国社会民主党成员，甚至连党的领导人倍倍尔也受其迷惑。

　　为了回击杜林对马克思主义的攻击，清除杜林思想对德国社会民主党的影响，在党的领导人李卜克内西的直接建议和马克思的积极支持下，恩格斯放下手头正在做的《自然辩证法》的研究工作，立即着手写书批判杜林的荒谬理论。1876—1878 年间，恩格斯写了一系列论战性的文章，这些论文集印成书，叫作《欧根·杜林先生在科学中实行的变革》。恩格斯通过批判杜林在哲学、政治经济学和社会主义理论方面的种种谬论，完整地阐述了马克思主义基本原理，即马克思主义三大组成部分的基本内容及其内在关系，使马克思主义世界观第一次以"完整的体系"呈现在世人的面前，它让广大工人和德国社会工人党的领导人都理解了有些艰深的马克思思想。后来恩格斯在一封私人信件中，把这本书称作《反杜林论》。所以，这本书后来以《反杜林论》著称。

　　之后，1879 年 10 月，法国工人党创立。为了在法国工人党中传播科学社会主义，由马克思的二女婿也是法国的工人活动家保尔·拉法格出面，请恩格斯写一本宣传科学社会主义的读物。恩格斯就从《反杜林论》中抽取出三部分，引论的第一章，第三篇的第一章、第二章，修订后成为《社会主义从空想到科学的发展》，系统论述了社会主义的思想来源、理论基础和基本原理，成为科学社会主义的经典文献。

　　欧洲无产阶级斗争的新策略。19 世纪八九十年代，资本主义在相对和平的环境中呈现新的态势。恩格斯通过考察和游历欧美各国，对资本主义新情况和新特征作出一系列论述。这些态势包括：生产力方面，新技术的发展、第二次产业革命、经济发展迅猛，工人景况也得到好转。生产关系方面，竞争已经为垄断所代替。政治上，为了缓解阶级矛盾，资本主义国家进行了社会改良，不再寻求同工人直接的、尖锐的对抗，而是将无产阶级纳入政治共同体，通过普选制、代议制等方式，工人阶级有了更多的斗争手段和参与途径。军事上，统治阶级武器更加先进，军队更多了，以往的巷战已经不再适用，暴力革命条件更为困难。

凡此种种，都使工人运动愈来愈将当年的政治抗争转为经济罢工；将武力暴动转为建工会、建政党、办报刊，以及运用投票权将自己信赖的人选入议会，从而表明工人阶级意愿。这便叫作经济斗争与合法斗争，是这一时期工人运动的突出特征。

这一时期，德国工人阶级充分利用了1866年实行的普选权，1890年德国社会民主党人所得选票已增至142.7万张，四分之一以上，在议会中拥有35名议员，成为德国强有力的政党。恩格斯称其为利用普选制的榜样。1895年，恩格斯写下了他一生中最后一篇重要的政治论文《卡尔·马克思〈1848年至1850年法兰西阶级斗争〉一书导言》。他在论文中指出：在德国工人那里，普选权从历来的欺骗手段变成了解放手段，普选权成为无产阶级的一种崭新的斗争方式，应当利用普选权这一合法斗争形式为未来的决战积蓄和准备力量。他同时告诫无产阶级决不能放弃革命暴力，决不能放弃革命权。

这一时期，恩格斯还指导建立一个新的工人联盟——第二国际。1889年7月14日法国大革命100周年纪念日这天成立，今天的五一劳动节、三八妇女节、八小时工作制都得益于第二国际。第二国际成立以后，对工人阶级的解放运动，整个国际共产主义运动起了非常大的推动作用。

探求东方落后国家走向社会主义的可能性。随着资本的全球化，资本主义走出欧洲，逐步扩展到世界，马克思、恩格斯目光也拓展到世界。特别是，东方社会反抗殖民者和统治者的斗争日益高涨，处于社会革命的前夜。如何认识和把握经济文化相对落后国家的社会革命，成为世界社会主义运动亟待解决的课题。

在马克思晚年，对东方落后国家社会主义发展道路进行了新的探索。1881 年 2 月，回应俄国女革命家查苏利奇的求教，马克思在《给维·伊·查苏利奇的复信（初稿）》中指出，俄国"有可能不通过资本主义制度的卡夫丁峡谷，而占有资本主义制度所创造的一切积极的成果"①。恩格斯在 1882 年 9 月 12 日写给考茨基的信中指出："殖民地半殖民地国家能够避免资本主义的独立发展阶段而走向社会主义。"②马克思、恩格斯提出的这种可能性是有条件的。第一，必须以俄国农村公社的存在和发展为基础，这是俄国社会新生的支点；第二，俄国革命必须与西方无产阶级革命相互补充，这是俄国农村土地公有制发展到共产主义的必要条件；第三，必须有西方无产阶级革命的引发、推动和支持，俄国无产阶级革命才能完成。③

马克思、恩格斯穷其一生，运用全新的世界观和方法论，阐述了科学社会主义的理论基础、基本原理以及实现条件，形成了十分完备的理论体系，回答了资本主义往哪里去、人类往哪里去。在他们那里，社会主义摆脱空想、成为科学。

---

① 《马克思恩格斯选集》第 3 卷，人民出版社 2012 年版，第 828—829 页。

② 《马克思恩格斯全集》第 19 卷，人民出版社 1963 年版，第 447 页。

③ 赵曜等主编：《马克思列宁主义基本问题》，人民出版社 2002 年版，第 164—165 页。

| 第 十 六 讲 |

社会主义从理论到现实的飞跃

1917 年 11 月 7 日，全俄苏维埃第二次代表大会在圣彼得堡的斯莫尔尼宫召开，就在大会召开的时候，彼得格勒的起义部队正在攻打冬宫。最终武装起义获得了胜利，俄国资产阶级临时政府被推翻了，全部政权归苏维埃，这就是我们称为"十月革命"的历史性事件。因为当天是俄历 10 月 25 日，所以称为十月革命。毛泽东曾说："十月革命一声炮响，给我们送来了马克思列宁主义。"① 列宁的贡献，简单地说，就是把马克思主义发展到马克思列宁主义，他所领导的十月革命，使社会主义实现了从理论到现实的飞跃。

一、新型无产阶级政党的建立

十月革命又叫 1917 年 11 月 7 日俄国苏维埃武装起义或布尔什维克革命。列宁留给人类文明最重要的政治遗产，莫过于他亲手缔造的共产党（布尔什维克党），这种新型无产阶级政党是十月革命取得胜利的关键。

---

① 《毛泽东选集》第四卷，人民出版社 1991 年版，第 1471 页。

列宁原名弗拉基米尔·伊里奇·乌里扬诺夫，列宁是他参加革命后的笔名，1870 年出生在俄国辛比尔斯克（今乌里扬诺夫斯克市）。在少年时代，列宁亲眼看到了城乡劳苦大众的悲惨处境，内心产生了深切的同情，他感到沙皇俄国时期的社会制度很不合理，必须改变。1887 年，列宁的哥哥亚历山大因谋刺沙皇未遂，被逮捕杀害。列宁很钦佩哥哥的革命精神，但他也开始反思革命斗争的方法和途径，并逐渐认识到哥哥的办法走不通。列宁明确表示："不，我们要走的不是这条路。不应当走这条路。"①要真正实现社会变革，彻底推翻沙皇专制制度，必须走新的道路，列宁最终走上了马克思主义的革命道路。1887 年，列宁全家从辛比尔斯克搬到喀山定居。8 月，列宁进入喀山大学法律系学习，同时积极参加进步的学生运动，投身于反对沙皇专制的斗争。12 月，列宁因参加学生集会和抗议活动被捕入狱、开除学籍、流放一年。1888 年，列宁从流放地回到喀山后，参加了费多谢耶夫领导的马克思主义小组，开始系统学习马克思恩格斯的著作。在那个时候，学习和传播马克思主义的组织形式，是这种各地分散的"小组"。1892 年，列宁在萨马拉建立了当地第一个马克思主义小组，带领大家学习马克思主义。萨马拉毕竟是一个偏僻的小城市，列宁渴望去大工业生产和革命运动的中心城市，于是 1893 年前往彼得堡，以做律师助理为掩护，开始整合当地的马克思主义小组，同时积极参加和领导工人运动。

列宁在具体的斗争实践中意识到，俄国的工人运动要取得成功，必须建立一个坚强有力的无产阶级政党。早在 1883 年，普列汉诺夫等人首先在国外成立了"劳动解放社"，这是俄国第一个马克思主义

① 苏共中央马克思恩格斯列宁斯大林研究院编：《列宁传略》，人民出版社 1956 年版，第 3 页。

团体，在理论、政治、思想、组织和干部等方面都为俄国建立社会主义政党作了较为全面的准备。列宁曾说，劳动解放社"为俄国社会民主党奠定了基础，为党在理论上和实践上的发展做了许多事情"①。俄国的无产阶级政党如何建立，这是列宁在不断思考的重大问题。为此，1895年列宁首先做了两件事情：

第一件是出国考察西欧工人运动。5月中旬到6月初，列宁主要在日内瓦和苏黎世拜访普列汉诺夫等劳动解放社的重要成员。列宁向普列汉诺夫介绍了喀山和彼得堡马克思主义小组的情况，普列汉诺夫则向列宁讲述了民粹派宣传活动的情况。由于解放社的成员长期在国外，他们的理论研究和实践活动没有和俄国的工人运动紧密结合起来，列宁建议劳动解放社要多关注俄国的工人运动。劳动解放社还采纳了列宁的提议，在瑞士为俄国革命者定期出版《工作者》文集。这次会面，列宁更加坚定了筹建俄国社会民主党的决心。为了更多地了解西欧工人运动的情况，6月和9月，列宁先后在巴黎和柏林会见了法国工人活动家、马克思的女婿拉法格和德国社会民主党领袖李卜克内西。

第二件是领导成立"工人阶级解放斗争协会"。马克思恩格斯指出，工人阶级在斗争中，只有组织成为与有产阶级建立的旧政党相对立的独立政党，才能作为一个阶级来行动。② 列宁继承了马克思恩格斯的这种思想，认为俄国必须有自己的马克思主义革命政党。只不过，马克思恩格斯指出无产阶级要有自己的政党，但没有也不可能为俄国设想出一个现成的建党方案。当时俄国还处于沙皇封建军事专制统治之下，没有任何自由，无产阶级无法开展公开的、合法的工人运

---

① 《列宁全集》第4卷，人民出版社2013年版，第188页。
② 《马克思恩格斯全集》第44卷，人民出版社1982年版，第732页。

动，在这种情况下，根本无法在俄国建立西欧那种社会民主党类型的党。列宁考察西欧，得出的结论只可能是俄国不能套用西欧各国无产阶级建党的模式，还得根据俄国的实际情况和革命特点来建立一种新型的无产阶级政党。

俄国的党怎么建？建成一个什么样的党？当时俄国拥有的是各地分散的马克思主义小组，列宁认为这种分散状态完全不能适应俄国革命的需要。他说，把阿基米德的那句名言改动一下，"给我们一个革命家组织，我们就能把俄国翻转过来！"① 列宁回国后不久，在他的领导下，彼得堡20多个马克思主义小组联合成为一个统一的政治组织，定名为"工人阶级解放斗争协会"，协会实行集中制、严格的组织纪律和密切联系群众的原则。协会将工人为改善条件、缩短工作日、增加工资而进行的经济斗争同反对沙皇制度的政治斗争联系起来，开始了马克思主义理论与俄国工人运动的具体实践相结合的历史。这个协会是俄国马克思主义革命政党的萌芽，是建党的第一步。"斗争协会"领导和组织工人罢工，成效很好，影响力越来越大，莫斯科、基辅等地都纷纷建立了类似的团体或组织。这引起了沙皇政府的警觉。1895年12月，列宁被反动当局拘捕，开始了14个月的牢狱生活，并在出狱后被判处三年流放。

列宁被捕和流放后，不断写信给各地的马克思主义者，让他们抓紧时间建党，召开党的代表大会。1898年3月，来自彼得堡、莫斯科、基辅等地的工人组织代表，在明斯克秘密召开了俄国社会民主工党第一次代表大会。大会讨论了党的名称、党的组织结构、党的民族政策等问题，但没有制定出统一的党纲、党章，而且大会刚结束不久沙皇政府就大肆搜捕社会民主党人，俄国社会民主工党实际上名存实

---

① 《列宁选集》第1卷，人民出版社2012年版，第406页。

亡，建党的任务没有完成，各地的党组织仍然处于思想混乱、组织涣散的状态。此时，列宁还在流放期间，他一直在思考：怎样才能把党从困境中拯救出来。列宁得出的答案是办报纸，从组织全俄性的报纸着手。列宁感到只有在国外办报，通过报纸统一思想，才能把全国的力量联合起来，在思想上、组织上为建党做充分准备。他说，在国外出版的全俄报纸可能就是这样一种方式：像搭在新造建筑物四周的脚手架一样，党将以这个报纸为脚手架建立起来。①1900年流放期满，7月，列宁摆脱沙皇政府的监视，到国外筹办俄国第一个马克思主义秘密报纸《火星报》。12月24日，《火星报》在德国莱比锡创刊。列宁除了承担物色撰稿人、编审稿件等编辑部工作，还撰写大量文章阐述了党的理论建设、组织建设和革命斗争的重大问题。

列宁通过办报纸来重建俄国社会民主工党的设想，确实抓住了关键点，是符合俄国实际的"锦囊妙计"。列宁不是纯粹为了办报而办报，他说："报纸不仅是集体的宣传员和集体的鼓动员，而且是集体的组织者"②，"《火星报》从创办时起就不仅作为机关报，而且作为组织细胞在进行活动"③。在列宁看来，第一，办报要把思想理论宣传出去，因此他亲自组织领导《火星报》的印刷运送和发行等秘密工作，避开沙皇警察的监视，使得《火星报》在俄国大量发行。到1903年夏天，在俄国100多个城市都能看到《火星报》。第二，以《火星报》为依托进行建党的宣传和组织工作。《火星报》有一个由41人组成的代办员网，这些代办员都是有秘密工作经验的职业革命家，一大批革命者因此迅速成长起来，通过这种方式培养党的骨干，团结和壮大了党的力量。列宁建立的《火星报》的这套组织，为筹备和召开俄国社

---

① 《回忆列宁》第1卷，人民出版社1982年版，第66页。
② 《列宁全集》第5卷，人民出版社2013年版，第8页。
③ 《列宁全集》第8卷，人民出版社2017年版，第235页。

会民主工党"二大"作出了重要贡献。

1903 年俄国社会民主工党"二大"先后在布鲁塞尔和伦敦召开，经过激烈的争论，通过了党纲、党章，选举了党的中央领导机关，确定《火星报》为党的中央机关报。和"一大"相比，这次代表大会完成了建立一个集中统一的革命政党的任务。

由于代表成分比较复杂，在讨论党章的第 1 条文也就是关于党员资格的条文时，出现了两种不同的看法。列宁提出来的草案是"凡承认党纲、在物质上支持党并亲自参加党的一个组织的人，可以作为党员"[1]；马尔托夫反对列宁提出的这个条文，他提出的是"凡承认党纲、并在党的机关监督和领导下为实现党的任务而积极工作的人，可以作为俄国社会民主工党党员"[2]。虽然这两个条文在字面上的差别只是"参加和不参加党的组织"，但这里面却包含着原则性的分歧，列宁是把党看作一个有组织的整体，每个党员必须参加党的一个组织，这样才能保证全体党员都能够受到党的教育，养成高度的纪律性，又能保证党对每个党员的活动都能够进行切实的领导，使党成为一个统一的整体。但是马尔托夫的主张是一切愿意加入党的人都可以入党，不要他们参加党的组织，不用党的纪律约束他们，他认为党员越多越好，党组织规模越大越好，对于俄国工人运动来说，只有职业革命家组织是不够的，还要包括各种类型的"松散组织"。用列宁的话说，马尔托夫是要"把各色各样的人都变成党员"[3]，用习近平总书记的话说，"这实际上是想建立一个'党员俱乐部'"[4]。围绕党章第 1 条内容所进行的斗争，实际上是关系到建立一个什么样的党的问题。列宁主

---

① 《列宁全集》第 8 卷，人民出版社 2017 年版，第 238 页。
② 《列宁全集》第 8 卷，人民出版社 2017 年版，第 238 页。
③ 《列宁全集》第 7 卷，人民出版社 2013 年版，第 271 页。
④ 习近平：《推进党的建设新的伟大工程要一以贯之》，《求是》2019 年第 19 期。

张建立一个集中统一、有坚强战斗力的、组织纪律严密的、革命的无产阶级政党，按照马尔托夫的意见，实际上无产阶级政党就变成了一个成分复杂、不定型的、缺乏组织性和纪律性的社会团体。大会对这个问题有分歧，在这个问题上，马尔托夫的主张占了优势，以 28 票对 22 票（1 票弃权）通过了马尔托夫的条文，应该说这是这次代表大会的一个重大缺陷。不过，在选举党的领导机关时，党中央的 3 个机构共 6 位领导人中，拥护列宁的"火星派"占了 5 位，属于"多数派"，只有马尔托夫 1 人处于少数派。"布尔什维克"是俄语"多数派"的音译，"孟什维克"是"少数派"的音译。俄国社会民主工党在重建伊始就形成了两个派别，产生了布尔什维克和孟什维克两个专有名词。

列宁为什么十分强调要建立一个实行严格的集中制和严密的组织纪律性的党，主要是有两点考虑：一是这本身就是马克思主义关于无产阶级政党的基本要求。无产阶级政党是以推翻旧政权为目标的，必然遭到旧统治阶级的无情镇压，马克思也说过，革命活动"只有在集中的条件下才能发挥全部力量"[①]。二是他对俄国国情的判断。沙皇专制的统治是不允许任何革命组织合法存在和进行公开活动的，这就决定了无产阶级政党只有运用暴力革命的形式和手段才能推翻沙皇专制制度，这是列宁主张建立一个严格集中制政党的基本出发点。因此，他说："在黑暗的专制制度下，在流行由宪兵来进行选择的情况下，党组织的'广泛民主制'只是一种毫无意思而且有害的儿戏。"[②]

两种主张的冲突，以及"二大"之后孟什维克的派别活动，给俄国社会民主工党埋下了分裂的种子。孟什维克继续坚持每个同情党的

[①] 《马克思恩格斯选集》第 1 卷，人民出版社 2012 年版，第 562 页。
[②] 《列宁全集》第 6 卷，人民出版社 2013 年版，第 132 页。

人都可以自行宣布成为党员，而不用参加党的一个组织。为了进一步驳斥孟什维克的谬论，列宁在 1904 年 2 月至 5 月写作了《进一步，退两步》一书，阐述无产阶级政党的组织原则：（1）党由工人阶级中最优秀、最忠于革命事业的人组成，他们是先进的有觉悟的；（2）党只有成为由统一意志、统一行动、统一纪律团结起来的部队，才能起作用；（3）党必须根据集中制组织起来，少数服从多数，下级组织服从上级组织；（4）党是工人阶级一切组织中的最高形式，它与工会、合作社等有着严格的区别，党能够领导这些"其他一切组织"，并通过这些组织，去团结和组织群众。他还强调："无产阶级在争取政权的斗争中，除了组织，没有别的武器。"①

经过列宁的有力推动，"三大"于 1905 年 4 月在伦敦召开，孟什维克拒绝参加，布尔什维克召开的代表大会修订了党章，采用了列宁关于党员资格的表述，选举产生了中央委员会作为党的唯一领导中心等。而孟什维克继续主张让资本主义充分发展至无产阶级占人口大多数再进行社会主义革命。"三大"后，在俄国社会民主工党内部实际上形成了两条根本对立的路线，且一直持续到"六大"。"六大"重新确定了新的革命形势下的政治路线和策略方针，孟什维克被驱逐出党，从此布尔什维克成为独立的马克思主义政党，称为俄国社会民主工党（布尔什维克），在和孟什维克的斗争过程中，列宁系统阐述了马克思主义的建党学说，布尔什维克党在理论和组织上都更加成熟了，列宁后来指出："布尔什维主义作为一种政治思潮，作为一个政党而存在，是从 1903 年开始的。"布尔什维主义的出现，标志着新型无产阶级政党在俄国的建立和列宁主义的诞生。

---

① 《列宁选集》第 1 卷，人民出版社 2012 年版，第 526 页。

二、十月革命的伟大胜利

列宁把马克思主义基本原理与时代特征和俄国实际相结合，捍卫和发展了马克思主义，创立了列宁主义，带领布尔什维克党和俄国人民夺取了十月革命的伟大胜利，实现了社会主义从理论到现实的飞跃。

沙皇俄国的国情特点。十月革命的胜利不是偶然产物，不是历史的巧合，它的发生有深厚的历史背景和条件。马克思恩格斯在 19 世纪中叶提出一个著名的论断，即社会主义革命"将不是仅仅一个国家的革命，而是将在一切文明国家里，至少在英国、美国、法国、德国同时发生的革命"①。但是现实情况却是革命在俄国这样一个经济社会相对落后的国家首先胜利。为什么会出现这种情况？列宁也有一个著名论断：20 世纪初的俄国是帝国主义链条上的薄弱环节。理解列宁所说的"薄弱环节"，要从革命前的沙皇俄国的国情特点出发。

第一个特点是资本主义经济得到了迅速发展，但民族资产阶级的力量却是弱小的。1861 年沙皇亚历山大二世签署了废除农奴制的法令，俄国开始了一场自上而下的改革，虽然这是一场不彻底的改革，但是从内容上看，它已经是一场资产阶级性质的改革了，客观上为俄国资本主义的发展开辟了道路。这场改革最终使俄国的资本主义经济获得了迅速发展，工业总产值一跃至欧洲第 4 位，世界第 5 位，俄国从一个落后的欧洲国家变为一个能够在世界上参与瓜分殖民地和划分势力范围的帝国主义国家。尽管工业总产值排名靠前，但俄国的发展程度与欧美大国相比还有很大差距：一方面，产业工人主要集中在大的工业中心和大型企业，形成了无产阶级的相对集中，而不是广泛分

---

① 《马克思恩格斯选集》第 1 卷，人民出版社 2012 年版，第 306 页。

布；另一方面，外国资本的大量涌入，控制了采矿、冶金、铁路、机器制造等部门，许多大银行的外国资本占到 50%—70%，俄国资本主义对西方帝国主义的依赖日益加深，俄国民族资产阶级的力量无法壮大起来。

第二个特点是俄国是帝国主义时代各种矛盾的集合点。对于什么是帝国主义时代，毛泽东曾经有过一个简明形象的说法，他说："资本家撞了资本家，市场少了，有的抢到的地方广一些，有的抢到的地方狭一些，因此打起来。这就是所谓帝国主义时代。"①列宁通过大量的研究发现，19 世纪末 20 世纪初，资本主义在各国的发展是极不平衡的，资本主义大国之间的力量对比发生了很大变化。一些后起的资本主义国家，由于采用先进的科学技术，经济获得跳跃式的发展，赶上或超过了一些老牌的资本主义国家。后起的资本主义国家发展起来后，发现世界领土和殖民地已被瓜分完毕，为了重新瓜分殖民地，它们不得不采用武力和战争的办法。这样，战争就不可避免。帝国主义战争一方面给劳动人民带来巨大灾难，在一些国家造成革命形势；另一方面也削弱了帝国主义自身的力量，造成帝国主义链条上的薄弱环节，这个薄弱环节就在俄国。在这样一个时代，沙皇俄国面临着来自各方面的危机和矛盾，包括地主和农民的矛盾、资产阶级和无产阶级的矛盾、沙俄与东西方列强争夺世界霸权的矛盾。总体上看，俄国社会存在的最突出的社会矛盾是沙皇专制制度与人民大众的矛盾。各种经济、政治、社会危机积聚在一起，当俄国在日俄战争中又失败时，终于触发了 1905 年革命的总爆发。

1905 年革命。布尔什维克一般把 1905 年革命视为 1917 年革命的先驱和预演。1905 年 1 月 16 日，彼得堡普梯洛夫工厂爆发了罢工，

---

① 《毛泽东文集》第三卷，人民出版社 1996 年版，第 288 页。

很快就发展成为全市的大罢工。1月22日星期日当天，有14万工人及家属前往宫廷广场向沙皇请愿。残暴的沙皇尼古拉二世对恳切的请求无动于衷，并进行了武力镇压。据在场采访记者编制的死亡名单不完全统计，"死伤人数共达4600人"，"工人们向军官们喊道，他们打俄国人民比打日本人还有成绩"①，史称"流血星期日"，工人阶级终于放弃了最后一点对沙皇本人和沙皇政府的幻想，这一事件揭开了1905年至1907年俄国第一次资产阶级民主革命的序幕。

列宁敏锐地洞察到"流血星期日"事件的影响，他认为俄国工人阶级已经觉醒，并开始了推翻沙皇专制制度的伟大斗争，这一斗争将成为世界历史的转折点。在罢工运动中产生了工人阶级的政治组织：工人代表苏维埃。1905年工人罢工此起彼伏，农民运动蓬勃发展，军队中的革命情绪也不断高涨，6月俄国的海军"波将金"号装甲舰的水兵发动了起义。到了10月，国内的斗争形势出现了新的局面，政治罢工浪潮不断高涨，从莫斯科、彼得堡扩展到全国所有的工业中心和城市，甚至蔓延到了边疆地区，形成了全俄政治总罢工，参加罢工的人数达到200多万。10月的罢工迫使沙皇在月底颁布了宣言，许诺公民有言论、集会、结社的自由，而且还许诺要召开具有立法职能的国家杜马。虽然这是沙皇不情愿的改革，但俄国革命的风暴确实带来了资产阶级的联合，资产阶级的各种政治党团纷纷成立。

沙皇的诏书颁布以后，列宁马上就看穿了沙皇的欺骗手法，他说这是沙皇的缓兵之计，要求工人阶级擦亮眼睛，丢掉幻想，继续斗争，要彻底地铲除沙皇专制制度。由于斗争形势的需要，1905年11月21日，列宁从国外回到了彼得堡，直接领导布尔什维克的工作。12月莫斯科的政治总罢工转变为武装起义，工人们奋不顾身地战斗

---

① 《列宁全集》第9卷，人民出版社2017年版，第206页。

了9天，虽然遭到了沙皇政府的残酷镇压，但是我们说12月武装起义成为俄国第一次革命的高潮，标志着无产阶级的群众性斗争进入了新的阶段。列宁在这一期间，通过编辑刊物、发表文章、进行演说等指导党的工作和革命工作。1906年夏天，为摆脱警察迫害，列宁移居芬兰。沙皇在抗议浪潮前的承诺很快就成了一纸空文。1907年6月16日，沙皇政府解散了第二届国家杜马，逮捕了杜马中的社会民主党党团的全部代表，这就是俄国历史上反革命的"六三政变"。革命的工人组织不能公开存在了，无产阶级革命政党只能转入地下。1907年底，沙皇警察在芬兰到处搜寻列宁，列宁前往瑞士，开始了长达10年的第二次国外流亡生活。

1917年二月革命。1914年第一次世界大战爆发，沙皇政府迅速地参加了这场战争。资产阶级政党在杜马里，最初是一致投票支持沙皇政府的战争政策的，但俄军在战场上接连失败，在战争的前两年，俄国军队就损失了350万人，战争使俄国的国内经济陷入了崩溃，导致了一系列的国内社会危机、经济危机和政治危机，特别是引发了上层统治危机，资产阶级与沙皇政府间的矛盾逐渐激化。

从1917年起，俄国国内的社会危机更加严峻。沙皇军队在前线屡战屡败，军费开支庞大，政府向国内加征各种苛捐杂税仍入不敷出，人民生活必需品紧缺，物价暴涨。这时，和平、土地和面包已成为广大人民的三大迫切要求。3月10日（俄历2月25日），彼得格勒的10万工人发动了总罢工，沙皇政府决定动用武力进行管控和镇压，部队很快就控制了首都，要求工人复工，否则就把工人送到战争前线。政府的这些镇压措施进一步激怒了工人，而且由于布尔什维克抓紧做军队士兵的工作，彼得格勒的卫戍部队倒向了工人一边，工人罢工和示威转变为以士兵为主体的武装起义。这就是"俄国二月革命"。二月革命的爆发促使资产阶级和沙皇政府分道扬镳，内阁瓦解、政府职能瘫痪，沙皇被迫退位，统治俄国304年的罗曼诺夫王朝被推翻了。形势发展如此迅速，说明沙皇专制制度已完全背离时代潮流，俄国面临的各种深刻危机，已无法通过沙皇制度的自身变革来解决。

二月革命后，俄国组成了资产阶级临时政府，由于当时布尔什维克党的力量相对弱小，只有党员2.3万人，彼得格勒只有2000名党员，而立宪民主党有党员6.5万到8万人，孟什维克有党员20万人，社会革命党有党员50万人，所以二月革命后建立的临时政府主要是由立宪民主党、孟什维克、社会革命党等政党所控制。与此同时，在资产阶级临时政府之外，还诞生了一个新的政权：工兵代表苏维埃，这样俄国出现了资产阶级临时政府和工兵代表苏维埃两个政权并存的局面。

虽然说是两个政权并立，但还是有明显的差别。资产阶级临时政府没有根本改变沙皇政府的政策，特别是继续参加世界大战的政策没有变，也没有消除贫困和饥荒，没能解决农民的土地问题，实际上俄国国内的各方面的危机都没有得到有效的解决，俄国人迫切要求的"和平、土地、面包"三个问题全都落空。而彼得格勒工兵代表苏维埃则拥有在二月革命中武装起来的几十万工人和起义的士兵，资产阶级临时政府从一开始就在人心向背和军事实力上处于劣势。

社会主义革命首先在俄国胜利。1917年3月中旬，列宁在瑞士得知俄国爆发二月革命、沙皇专制政权被推翻以后，决定尽快回国。回国前列宁撰写了多篇文章，全面阐述了布尔什维克在这个重要的历史关头必须坚持的革命原则和策略原则。列宁提出，二月革命只是第一阶段，布尔什维克要揭露资产阶级临时政府的反动本质，要努力争取大多数工农群众，把革命引向第二阶段，实现社会主义革命的胜利，建立真正的工农政府。4月16日晚上，列宁回到了俄国，第二天，列宁参加全俄工兵代表苏维埃会议的布尔什维克代表会议，作了关于革命无产阶级任务的报告，逐条讲解了自己拟定的提纲，随后提纲在《真理报》发表，这就是著名的《四月提纲》。

列宁提出，俄国当前形势的特点是由民主革命向社会主义革命阶段过渡，第一阶段由于无产阶级的觉悟和组织性不够，所以政权落到了资产阶级手中，第二阶段要把政权拿回来。他的策略方针是两个口号："不给临时政府任何支持""全部政权归苏维埃"。这个时候，列宁并未要求马上建立纯粹的工人革命专政，而是提出"全部政权归苏维埃"的口号，主张以和平的方式，将政权从临时政府手中接过来，向社会主义革命过渡。

1917 年 7 月，社会革命党人克伦斯基登上临时政府总理宝座，下令解除首都工人武装，大肆搜捕示威游行参加者，并查封了布尔什维克报纸，白色恐怖再次笼罩俄国。布尔什维克和平取得政权的尝试失败了。克伦斯基还下令全国通缉列宁，甚至下令"发现列宁就地枪决"。列宁被迫秘密藏身在彼得格勒郊区的拉兹里夫湖畔，后来又转移到芬兰的一个小镇。

列宁虽然在芬兰隐匿居住，但一直关注着俄国局势的变化，而且多次要求返回彼得格勒。1917 年 10 月 14 日，列宁致信中央委员会，提出应当立即举行起义。不久，布尔什维克党中央同意列宁返回彼得格勒，以便更好地投入武装起义的准备工作。10 月 23 日，布尔什维克党中央召开紧急会议，讨论起义问题，通过了列宁起草的决议。10 月 26 日，党中央委员会扩大会议再次通过起义的决议，随后成立革命军事总部。11 月 6 日下午，武装起义开始，工人赤卫队占领了中央电报局和一些重要的桥梁。当天晚上列宁化装来到斯莫尔尼宫，亲自指挥起义。从 6 日深夜到 7 日上午，彼得格勒的各个重要据点基本上被起义部队占领。下午 6 点，起义部队包围了资产阶级临时政府的所在地冬宫，晚上 9 点 40 分，停泊在涅瓦河上的"阿芙乐尔号"巡洋舰，发出了攻打冬宫的炮声，此时全俄苏维埃第二次代表大会正在召开，宣告临时政府已经被推翻，彼得格勒武装起义取得胜利。临时政府的垮台和彼得格勒武装起义胜利的消息迅速传遍了俄国，各地苏维埃在布尔什维克党的领导下夺取了政权。到1918年春全国大部分地区的政权已经转归由布尔什维克领导的苏维埃，十月社会主义革命在俄国取得了胜利，世界上第一个社会主义国家诞生了。

三、建设社会主义国家的初步探索

夺取政权以后，捍卫和巩固新政权，成为布尔什维克党和人民面临的紧迫任务。被推翻了的资产阶级临时政府的首脑克伦斯基发动一些反革命的旧军队向彼得格勒进攻，社会革命党和孟什维克组织了"拯救祖国和革命委员会"策动士官生发动叛乱，千方百计地破坏苏联国家的建设。当时第一次世界大战还没有结束，苏维埃政权还受到帝国主义国家的敌视和包围。1917年12月，美国国务卿向总统威尔逊提交了一份关于如何对待俄国事件的长篇报告，建议在俄国建立以旧俄将军为首的军人独裁政权，并且向他们提供巨额贷款。美国总统威尔逊亲自签署命令，抽调军队参加英、法、美联军，以武力干涉俄国事务，支持反对苏维埃的势力建立了"北方政府""西伯利亚自治临时政府"等。要巩固新的政权，首先必须摆脱帝国主义战争和赢得必要的"喘息"时机，争取一个有利的国际环境。苏维埃政权成立的第二天就颁布了《和平法令》，呼吁交战国停止战争，缔结不割地不赔款的公正的合约，但这一建议遭到了协约国的拒绝。当时对苏维埃政权威胁最大的是德国，列宁巧妙地利用帝国主义国家的矛盾，决定与德国单独谈判，并在国内力排众议，最终签订了《布列斯特和约》，使新生的苏维埃政权赢得了"喘息"时机，为恢复经济、建立和扩大红军提供了宝贵的时间和条件。

历史证明，列宁与德国暂时签订和约的想法非常具有战略眼光。很快，更大规模的帝国主义国家的干涉就来了。1919年5月，第一次世界大战已经结束半年，刚得到一些"喘息"机会的协约国军队组织了第二次武装干涉，参加的国家有14个之多，这次进攻的主要战场在南方，反动军队直逼新首都莫斯科。在这些极端危机的情况下，布尔什维克把全国的政治、经济、文化生活转入战时轨道，动员国内一切人力、物力、财力保证战争需要，实施了"战时共产主义"政策。经过3年的斗争，终于赢得了抗击国外武装干涉和国内战争的胜利，使新生的政权站稳了脚跟，社会主义革命的胜利成果得到了巩固。

在抵御国内外反革命势力进攻的同时，布尔什维克党也开展了建立新型国家政权的工作。布尔什维克党的宗旨是要建立一个崭新的社会主义制度，这也是它领导十月革命的主要目的。新政权建立后就颁布法令，废除了俄国旧有的一切等级、身份、封号和官僚制度，宣布全体人民一律享有平等、自由和民主的权利；废除了地主土地所有制，实现土地国有化并分给农民使用，完成了土地改革；产生了第一批社会主义性质的农业组织，即国营农场和集体农庄；实行了工业和商业初步的国有化，奠定了社会主义国营经济的基础；实行工人监督制度，实现了工人阶级在经济领域当家作主的第一步。苏俄管理国家的最高行政机构是在全俄苏维埃第二次代表大会上成立的人民委员会，列宁担任了第一届人民委员会主席职务，下设内务、外交、农业、劳动、财政、司法、工商业、粮食、教育等12个部和1个陆海军人民委员会。根据《关于成立工农政府的法令》的规定，政府权力属于人民委员会，即工农政府。工农政府管理国家，人民委员会各个部分工负责国家生活的各个具体部门，人民委员会有权颁布一切法令、指令和训令，为维护国家的经济和安全可采取一切措施。人民委员会对全俄工兵代表苏维埃负责，后者拥有对人民委员会的监督权及撤换权。以人民委员会为核心的工农政府此时虽然还有许多不完善的地方，但它毕竟是人类历史上第一个社会主义性质的政府，也是一个新型的政府。与此同时，新政权还大力吸收来自基层的优秀工人和士兵参加新型国家机关建设，并积极扩大和农民的联系，壮大布尔什维克党在广大农村地区的力量，巩固地方苏维埃政权。1922年12月，苏联成立后，苏维埃体制也随之扩大，包括全苏苏维埃代表大会、加盟共和国和自治共和国苏维埃代表大会、省县乡苏维埃代表大会和市村镇苏维埃。国家的武装力量也逐步系统建立起来，人民委员会颁布了组建红军和红海军的法令，在国内战争期间还逐步形成了自己的中央军事指挥体制。

苏俄是一个小农经济占主导地位的国家，列宁自己就曾说，这是"一个落后的、被反动和不幸的战争严重破坏、又远远早于先进国家开始社会主义革命的国家"[1]，"在文明程度方面，在从物质和生产上'实施'社会主义的准备程度方面，却比西欧最落后的国家还要落后"[2]。按照马克思恩格斯的观点，社会主义是建立在高度发达的资本主义生产力基础之上的，而现实的历史发展是社会主义首先在经济文化相对落后的俄国建立，在这样的条件下，如何巩固和建设社会主义，是列宁必须思考的现实问题。在1918年夏至1920年底的国内战争时期，苏维埃政权为了击退国内外反革命武装的进攻，在经济上实行了按照军事共产主义原则调整产品生产和分配的"战时共产主义"政策，包括实行余粮收集制；禁止私人自由贸易，实行配给制；实行工业的全部国有化；实行普遍劳动义务制等。1920年，战争基本结束后，继续实施这个政策引发了全面危机，严重威胁到

---

① 《列宁选集》第3卷，人民出版社2012年版，第507页。
② 《列宁选集》第4卷，人民出版社2012年版，第498页。

俄共（布）的执政地位。面对这种情况，列宁开始进行反思。他说："我们计划（说我们计划欠周地设想也许较确切）用无产阶级国家直接下命令的办法在一个小农国家里按共产主义原则来调整国家的产品生产和分配。现实生活说明我们错了。"①1921 年 3 月俄共（布）"十大"决定，立即废止"战时共产主义"，实行从战时共产主义政策向新经济政策的转变，主要措施包括：用粮食税代替余粮征集制；允许多种经济成分存在；恢复贸易自由，大力发展商业；加强同资本主义国家的经济交往与合作。1985 年，邓小平指出："社会主义究竟是个什么样子，苏联搞了很多年，也并没有完全搞清楚。可能列宁的思路比较好，搞了个新经济政策，但是后来苏联的模式僵化了。"②此外，列宁在晚年时期还提出了通过合作制引导农民走向社会主义，利用资本主义文明成果建设社会主义，要加强苏维埃国家政权，特别是执政党的建设，要建立高度发展的文化与科学等思想，初步形成了社会主义建设理论。

列宁作为世界上第一个社会主义国家的缔造者和领导人，在理论和实践上都与时俱进地继承和发展了科学社会主义，从总体上回答了一个经济文化相对落后的国家如何建设社会主义的问题。十月革命后，究竟如何搞社会主义，也没有先例，列宁的深入思考和艰辛探索，使社会主义从此变为一个现实的、活生生的事物。

四、十月革命的历史意义

十月革命是建立社会主义制度的第一次成功实践，十月革命的胜

---

① 《列宁选集》第 4 卷，人民出版社 2012 年版，第 570 页。
② 《邓小平文选》第三卷，人民出版社 1993 年版，第 139 页。

利验证了列宁的帝国主义理论和社会主义可能在一国或数国首先取得胜利的理论,并为经济文化比较落后的国家走上社会主义道路提供了宝贵经验,深刻改变了人类历史发展进程。习近平总书记指出:"列宁领导的十月革命取得胜利,社会主义从理论变为现实,打破了资本主义一统天下的世界格局。"[①]

第一,经过十月革命,社会主义实现了从理论到现实的伟大飞跃,在当时还是资本主义占主导地位的世界体系中诞生了第一个社会主义国家。列宁深刻地洞悉资本主义发展的新特征,提出了帝国主义理论,把马克思主义基本原理和俄国革命具体实践结合起来,形成了列宁主义,创造性地提出了社会主义可能在一国或数国首先取得胜利的理论。在列宁和布尔什维克党的领导下,俄国无产阶级把资产阶级的民主革命转变为社会主义革命,通过武装斗争打碎了旧的国家机器,取得了震撼世界的十月社会主义革命的伟大胜利,建立了无产阶级专政的苏维埃制度。苏维埃俄国初步建立了社会主义性质的经济、政治、文化教育等制度,在人类历史上第一次建立了社会主义国家,使社会主义从理论变为现实的社会制度。

第二,十月革命后,社会主义作为一种崭新的社会形态和社会制度,引领着人类社会的发展方向。在十月革命的影响下,社会主义成为许多国家赢得民族独立、民族解放和国家发展的重要选择,一些国家先后走上社会主义道路,世界上近三分之一的人口一度生活在社会主义制度下,社会主义力量大大增强。十月革命的胜利,促进了民族解放力量的崛起,推动了殖民地半殖民地国家的民族解放运动,加速了世界范围内帝国主义殖民体系的整体瓦解,深刻改变

---

① 习近平:《在纪念马克思诞辰 200 周年大会上的讲话》,《人民日报》2018 年 5 月 5 日。

了国际力量对比和世界格局。此外，世界社会主义的发展和社会主义制度的优越性，使许多资本主义国家不断调整统治策略，利用社会主义制度的一些举措来修补自身弊端，缓和了资本主义日趋尖锐的基本矛盾。

第三，领导十月革命胜利、由列宁创建的新型无产阶级政党为人类政治文明的发展作出了新贡献。布尔什维克党在十月革命的过程中逐渐发展壮大起来，预示着一种既不同于西欧社会民主党，也不同于资本主义政党的新型政党的诞生。布尔什维克作为新型无产阶级政党的组织特点，不仅影响了俄国的社会主义革命，也影响了包括中国共产党在内的许多国家的共产党，成为社会主义国家政权的组织原则。1939 年 10 月 4 日，毛泽东在《〈共产党人〉发刊词》中提出，要赢得中国革命的最终胜利，就必须把中国共产党建设成为"一个全国范围的、广大群众性的、思想上政治上组织上完全巩固的布尔什维克化的中国共产党"，称这是一项"伟大的工程"。[1] 习近平总书记强调："古往今来，世界上的大国崩溃或者衰败，其中一个普遍的原因就是中央权威丧失、国家无法集中统一"，"把党的建设作为一项伟大工程来推进，是我们党的一大创举"。[2] 可以说，时至今日，列宁的建党思想仍然是中国共产党集中统一领导体制的思想渊源。

---

[1]　《毛泽东选集》第二卷，人民出版社 1991 年版，第 602 页。

[2]　习近平：《推进党的建设新的伟大工程要一以贯之》，《求是》2019 年第 19 期。

| 第 十 七 讲 |

苏联模式的形成与世界社会主义
遭受重大挫折

十月社会主义革命胜利后，列宁领导布尔什维克党和俄国人民将马克思主义普遍真理同苏维埃俄国的国情实际相结合，努力探索经济文化落后国家的社会主义建设道路。斯大林领导苏联人民完成了农业集体化和国家工业化，确立了社会主义制度并取得举世瞩目的工业成就。二战过后，东欧多国在苏联直接影响下，纷纷建立了社会主义制度，这对他们的经济恢复和国家建设起到了积极作用。但是，随着国际形势变化和实践的发展，苏联模式的弊端日益显现出来，苏联、东欧各国也都进行了改革探索，可收效甚微。20世纪80年代，由于戈尔巴乔夫执行错误的指导思想和改革措施，同时在各种复杂因素干扰下，最终酿成苏联解体和东欧剧变的悲剧，世界社会主义遭受重大挫折。

一、对苏联如何建设社会主义的探索

作为十月革命后建立起来的世界上第一个社会主义国家，苏联的经济发展水平与先进资本主义国家相比还很落后，以小农经济为主，工业基础薄弱。20世纪20年代面对复杂的内外部形势变化，苏联如何应对困难挑战、探索什么样的社会主义建设方针，党内关于这个重大问题存在严重分歧，发生过三次大争论。

第一次争论主要在斯大林、布哈林与托洛茨基之间。列宁领导的新经济政策激发了农业市场活力、迅速恢复了农业生产，但没能有效解决国家工业化的资金问题。当时有一种批判新经济政策的观点：新经济政策是反工业的，国家应保护工业，托洛茨基就是坚持这种观点的主要代表。另外还有一些人拥护新经济政策，主要代表人物是斯大林、季诺维也夫①、加米涅夫②。他们认为苏联经历累年战争，如果再对农民掀起革命会付出巨大代价。

1924年1月14日至15日，中央委员会全会讨论党内的两派争论，斯大林、季诺维也夫、加米涅夫获得胜利。这次争论后，新经济政策并未终止，苏联工业化的资金问题依然是摆在领导者面前的大问题。国家有对现代化事业的规划，却没有能力去落实。苏联一国到底能否建成社会主义？经济文化落后国家到底怎样建设社会主义？这些深层次问题必须给予明确的回答。

第二次争论主要在斯大林、布哈林与季诺维也夫、加米涅夫之间。到了1925年，苏共政治局的内部斗争趋于白热化，党内争论再一次演变为党派斗争，一方是季诺维也夫和加米涅夫，另一方是斯大林和布哈林。

1926年斯大林出版了《论列宁主义的几个问题》，这本书对列宁思想进行了梳理，并且在书中提出"社会主义一国建成论"。但列宁

---

① 格里戈里·季诺维也夫（1883—1936），俄国工人运动和布尔什维克党早期著名的活动家和领导人，共产国际执行委员会第一任主席。

② 列甫·波里索维奇·加米涅夫（1883—1936），十月革命后出任全俄苏维埃代表大会执行委员会第一任主席。1934年12月基洛夫被暗杀后，与季诺维也夫一起以"间接参与"此案而被判罪。

过去坚持认为，俄国自身的力量不足以实现经济建设的目标，更别提经济发展了。这样一来，1926 年又形成了拥护列宁观点的托洛茨基—季诺维也夫"联合反对派"，开始向中央委员会尤其是斯大林个人展开猛烈攻势。

托洛茨基要求的是革命性的变革，而斯大林还寄希望于渐进性的变革，斯大林最终取得党内大部分人的支持。1927 年 10 月，联共（布）中央委员会和中央监察委员会联席全会决定，将托洛茨基、季诺维也夫和加米涅夫开除出中央委员会。1927 年 11 月 14 日，托洛茨基和季诺维也夫被完全开除出布尔什维克党。从 20 世纪 20 年代末开始，斯大林的个人威望和政治影响独树一帜。

第三次争论主要在斯大林与布哈林、李可夫之间。1927 年底，由于对富农征税，再加上粮食收购价格太低，导致粮食供应不足，形势非常严峻。1928 年 1 月 15 日，斯大林带领一批官员从莫斯科乘坐火车去了西伯利亚，包括其他领导人也都到苏联的各农业区收购粮食。[①] 对此，布哈林认为，经济政策变革从各省开始，提前没有与政治局成员和中央委员会委员们商量，这在布尔什维克党的历史上还没有先例。

斯大林在总书记的位置上总揽全局，有更多的紧迫感。这种紧迫感在于他看到了 20 年代国际局势出现了很多对苏联不利的情况。1927 年英国断绝了与苏联的外交关系，并于 5 月将苏联大使驱逐出来；6 月，苏联驻波兰大使被刺杀，苏联一度出现了战争恐慌情绪。在经济上，苏联的经济发展虽然如火如荼，但是它与西方最先进经济体如美国和德国之间的差距正在日益拉大，而斯大林及其同事们所担

---

① ［英］罗伯特·谢伟思：《斯大林传》，李秀芳、李秉中译，华文出版社 2014 年版，第 259—260 页。

心的正是苏维埃政权的持续落后。

在严峻的形势下，苏共内部大多数官员渴望转至更加革命的政策上来。20 年代中期，布哈林倡导以稍慢的速度实现工业化，但斯大林日益增强的紧迫感却使他不同意放慢速度。1928 年 9 月 30 日，布哈林在《真理报》上发表《一个经济学家的札记》，在文中对斯大林的路线提出批评，他寄希望于用这种公开分歧的方法保障在下一次党的全会上自己能够得到更多支持。他认为，力量对峙已经极度紧张，再加快速度已绝不可能，应该放弃"疯狂的紧张状态"，而这种紧张状态是当时正在制订的五年计划草案所造成的。面对布哈林的批判，斯大林进行了反击，在党内展开了以反对资本主义复辟为终极目标的反右倾运动。[①]

《札记》受到经济学家的猛烈抨击。托洛茨基及其拥护者也加入了这一批评运动中，因为他们把斯大林的新路线看成采纳了札记的思想。政治局谴责布哈林的文章。斯大林要求布哈林停止"阻碍集体化"，而布哈林则暗自责骂斯大林是"渺小的东方暴君"。布哈林是列宁口中的"学究"，不具备对手的意志，也不具备对手的组织能力，在他与斯大林的冲突中，失败是必然的。不久，布哈林只能托病、前往高加索去休假了。

随着 1928 年 10 月第一个五年计划的实施，新经济政策被终结。斯大林的设想之所以总能被中央和地方党的领导人认同，一个重要原因是 1917 年十月革命对他们产生了根深蒂固的影响。三次大争论既有一国建成社会主义的理论之争，同时也伴随着残酷的权力斗争。在这期间，高度集中的苏联模式的雏形基本呈现出来，并且在苏共党内

---

① ［俄］斯维亚托斯拉夫·雷巴斯、叶卡捷琳娜·雷巴斯：《斯大林传——命运与战略》（上），吴昊、张彬译，上海人民出版社 2014 年版，第 469 页。

逐渐形成共识。

二、苏联社会主义模式的形成与评价

20 世纪 20 年代中期到 30 年代末，是苏联开展大规模社会主义建设并取得重要进展的时期。列宁逝世后，斯大林领导苏联党和人民完成了农业集体化和国家工业化，基本确立了社会主义制度。短短十几年的时间，苏联从一个落后的农业国变为世界工业强国。这一时期，苏联的社会主义经济、政治和教育科学文化事业都取得很大成就，充分展示了社会主义制度的巨大优越性。

农业集体化与国家工业化。1930 年 1 月 5 日，联共（布）中央委员会通过了《关于集体化的速度以及国家帮助集体农庄建设的办法》的决议，全盘集体化运动在全国轰轰烈烈地快速开展起来。到 1933 年，全国已建立 224500 个集体农庄，有 1520 万农户加入农庄，占总农户的 65%，斯大林宣布："集体农庄已经最终地永远地取得了胜利。"[1] 到 1937 年年底，苏联全国共有 243700 个集体农庄，联合了 1850 万农户，占全部农户的 93%，集体化耕地占全国耕地面积的 99.1%。[2] 当第二个五年计划宣告提前完成时，农业集体化运动也基本完成了。

农业集体化是苏联为保证社会主义工业化的完成而在农村进行的一场社会主义改造运动，其目的在于把分散落后的个体小农经济改造成社会主义的国家所有制经济。农业集体化为苏联的工业化作出巨大贡献，是苏联模式的重要组成部分。通过农业集体化，农民几乎全部

---

[1] 《斯大林全集》第 13 卷，人民出版社 1956 年版，第 287 页。

[2] 《国际共产主义运动史》编写组：《国际共产主义运动史》，人民出版社 2012 年版，第 217 页。

被纳入集体经济中，政府用国营农场和集体农庄把原来分散的农民组织起来。

1927 年底，联共（布）十五大通过了《关于制定国民经济五年计划的指示》，1929 年春天编制第一个五年计划草案的工作接近完成。这一草案在许多代表会议和其他会议上进行了仔细的讨论，1929 年 4月，联共（布）第十六次全国代表大会对草案进行了研究，大会通过了《关于发展国民经济的五年计划》，并经全苏第五次苏维埃代表大会审议批准。这标志着苏联正式实施第一个五年计划，但实际上第一个五年计划从 1928 年已经开始启动。

第一个五年计划用了 4 年 3 个月提前完成。苏联人民以极高的劳动热情建成 1500 多个大工厂和电站。苏联充分利用了有利的国际环境，与资本主义国家进行大规模贸易，"1929 年至 1932 年，苏联从德国的进口额增加近一倍，达六亿二千五百八十万马克，占苏联进口总额的46.5%"①。在这期间，在苏联历史上首次建立了拖拉机、汽车、航空、化工和机床制造等新的工业部门，建设了一批大型机器制造工厂、冶金工厂和发电站，如哈尔科夫、斯大林格勒拖拉机厂，乌拉尔重型机器制造厂，马格尼托哥尔斯克和库兹涅茨钢铁联合企业，第聂伯河水电站等，这些基础工业建设为苏联国民经济的发展奠定了基础。

加强个人集权和肃反运动扩大化。1934 年 12 月 1 日下午，联共（布）中央政治局委员、中央书记、列宁格勒州委第一书记基洛夫在自己的办公室门口被暗杀，苏联随即成立了由斯大林亲自负责的专案组调查此案。许多年来，有关基洛夫为什么被暗杀有多种不同的说法，甚至时至今日也无定论。但有一点是清楚的，那就是这次暗杀引

---

① 姚海：《1929—1933 年苏联与西方的经济关系》，《世界历史》1985 年第 3 期。

发了苏联 30 年代的肃反运动。许多党员干部被控与此案件有关而遭到逮捕，继而进行了三次大的审判。

第一次审判的是季诺维也夫、加米涅夫等原反对派领导人。为了让他们招认"组织恐怖集团，阴谋杀害基洛夫和苏联其他领导人"的"罪行"，苏联内务人民委员部采取了各种残酷手段，从精神上和肉体上对他们进行折磨。1936 年 7 月，季诺维也夫实在忍受不了，便劝说加米涅夫一起屈服，但条件是斯大林要当着全体中央委员的面保证不杀他们。在取得他们的"招供"后，1936 年 8 月，苏联最高军事法庭对季诺维也夫和加米涅夫进行了公开审判，并判处包括他们俩在内的 16 人死刑。

第二次审判的是以皮达可夫、拉狄克为首的"托洛茨基总部"，共有 17 人被指控为"背叛祖国、从事侦探和军事破坏工作，实行恐怖和暗害的勾当"。皮达可夫等 13 人被判处死刑。皮达可夫等人受审时"供认"他们与布哈林等人有联系，于是，苏联各大报纸刊登各种要求审判"人民的敌人布哈林"的报道。

1938 年 3 月，苏联最高军事法庭又进行了第三次审判，对象是"布哈林右派和托派联盟阴谋集团"。① 最终，布哈林和李可夫等人被判处死刑。苏联的三次肃反运动在苏联营造了一种恐怖气氛，斯大林通过三次公开大审判不仅消灭了对自己有威胁的对手，还让他们当众自我诋毁，公开承认那些"骇人"的罪行，蒙受巨大的屈辱。斯大林以诽谤、妖魔化乃至肉体消灭的方式对待党内不同意见的党员干部，使联共（布）的形象受到严重损害，苏联社会主义事业也遭到严重损害。

---

① 孔寒冰、项佐涛：《社会主义制度：从一国到多国的演进（1917—1991）》，北京师范大学出版社 2018 年版，第 85—86 页。

建立高度意识形态化的文化体制。苏联是一个高度意识形态化的国家，国家政治和社会生活都淹没在浓厚的意识形态氛围中。1938年《联共（布）党史简明教程》的出版是苏联意识形态工作的一件不可忽视的大事，它全面阐述了计划经济体制的合法性，论述了优先发展重工业和实行农业集体化发展战略的合理性，说明了苏共领导的苏维埃民族联盟的国家制度，斯大林亲自撰写部分章节《辩证唯物主义与历史唯物主义》（"四章二节"）。

《联共（布）党史简明教程》出版后曾被誉为"马克思主义—列宁主义百科全书""共产主义的圣经"。据统计，此书从1938年到1953年共印刷了301次，印数达4280万，被翻译成67种语言。在人们对马克思主义没有较清晰的认识的情况下，简明教程尽管有一定缺陷，但它以简洁、清楚、通俗易懂的特点有力地推动了马克思主义的传播，统一了人们的认识，成为评判思想理论是非、意识形态性质的准则。

但简明教程通俗易懂的特点就必然带来一些"后遗症"，如片面拔高斯大林的历史作用，论述问题简单化和公式化现象严重，斯大林的哲学论述有片面性的缺漏。总的来说，此书可以看作由联共（布）中央出面，授予高度集中的制度体系、个人崇拜现象存在的许可。

对苏联模式的评价。俄国十月革命胜利后，社会主义革命和建设的成果需要以法律形式巩固下来，最根本的就是通过苏维埃宪法给予确认。1936年12月5日苏维埃第八次非常代表大会上通过《苏维埃社会主义共和国联盟宪法》，标志着苏联模式社会主义制度得到正式确认，斯大林在《关于苏联宪法草案》的报告中，全面阐述了苏联宪法的基本原则和意义。对于苏联模式这一复杂的历史事实，我们要辩证地加以认识。

从社会主义发展史看，列宁逝世以后，斯大林在领导苏联社会主义建设中，逐步形成了实行单一生产资料公有制和指令性计划经济、权力高度集中的经济政治体制。苏联模式在特定的历史条件下促进了苏联经济社会快速发展，也为苏联军民夺取反法西斯战争胜利发挥了重要作用。在特定历史条件下，斯大林所推行政策的合理性，苏联各领导人也是一再强调的。积极反对斯大林个人崇拜的赫鲁晓夫说，斯大林时期正是由于遵循"优先发展重工业的总路线"，在"很短的时期内就改变了经济落后的面貌"，并"建立了强大的社会主义工业"，使苏联"变成为强大的工业—集体农业的强国"和"坚如磐石的社会主义堡垒"。勃列日涅夫在评价实行工业化的三个五年计划时说："头几个五年计划的岁月离开得越远，这段困难的然而是光荣的时间在我们面前也就显得越加宏伟"，"我们头几个五年计划是争取社会主义的真正战斗"。提倡改革新思维的戈尔巴乔夫说："当时不加快工业化进程是不行的。法西斯的威胁从 1933 年起就开始迅速增长。我国人民用他们在二三十年代建立起来的力量粉碎了法西斯。如果没有工业化，我们就会在法西斯面前处于手无寸铁的境地。"长期以来，多数苏联学者对工业化的评价与官方是一致的。

但是，苏联模式也存在一些弊端。1956 年，毛泽东在《论十大关系》的讲话中以苏联模式为鉴，提出在社会主义建设的"农、轻、重""国家、生产单位和生产者""国际关系"等机制问题不要重走"苏联走过的弯路"，"要引以为戒"。毛泽东认为"他们片面地注重重工业，忽视农业和轻工业，因而市场上货物不够，货币不稳定"，"苏联的办法把农民挖得很苦"。毛泽东指出："他们采取所谓义务交售制等项办法，把农民生产的东西拿走太多，给的代价又极低。他们这样来积累资金，使农民的生产积极性受到极大的损害。"① 苏联模式由于不

---

① 《毛泽东文集》第七卷，人民出版社 1999 年版，第 29—30 页。

尊重经济规律等，随着时间推移，其弊端日益暴露，成为经济社会发展的严重体制障碍。进入20世纪80年代后，面对经济社会发展困境，苏联和东欧国家也想进行一些调整，但在西方等各种势力强大攻势下，这种调整偏离了正确方向，终于导致1989年东欧国家先后发生剧变，1991年苏联解体、苏共解散，使世界社会主义遭受重大曲折。

总之，对待苏联模式的社会主义制度，既要坚决反对历史虚无主义，正确评价苏联模式社会主义制度发挥的历史作用；同时，要善于运用科学社会主义基本原理客观分析问题，充分认识苏联模式高度集中的弊端并汲取其走向体制僵化的深刻教训。

三、苏联东欧的改革探索与苏东剧变

苏联东欧的改革始于20世纪50年代，东欧最早从南斯拉夫开始，之后相继有波兰、匈牙利、民主德国、保加利亚、罗马尼亚、捷克斯洛伐克，这些改革多是以突破日益僵化的苏联模式和扩大经济自主权为主要内容。到了70年代末80年代初改革全面展开，取得了一定成效。但总体看，改革的失误较多，没有达到预期目的。苏联的改革基本上始于1953年斯大林逝世后，从赫鲁晓夫的改革到勃列日涅夫的改革，在经济体制方面有新的进展，但改革的步子缓慢，效果也不明显。20世纪80年代苏联的经济社会矛盾不断积累，戈尔巴乔夫接任苏共中央总书记，开始对苏联模式的社会主义制度进行大范围改革。戈尔巴乔夫的改革非但没有取得成效，反而导致一系列连锁反应，东欧剧变、苏联解体，世界社会主义遭受重大挫折。

1985年3月，被寄予改革希望的戈尔巴乔夫接任苏共中央总书记。苏联模式存在的弊端当时严重影响了苏联的经济社会发展，苏联社会对经济社会领域的改革呼声日益急迫，对于苏共来说改革迫在眉睫。

面对经济社会发展过程中积重难返的体制机制弊端，戈尔巴乔夫上任伊始便提出"加速战略"，以期推动经济社会发展，遇到障碍后又转向政治改革，推出具有改向性质的指导思想——人道的、民主的社会主义。"新思维"的提出，尤其强调"公开性和多元化"等口号。这些举措的初衷是针对苏联僵化的经济社会结构和日益凸显的各方面积弊。但是，却触动了苏联国内政治经济领域的既得利益集团的"敏感神经"，造成整个社会对苏联模式社会主义制度的声讨，加上舆论推波助澜，引起了巨大的思想混乱，进而引发民族分裂和社会动荡，最终演变成代表国内不同利益派别的权力集团，在联盟内部对国家权力进行切割和疯狂争夺，剧烈的社会动荡最终导致苏共丧失执政地位，统一的苏维埃社会主义共和国联盟国家分崩离析。

具体来说，苏联解体经历了这样一个过程：

苏联在改革后期，进行了从"加速战略"到"休克疗法"的大调整，"休克疗法"这一计划后来因脱离实际遭到广泛批评，紧接着戈尔巴乔夫又匆忙推出"总统方案"。这些计划或者方案都是相互冲突和矛盾百出的，结果不但是达不到目的，反而使得新旧问题叠加，经济发展速度进一步下降，社会动荡进一步加剧。最后，经济改革失败后迅速转入政治改革，苏联修改《宪法》第6条，取消了共产党在苏联社会中的领导核心地位。

联盟的解体开始于波罗的海三国爱沙尼亚、拉脱维亚和立陶宛闹独立。1990年2月立陶宛共产党宣布独立于苏共，3月爱沙尼亚共产党宣布独立，4月拉脱维亚共产党宣布独立，不再受苏联共产党控制。紧接着是三国宣布国家独立。

从结局上看，权力争斗最终导致联盟解体。叶利钦辞去国家建筑委员会第一副主席的职务，然后在他的推动下1991年3月在俄罗斯联邦实行总统制，这一做法得到了全民公决的确认。6月，叶利钦以57.3%的得票率当选为俄罗斯联邦的第一任总统。到1991年12月8日，俄罗斯联邦、乌克兰、白俄罗斯三个加盟共和国的领导人在白俄罗斯的别洛韦日森林秘密召开会议，决定摆脱戈尔巴乔夫和联盟，宣布苏联作为一个"地缘政治体停止存在"。

12月21日，以叶利钦为代表的原苏联11个主权共和国领导人在哈萨克斯坦首都阿拉木图签署议定书，决定创建"独立国家联合体"，以代替苏联。12月25日，戈尔巴乔发表电视讲话，宣布辞去苏联总统职务，苏联最终解体。

20世纪80年代末90年代初，东欧各国相继发生了急剧的社会变革。同以往社会变革不同，这次社会变革以其程度之剧烈、速度之快而闻名，像多米诺骨牌一样经历了执政党下台和社会主义制度改变。东欧各国社会的剧烈变革不是偶然发生的，而是有着非常复杂的内外动因。

比如罗马尼亚，因社会矛盾爆发导致武力剧变。20世纪80年代末期，面对苏联和东欧其他国家的变化，齐奥塞斯库拒绝改革、坚持僵化的体制和强化专制统治，反对引入市场经济和实行政治多元化。一触即发的矛盾问题被人为地压制、积累起来，最终以突发的形式表现出来。1990年5月，罗马尼亚救国阵线在大选中上台，新政府宣布与社会主义分道扬镳。

再如捷克斯洛伐克，爆发了"天鹅绒革命"。1989年12月20—21日，捷共召开非常代表大会，通过实现民主社会主义的纲领，联邦议会批准修改宪法，取消了捷共领导地位。1993年1月1日，和平分出捷克共和国和斯洛伐克共和国。

还有匈牙利，党内形成了反对派，社会主义工人党内部分裂导致政权更迭。保加利亚是因为民族问题"祸起萧墙"，在来自议会和街头两方面压力的夹击下垮台了。阿尔巴尼亚从极左到极右，改革的突然转向导致政权垮台。民主德国"墙倒众人推"，外部压力促变，1990 年 10 月 3 日正式并入联邦德国，民主德国 41 年的历史终结。南斯拉夫在风雨飘摇中"四分五裂"导致解体，受民族分立主义浪潮的冲击，南斯拉夫社会主义联邦共和国土崩瓦解，分裂成波斯尼亚—黑塞哥维那（波黑）、斯洛文尼亚、克罗地亚、马其顿、南斯拉夫联盟五个独立国家，其中波黑还陷入了长期内战的深渊。

四、苏联东欧剧变的原因和教训

苏东剧变绝对不简单意味着一个超级大国的轰然倒塌，更是长达 70 多年的苏联模式社会主义和东欧社会主义建设的失败，其中蕴含的历史经验教训是丰富的，现实意义也有很多。

放弃了马克思主义的指导，解除了精神和思想武装。苏东剧变的原因很多，首要的就是放弃了马克思主义的指导，在思想上和精神上自废武功，执政的共产党、工人党自动解除了精神和思想武装。戈尔巴乔夫明确提出，必须从经济基础到上层建筑根本改造整个社会大厦，后来直接提出"炸毁"这座大厦。他提出的"人道的民主的社会主义"，要害就是抛弃马克思主义的指导地位，放弃了科学社会主义基本原则。宣扬民主化、公开性、多元化，鼓吹全人类的利益高于阶级利益，反对阶级斗争和无产阶级专政。不仅自我解除了思想武装，也解除了反对错误思想的道义基础，更使得广大党员和干部失去了辨别大是大非的能力，使得反动势力得以展开思想理论攻击，改革变成了改向，实质上是把改革变成瓜分利益的权力游戏。在戈尔巴乔夫和苏共的纵容下，波兰、匈牙利、捷克斯洛伐克、民主德国、保加利亚、罗马尼亚、南斯拉夫和阿尔巴尼亚等东欧国家的共产党、工人党也先后宣布放弃马克思主义，转而奉行民主社会主义，甚至全盘接受西方资产阶级的政治理念。

这个教训告诉我们，马克思主义是无产阶级求得自身解放和全人类解放的根本思想武器，是社会主义事业的理论基础，是社会主义联盟国家的灵魂，没有了灵魂，国家就只是个无脑的躯体。因此，放弃了马克思主义的指导，否定了科学社会主义的基本原则，改革必然会背离社会主义方向。只有始终不渝地坚持马克思主义，把马克思主义作为行动指南，而不是一成不变的教条，并在实践中不断丰富发展，才能不断走向胜利。

放弃了党的领导地位，使得改革变成改向。苏东剧变同这些国家执政的共产党、工人党放弃领导地位有直接关系。共产党是苏联的唯一执政党，按照苏联宪法，共产党是苏联社会的"领导者和指导性力量"，苏共不是普通的执政党，还是苏联这个国家的缔造者，正是依靠苏共创始人和理论家的思想方针建立巩固起来的联盟国家。这个国家能联合在一起，并不是依靠民族命运和传统的共性，而是依靠统一的意识形态。在此情况下，苏共的机构不可避免地成为领导国家的权力机构，即国家的"承重墙"，党的威信的下降必然导致承重能力的减弱，必然难以承受原有的和不断增加的新负荷。①

戈尔巴乔夫执政初期还表示要坚持共产党的领导。但是，自从经济改革受挫之后，到了1987年他就将阻碍改革的矛头指向了共产党，直到最后否定共产党的领导地位。1988年6月苏共第十九次代表会议上，戈尔巴乔夫提出要进行政治体制改革，实行政治多元化，建立多党制。由此，整个社会掀起一股反共反社会主义的思潮，社会上出

---

① ［俄］罗伊·麦德维杰夫：《苏联的最后一年》，童师群、王晓玉、姚强译，社会科学文献出版社2013年版，第646页。

现了层出不穷的反共组织，严重动摇了苏共的思想基础和社会基础。1990 年 7 月，苏共二十八大通过对宪法第六条的修改，这就彻底挖去了苏共在整个苏联社会主义政权中的权力根基。他将权力的重心由苏共中央转移到人民代表和最高苏维埃，使得苏联社会主义大厦的重心发生位移并动摇，解体就是迟早的事了。

东欧的一些国家也是在苏共的影响下，放弃了共产党的领导地位，在与反对派较量中主动或被动缴械投降。波兰统一工人党在十中全会上通过了"政治多元化与工会多元化"的建议，有条件地承认了被一度取消的团结工会。后来决定与团结工会举行圆桌会议，在谈判中波兰共产党放弃了领导地位，允许反对派参政，最终导致团结工会上台。匈牙利国会 1989 年通过宪法修正案，取消了马克思主义政党领导地位的条款。保加利亚、阿尔巴尼亚等都采取了相似的举措，在多元化政治的游戏中自动垮台。

苏东剧变的教训说明，无产阶级政党作为工人阶级的先锋队，必须始终保持社会主义革命和建设的领导核心，坚持无产阶级政党的领导是社会主义建设和改革胜利的根本保证。共产党的领导是社会主义最本质的特征，这是马克思主义的基本原理在当今时代的最新理论成果，放弃共产党的领导必然造成各种反马克思主义思潮的猖獗，必然动摇社会主义制度的根本原则，所有的改革就必然变成改向、改制，社会主义事业必然被葬送。

涣散了党的各级组织，党的领导失去了组织基础。苏东剧变的发生与这些国家执政党的各级组织机构不作为、乱作为有直接关系。党员群众不关心党的存亡，党员干部离心离德，甚至有些党组织和党员公开支持反对派，更有甚者，党的高级干部也支持反对派。戈尔巴乔夫一开始改革时提出的民主是有条件的民主化，到 1988 年他说要的是无条件的民主化，1990 年提出"重新认识民主集中制"，在上下级关系中推行党组织的自愿原则，在中央和地方的关系上，加盟共和国如果不同意苏共中央的决议，可以不执行。这就完全削弱了党的集中统一领导，破坏了党的组织原则：民主集中制。从解体的基本过程看，苏联解体、苏共瓦解，就是从一些加盟共和国的党中央声明脱离苏共以及一些加盟共和国政府宣布脱离联盟开始的。

戈尔巴乔夫奉行极端民主化的组织路线，但在干部政策上实行个人专断，一方面大力扶持亲信，另一方面以不适应改革为借口极力排斥异己。在他执政的几年里，苏共中央书记处成员、党中央各部部长和苏联部长会议主席成员几乎全部更换，叶利钦、雅科夫列夫、雷日科夫、利加乔夫进入高层关键位置。极端民主化路线，使苏共党内以叶利钦为首的激进民主派在思想上、组织上分裂党的活动肆无忌惮地公开进行，却得不到苏共中央的有效制止。许多人成为推动苏共瓦解和苏联解体的中坚力量。同时，极端民主化路线也造成中央与基层组织的联系日益松散，基层组织涣散，广大党员干部离心离德，大批党员退党，在1989年到1991年几年时间里，大约300万到400万党员退党，多数基层组织解散或停止活动。

与苏共情况差不多，东欧各国党也程度不同地出现基层组织涣散的问题。南斯拉夫长期实行自治社会主义，地方权力比较大，南共中央的领导相对较弱，实质上几乎是放任不管。20世纪80年代末，受苏共"新思维"的影响，南斯拉夫地方分立主义势力兴起并做大，最终导致南共停止活动，联盟解体。

苏东剧变的教训说明，无产阶级政党必须有坚强统一各级组织，特别是基层组织。党的基层组织是党的全部战斗力的基础，是党的生命力的源泉。基础不牢地动山摇。要加强基层组织建设，坚持民主集中制，只有如此才能保持党的凝聚力和战斗力，保持党的生机活力。党的领导权必须始终掌握在忠诚于马克思主义，忠诚于党和人民的人手里。

放松甚至放弃了对新闻舆论的领导权，任凭舆论"狂轰滥炸"。苏联东欧各国共产党放松对舆论的领导权，改革过程中放任各种反党反社会主义的势力和其他势力占领舆论阵地，是苏东剧变的重要原因。戈尔巴乔夫倡导公开性运动，主动放弃对舆论的领导权。1989年12月苏联国家教育委员会颁布命令，全部取消大学和其他高校学生必须学习的马列主义课程，1990年戈尔巴乔夫批准《新闻出版法》，宣布新闻自由，不允许垄断任何一种舆论工具。

结果是，各种反共反社会主义，攻击谩骂社会主义制度，揭露历史的阴暗面的言论纷纷出笼，反思历史称为一种"时髦"。十月革命的"暴力和罪恶"，苏共是历史的"罪人"，社会主义是"万恶之源"，和谐不当言论在社会上造成极大的心理困惑和震撼，严重动摇了苏共和社会主义的思想政治基础，在思想上打开了瓦解苏共和苏联的闸门。

苏联的历史的"旧账"被重新翻出来，导致东欧与苏联的国家关系愈加复杂化，苏联党和国家在东欧国家的形象受到严重损害，同时也极大地影响了东欧国家在人民心目中的形象，导致民众不满情绪日益增长。

苏东剧变的教训说明，舆论导向关系到社会主义制度的生命。正确的舆论导向能团结民众，能统一思想，维护生活稳定。相反，错误的舆论导向会搞乱思想，引发新人危机，给敌对势力以可乘之机。

放任西方敌对势力的演变和颠覆，不断妥协退让。苏东剧变得以发生的一个重要的外部原因，就是这些国家的党和政府没有采取有效措施抵制和反对西方和平演变及其"西化分化"战略。戈尔巴乔夫提出的"新思维"改革战略后，西方加紧对苏联和东欧的全面和平演变和思想文化渗透，既利用经济援助，又利用"人权外交"扶持政治反对派。

　　戈尔巴乔夫认为，苏联社会主义和民主资本主义在全球是相互依存的。在雷克雅未克峰会失败后，他认为重新赢得西欧各国领导人、受过教育的精英以及大众的同情至关重要，允许著名异见分子结束流放。停止对英国广播公司、"美国之音"和西德的"德国之声"的无线电干扰。① 为了博得"民主派""改革派"的名号，一味地迎合西方对苏联公然地颠覆和分化图谋，在战略上进行收缩。比如，在阿富汗问题上主张向美国退让。放弃在意识形态上的斗争来谋求所谓和平，开放禁书7930种，同时拨款400万卢布，进口20种西方国家报刊。②

　　在苏共的压力下，东欧国家波兰、匈牙利等国执政的共产党和工人党也采取了放任妥协政策。以放弃意识形态领域斗争来谋求和平，实际上是在西方的大举进攻方面自动解除武装，这就极大地助长了国内反对势力的气焰，使得反对势力内外勾结、相互呼应，加速了苏联东欧的剧变。

　　以铜为镜，可以正衣冠；以古为镜，可以知兴替；以人为镜，可以明得失。苏共垮台、苏联解体，对中国共产党来说，是一面镜子，更是前车之鉴。苏东剧变留给了我们太多的历史教训，必须警钟长鸣！

---

① ［美］弗拉季斯拉夫·祖博克：《失败的帝国——从斯大林到戈尔巴乔夫》，李晓江译，社会科学文献出版社2014年版，第410页。

② 《国际共产主义运动史》编写组：《国际共产主义运动史》，人民出版社2012年版，第363页。

| 第 十 八 讲 |

中国特色社会主义
在社会主义发展史上的地位

习近平总书记指出，邓小平同志开创的中国特色社会主义，开拓马克思主义新境界，把对社会主义的认识提高到新的科学水平。党的十九大报告强调，中国特色社会主义进入新时代，在世界社会主义发展史上具有重大意义。全面准确认识中国特色社会主义在社会主义发展史上的历史地位，对坚持和发展中国特色社会主义，坚定对马克思主义的信仰信念，都十分重要。

一、把中国特色社会主义放在社会主义发展史中把握

中国特色社会主义的创立和发展历程，是一部波澜壮阔的实践史，是一部光辉灿烂的创新史，也是一部中国共产党和中华民族更深刻地认识世界、认识时代进而更深刻地认识自己、瞻望未来的历史。

中国特色社会主义发展史就是一部创新史。党的十一届三中全会以后，以邓小平同志为核心的党的第二代中央领导集体，重新确立了解放思想、实事求是的思想路线，彻底否定了"以阶级斗争为纲"的错误理论和实践，以巨大的政治勇气和理论勇气提出进行改革开放，

并明确提出必须搞清楚什么是社会主义、怎样建设社会主义这个重大理论和实际问题。1982 年，邓小平同志在党的十二大上发出响亮的号召："把马克思主义的普遍真理同我国的具体实际结合起来，走自己的道路，建设有中国特色的社会主义"①。经过实践探索，邓小平同志第一次比较系统地初步回答了在中国这样的经济文化比较落后的国家如何建设社会主义、如何巩固和发展社会主义的一系列基本问题，用新的思想观点继承和发展了马克思主义，开拓了马克思主义新境界，把对社会主义的认识提高到新的科学水平，成功开创了中国特色社会主义，为它确定了基本思路和基本原则。以江泽民同志为核心的党的第三代中央领导集体、以胡锦涛同志为总书记的党中央在这篇大文章上都写下了精彩的篇章。党的十八大以来，以习近平同志为核心的党中央，顺应时代发展，从理论和实践结合上系统回答了新时代坚持和发展什么样的中国特色社会主义、怎样坚持和发展中国特色社会主义这个重大时代课题，创立了习近平新时代中国特色社会主义思想。在习近平新时代中国特色社会主义思想指导下，中国共产党领导全国各族人民，统揽伟大斗争、伟大工程、伟大事业、伟大梦想，推动中国特色社会主义进入了新时代。

中国特色社会主义在初期主要的出发点是不照抄经典作家的本本、不照搬苏联等国的模式，而是按照中国的情况来办，立足中国国情探索符合中国国情的发展道路，建设中国特色社会主义。中国特色社会主义初期从理论与实践形态上处于与苏联社会主义相并列的状况，强调的是苏联有苏联的国情，中国有中国的国情，各国有各国的国情，各自探索符合本国国情的道路。

鉴于"左"的教训和"韬光养晦、绝不当头"的国际战略，中国

---

① 《邓小平文选》第三卷，人民出版社 1993 年版，第 3 页。

特色社会主义在相当长时期内尽量只讲"中国特色",不讲其时代意义和世界意义。十一届三中全会以来,党正确地分析国情,作出我国还处于社会主义初级阶段的重大论断。同时又特别强调"我国社会主义的初级阶段……不是泛指任何国家进入社会主义都会经历的起始阶段,而是特指我国在生产力落后、商品经济不发达条件下建设社会主义必然要经历的特定阶段"①。

但是,中国特色社会主义的原创性、创新性并不会因为我们党的谦虚谨慎就蒙蔽了其真理的光芒,也不会因为其中国特色就失去其一般意义。邓小平曾经说过,"我们现在所干的事业是一项新事业,马克思没有讲过,我们的前人没有做过,其他社会主义国家也没有干过,所以,没有现成的经验可学。我们只能在干中学,在实践中摸索","不以新的思想、观点去继承、发展马克思主义,不是真正的马克思主义者"。②1984年十二届三中全会提出了"有计划的商品经济"。邓小平评价这次会议文件时说,"这次经济体制改革的文件好,就是解释了什么是社会主义,有些是我们老祖宗没有说过的话,有些新话"③。事实上,中国特色社会主义每前进一步,不仅是为社会主义增添了中国特色,不仅是社会主义的横向发展,更是每前进一步都蕴含着对马克思主义的新探索,对社会主义的新发展。

例如,邓小平的南方谈话,从理论上深刻回答了长期困扰和束缚人们思想的许多重大问题,深刻揭示了社会主义的本质是解放生产力、发展生产力、消灭剥削、消除两极分化、最终达到共同富裕,深刻揭示了社会主义与市场经济的关系,推动改革开放和社会主义现代化建设进入新阶段,也推动社会主义理论到达新的科学水平。

---

① 《十三大以来重要文献选编》(上),人民出版社 1991 年版,第 12 页。
② 《邓小平文选》第三卷,人民出版社 1993 年版,第 258—259、292 页。
③ 《邓小平文选》第三卷,人民出版社 1993 年版,第 91 页。

　　例如，江泽民同志深化了对共产党执政规律的认识，形成了"三个代表"重要思想，深化了对劳动和劳动价值理论的认识，明确了新的社会阶层是中国特色社会主义事业的建设者。胡锦涛同志形成了以人为本的科学发展观，提出了社会主义和谐社会思想和社会主义生态文明思想，将中国特色社会主义总体布局从"三位一体"推进到"五位一体"，丰富了社会主义建设的内涵。这些都在中国特色社会主义这篇大文章下写下了精彩的篇章，解决了社会主义理论和实践上的一些重大问题。

　　例如，党的十八大以来，习近平总书记提出了美好生活观、新发展理念、市场决定作用论、国家治理体系和治理能力现代化、人类命运共同体、总体国家安全观等一系列原创性的新理念、新思想、新观点，发展了马克思主义哲学、政治经济学和科学社会主义。

　　中国特色社会主义的历史就是理论与实践的创新史，就是发展和创新马克思主义、发展和创新社会主义的历史。中国特色社会主义进入新时代，其真理性、进步性开始全面显现。

　　科学认识中国特色社会主义在社会主义发展史上的地位是重大课题。

　　改革开放初期，我们主要是强调马克思主义基本原理与中国国情、中国实际相结合。随着对新科技革命、和平与发展成为时代主题等关键问题的认识越来越深刻，随着苏东剧变更加深刻暴露苏联模式的时代落后性，我们越来越重视中国特色社会主义的时代性。1992年之后，我们越来越强调马克思主义基本原理与当代中国实际和时代特征相结合。无论是经济全球化，还是新一轮科技和产业革命，我们都积极拥抱，全面参与。

　　中国成为世界第二大经济体已经超过10年，已经越来越走近世界舞台的中央，中国和平崛起已经成为世界百年未有之大变局的重要因素。我们已经发展到这样一种水平：孤立地谈论中国的道路、理论、制度和文化，或者仅仅就中国谈中国、拒绝考虑中国特色社会主义的世界影响和历史意义，既不客观，也难以服众，严重的话会使我们误判形势、战略失误。

党的十八大以来，我们党特别是习近平总书记越来越自觉地把中国特色社会主义放在世界上、放在历史中、放在社会主义发展史中来考察，来定位。

党的十九大报告指出："中国特色社会主义进入新时代……意味着科学社会主义在二十一世纪的中国焕发出强大生机活力，在世界上高高举起了中国特色社会主义伟大旗帜；意味着中国特色社会主义道路、理论、制度、文化不断发展，拓展了发展中国家走向现代化的途径，给世界上那些既希望加快发展又希望保持自身独立性的国家和民族提供了全新选择，为解决人类问题贡献了中国智慧和中国方案。"这是"三个意味着"中的两个，分别用了"在世界上""给世界上"，这是我们首次在如此重要文件中非常明确提出中国特色社会主义在世界上的作用和意义。

党的十九大报告还指出："中国特色社会主义进入新时代，在中华人民共和国发展史上、中华民族发展史上具有重大意义，在世界社会主义发展史上、人类社会发展史上也具有重大意义。"很明确地把中国特色社会主义放在世界社会主义发展史上、人类社会发展史上来看待。那么十九大报告说的"重大意义"的内涵是什么？

习近平总书记指出，邓小平同志开创的中国特色社会主义，开拓马克思主义新境界，把对社会主义的认识提高到新的科学水平。那么，新的科学水平是什么样的水平？内涵又是什么？

这些都要求从历史和理论相结合的角度尽量给出明确的判断。

二、社会主义发展史上的多次飞跃

社会主义五百年不是匀速也不是直线发展的，而是以几次飞跃为关键节点实现上升、质变，从而大发展的，理解社会主义的飞跃，是总结社会主义经验和规律的重中之重。

何谓社会主义的飞跃？所谓飞跃，应该说有三个基本标准：一是时代提出了问题，提出了要求。时代没有变化或者时代没有提出问题，就是说时代条件还不成熟，就不可能有飞跃。二是理论上回答了时代提出的基本问题、主要问题。时代提出了问题，如果你回答不了，也就是说你对时代主题、主要矛盾、基本方略没有科学判断和回答，你就会裹足不前、遭遇挫折，甚至失败，当然谈不上飞跃。三是在实践上推动了社会主义大发展。

从这三条标准，社会发展史上已经发生四次飞跃，这四次飞跃构成社会主义五百年的关键节点，分别是从空想到科学、从理论到现实、从一国到多国、从传统到现代。

回头看看，为什么是马克思恩格斯创立科学社会主义实现了社会主义从空想到科学的飞跃？

时代条件上，到了 19 世纪三四十年代，资本主义在欧洲北美已经成为占绝对统治地位的生产方式，自由资本主义进入黄金时代，机器大工业已经成为主流，工人阶级已经登上政治舞台，时代提出了对科学理论的需要。

理论上，马克思恩格斯创立了科学社会主义理论体系，不仅揭示了人类社会的一般规律，还揭示了资本主义的特殊规律，系统科学回答了自由资本主义时代、机器大工业条件下社会主义运动的基本问题。

实践上，现在我们习惯把马克思恩格斯称为经典作家，他们确实是经典作家，但是我们不能因此忘记，他们首先是革命家。马克思恩格斯领导创建了世界上第一个无产阶级政党——共产主义者同盟，领导了世界上第一个国际工人组织——国际工人协会，也就是第一国际，热情支持世界上第一次工人阶级夺取政权的革命——巴黎公社革命，恩格斯晚年还指导建立了第二国际。在他们的指导下，社会主义运动蓬勃发展。

1893 年 8 月 12 日，第二国际苏黎世代表大会上，会场高悬马克思的肖像。恩格斯作为大会名誉主席用英法德三种语言致闭幕词。他说：你们对我的这种意料之外的盛大接待使我深受感动，我认为这不是对我个人的接待，我只是作为那个肖像就挂在那上面的伟人的战友来接受它的。自从马克思和我加入运动，在"德法年鉴"上发表头几篇社会主义的文章以来，已经整整五十年过去了。从那时起，社会主义从一些小的宗派发展成了一个使整个官方世界发抖的强大政党。马克思已经去世了，如果他现在还活着，在欧美两大洲就不会有第二个人能怀着这样理所当然的自豪心情来回顾自己毕生的事业。①

从理论到现实的飞跃。为什么说列宁领导十月革命取得胜利实现了社会主义从理论到现实的飞跃？

时代上，那是第二次工业革命时代、帝国主义时代，社会主义运动和人类社会发展都提出的一系列尖锐问题，特别是经济文化相对落后国家可不可以进行社会主义革命、如何进行社会主义革命以及如何进行社会主义建设成为必须解决的问题。

理论上，列宁深刻地把握了从工业革命到第二次工业革命，从自由竞争资本主义到垄断资本主义的深刻变化，提出了一系列重大创新思想，包括帝国主义理论、新型无产阶级政党理论、一国胜利理论、

---

① 《马克思恩格斯全集》第 22 卷，人民出版社 1965 年版，第 479 页。

殖民地和民族解放运动理论、无产阶级专政理论和社会主义实践与改革理论，形成了列宁主义。列宁有句名言："没有革命的理论，就不会有革命的行动"。列宁主义就是这样的革命的理论，是马克思主义发展的第二阶段，是帝国主义时代的马克思主义。

实践上，列宁领导十月革命胜利，建立了第一个社会主义国家，并通过新经济政策，积极探索社会主义建设道路。

从一国到多国的飞跃。第二次世界大战结束后，一大批获得独立和解放的民族国家建立起来，彻底瓦解了帝国主义的殖民体系，一大批社会主义国家诞生，特别是中华人民共和国成立，极大地壮大了世界社会主义力量，实现了社会主义从一国实践到多国发展的飞跃。

有人会说从一国到多国只是个量变呀，并没有大发展，更不是飞跃。如果单纯只是量变，如果只有苏联和其他华沙条约成员国，确实可以这么说。但是，从一国到多国的实践不仅仅是量变，还有很深刻的质变，一个国家到多个国家有可能只是量变，但是一种模式到多种道路肯定是质变。

时代条件上，二战后第三次科技和产业革命开始兴起，旧的帝国主义、殖民主义体系瓦解，民族解放运动风起云涌。殖民地半殖民地如何实现民族解放，新独立国家如何进行经济社会建设，成为极为重要的时代课题。

理论上，以毛泽东思想为代表，殖民地半殖民地的共产党人发展了马克思主义、科学社会主义，创立了指导民族解放运动和落后国家社会主义建设的指导思想。

实践上，二战以后新生的社会主义国家，其实包括两种类型，一种是多数东欧社会主义国家，是在被苏联红军解放之后，由苏联帮助建立的，基本上是苏联模式的翻版，是一种外生的社会主义。中国、越南、古巴等社会主义国家，则是由本国共产党领导本国人民通过长期武装斗争建立起来的。这些国家虽然在建设时期深受苏联模式的影响，但与苏联有很多不同，与东欧国家差异更大，有些差异是很根本的，意味着不同的社会主义道路。比如说，中国的农村包围城市的革命道路跟十月革命就具体形式而言完全不同。越南、古巴等国的革命道路跟十月革命也不一样。

毛泽东曾经说过："我国是一个东方国家，又是一个大国。因此，我国不但在民主革命过程中有自己的许多特点，在社会主义改造和社会主义建设的过程中也带有自己的许多特点，而且在将来建成社会主义社会以后还会继续存在自己的许多特点。"[①] 这三个"自己的许多特点"说得很深刻，连起来理解就是道路不同。不同道路在历史关头会呈现完全不同的景象。

二战后面对苏联的巨大成就，苏联模式既是样板又是巨大壁垒，敢不敢、能不能突破苏联模式，走符合本国国情的社会主义道路，对新兴的社会主义国家是一个巨大挑战，如果这一步走不出来，社会主义国家就会一荣俱荣、一损俱损。事实是，很多社会主义国家特别是在殖民地半殖民地社会基础上建立的社会主义国家，国情与苏联有实质区别，革命道路也与苏联有实质区别。这种情况下，新中国等迅速开始探索符合本国国情的道路，虽然历经曲折，但是中国、越南、古巴这样的内生的、始终有自己的许多特点的社会主义经受住了苏东剧变的历史性考验，坚强地生存下来，而且继续发展，就像苏联当年经受住了卫国战争的历史性考验一样，是伟大成就。

1978年党的十一届三中全会以来，中国特色社会主义的不断发展则实现了社会主义从传统到现代的新飞跃。

---

① 《毛泽东年谱（一九四九——一九七六）》第二卷，中央文献出版社2013年版，第603页。

三、中国特色社会主义实现了社会主义新飞跃

中国特色社会主义无疑是具有自己的许多特点的。无论是相对于苏联东欧等国家实践过的社会主义，还是相对于马克思恩格斯所设想的社会主义，中国特色社会主义都有全面而重大的创新。这些创新不是细节意义上的，甚至也不是形式意义上的，很多是深层次的、是实质性的。比如说，传统社会主义把"公有制＋计划经济＋按劳分配"三位一体放在几乎神圣的位置上，当成社会主义的本质来理解。中国特色社会主义在所有制上是公有制为主体、多种所有制共同发展，在分配方式上是按劳分配为主体、多种分配方式并存，在资源配置方式上是市场起决定性作用。这些都是巨大的实质性不同，中国特色社会主义与传统社会主义如此不同，那我们还是不是社会主义？是什么样的社会主义？我们在社会主义发展史上处于什么样的地位？这是我们需要回答的问题。那么按照前述三条标准，中国特色社会主义是不是实现了新飞跃？答案是肯定的。

大时代提出了新问题。第三次科技和产业革命向新一轮科技和产业革命迈进的时代，和平与发展为主题的时代，两种社会制度长期并存、合作和斗争的时代，给社会主义提出了全新的问题。无论是资本主义国家还是社会主义国家，特别是大国必须在维持基本和平格局下加快发展，发展不仅是中国的硬道理，而且是普遍的硬道理。国家间竞争看的是谁能更快发展生产力，谁能更有效提升综合国力，谁能更好满足人民需要。这三方面又都取决于国家治理体系和治理能力。习近平总书记指出："制度优势是一个国家的最大优势，制度竞争是国家间最根本的竞争。"[1]讲得很深刻、很到位！在这样的马克思恩格斯列宁

---

[1] 《习近平谈治国理政》第三卷，外文出版社 2020 年版，第 119 页。

都没有想到的时代条件下，发展什么样的社会主义？如何发展社会主义？这是时代之问、人民之问、世界之问。

中国特色社会主义对传统社会主义的更新与超越不是抽象的，是具体的，不是片面的，是全面的，涵盖经济、政治、文化、社会、生态文明建设和党的建设等各个方面，是从理论到实践的革命性更新与超越。这主要表现在：

——传统社会主义是从"公有制＋计划经济＋按劳分配"的角度来定义社会主义。中国特色社会主义提出社会主义的本质是解放生产力，发展生产力，消灭剥削，消除两极分化，最终达到共同富裕，并进一步提出公平正义、共享是中国特色社会主义的本质属性，社会和谐是中国特色社会主义的本质特征，党的领导是中国特色社会主义最本质的特征。社会主义本质理论，是重大原创性理论，使我们对社会主义的认识从外在特征进入到深层本质，实现了在社会主义最根本问题上的巨大的思想解放。社会主义本质理论与实践在"什么是社会主义"这一首要的基本问题上，实现了对传统社会主义的革命性更新与超越。

——传统社会主义在现实社会主义处于什么样的发展阶段这个问题上认识多变，没有能够形成清晰的科学认识。中国特色社会主义提出的社会主义初级阶段，是经济文化比较落后的中国建设社会主义现代化不可逾越的历史阶段。党的十九大在牢牢把握社会主义初级阶段这个最大国情、牢牢立足社会主义初级阶段这个最大实际的基础上，更准确地把握我国社会主义初级阶段不断变化的特点，作出中国特色社会主义进入了新时代、我国社会主要矛盾已经转化为人民日益增长的美好生活需要和不平衡不充分的发展之间的矛盾的重大判断，并明确与之相适应的坚持和发展中国特色社会主义总目标、总任务、总体布局、战略布局等基本问题，进一步发展了社会主义初级阶段理论。

社会主义初级阶段理论，也是重大原创性理论，革命性地改变了我们对社会主义发展阶段的认识，实现了社会主义基本原则与基本国情的有机结合，为开辟新的社会主义建设和改革道路提供了基本依据。社会主义初级阶段理论与实践在社会主义发展阶段问题上，实现了对传统社会主义的革命性更新与超越。

——传统社会主义或是把阶级斗争或是把"人民政治上和道义上的一致性"作为发展的主要动力。中国特色社会主义明确社会主义社会的基本矛盾仍然是生产力和生产关系、经济基础和上层建筑之间的矛盾，提出改革是解决基本矛盾的基本途径，并强调只有改革开放才能发展中国、发展社会主义、发展马克思主义。社会主义改革开放理论极大深化了我们对社会基本矛盾原理的理解，为社会主义社会不断解放和发展生产力提供了强大理论武器。社会主义改革开放理论与实践在社会主义社会发展动力问题上，实现了对传统社会主义的革命性更新与超越。

——传统社会主义一直把纯而又纯的公有制作为社会主义的所有制特征。中国特色社会主义提出并确立了公有制为主体、多种所有制经济共同发展的基本经济制度，并强调毫不动摇巩固和发展公有制经济，毫不动摇鼓励、支持、引导非公有制经济发展。公有制为主体、多种所有制经济共同发展的理论与实践在社会主义所有制问题上，实现了对传统社会主义的革命性更新与超越。

——传统社会主义把按劳分配作为唯一的分配方式。中国特色社会主义提出并确立按劳分配为主体、多种分配方式并存的分配制度，强调尊重劳动、尊重知识、尊重人才、尊重创造。按劳分配和按要素分配相结合的理论与实践在社会主义分配制度问题上，实现了对传统社会主义的革命性更新与超越。

——传统社会主义把指令性计划经济作为资源配置的唯一方式。

中国特色社会主义提出让市场在资源配置中起决定性作用，更好发挥政府作用，构建市场机制有效、微观主体有活力、宏观调控有度的经济体制，实现了产权有效激励、要素自由流动、价格反应灵活、竞争公平有序、企业优胜劣汰。社会主义市场经济理论与实践在社会主义经济体制问题上，实现了对传统社会主义的革命性更新与超越。

——传统社会主义在实践中普遍存在权力过度集中、干部领导职务终身制、缺乏法治的现象。中国特色社会主义提出坚持党的领导、人民当家作主、依法治国有机统一，大力推进社会主义民主政治建设和社会主义法治国家建设。中国特色社会主义政治建设理论与实践在社会主义政治发展问题上，实现了对传统社会主义的革命性更新与超越。

——传统社会主义在文化上普遍存在过度政治化、片面反传统等问题。中国特色社会主义提出发展中国特色社会主义文化，坚持社会主义核心价值体系，发展面向现代化、面向世界、面向未来的，民族的科学的大众的社会主义文化，强调要坚持文化自信，文化自信是一个国家、一个民族发展中更基本、更深沉、更持久的力量。中国特色社会主义文化理论与实践在社会主义文化问题上，实现了对传统社会主义的革命性更新与超越。

——传统社会主义始终未能将社会建设列为与经济建设、政治建设等相并列的范畴。中国特色社会主义提出建设社会主义和谐社会，按照民主法治、公平正义、诚信友爱、充满活力、安定有序、人与自然和谐相处的总要求和共同建设、共同享有的原则，以保障和改善民生为重点，解决好人民最关心、最直接、最现实的利益问题，使发展成果更多更公平惠及全体人民，不断增强人民群众获得感，努力形成全体人民各尽其能、各得其所而又和谐相处的局面。社会主义和谐社会理论与实践在社会主义社会建设问题上，实现了对传统社会主义的革命性更新与超越。

——传统社会主义忽视生态文明建设这一重大问题。中国特色社会主义提出建设社会主义生态文明，树立尊重自然、顺应自然、保护自然的生态文明理念，增强绿水青山就是金山银山的意识，坚持节约资源和保护环境的基本国策，坚持节约优先、保护优先、自然恢复为主的方针，坚持生产发展、生活富裕、生态良好的文明发展道路，着力建设资源节约型、环境友好型社会。社会主义生态文明理论与实践在社会主义生态文明问题上，实现了对传统社会主义的革命性更新与超越。

——传统社会主义长期坚持革命与战争的时代观，坚持社会主义与资本主义势不两立的国际观。中国特色社会主义提出构建人类命运共同体，尊重世界文明多样性，以文明交流超越文明隔阂、文明互鉴超越文明冲突、文明共存超越文明优越，建设持久和平、普遍安全、共同繁荣、开放包容、清洁美丽的世界，为不同文明、不同民族、不同意识形态国家和平相处、合作共赢提供了一个高屋建瓴的指导思想。构建人类命运共同体理论与实践在社会主义与世界关系问题上，实现了对传统社会主义的革命性更新与超越。

——传统社会主义在实践中普遍出现党的领导、党的建设方式落后时代发展的问题。中国特色社会主义提出党的建设新的伟大工程，坚持和加强党的全面领导，坚持党要管党、全面从严治党，加强党的长期执政能力建设、先进性和纯洁性建设，把党建设成为始终走在时代前列、人民衷心拥护的，能够带领人民进行伟大的社会革命、也能够进行伟大的自我革命的马克思主义执政党。党的领导和党的建设理论，进一步厘清了共产党和社会主义的关系，进一步深化了对执政党建设规律的认识，实现了对传统社会主义的革命性更新与超越。

中国特色社会主义对传统社会主义的更新与超越是全方位的、历史性的、根本性的，而且这些创新理论自身构成一个科学体系，是21 世纪的科学社会主义。

中国特色社会主义不仅理论上回答了时代之问，实践上更推动了社会主义的大发展。正如，习近平总书记在庆祝改革开放 40 周年大会上的讲话中所指出的，改革开放 40 年间，我国国内生产总值年均实际增长 9.5%，远高于同期世界经济 2.9% 左右的年均增速。我国国内生产总值占世界生产总值的比重由改革开放之初的 1.8% 上升到15.2%，多年来对世界经济增长贡献率超过 30%。我国建立了全世界最完整的现代工业体系，是世界第二大经济体、制造业第一大国、货物贸易第一大国，中国人民在富起来、强起来的征程上迈出了决定性的步伐。[①] 不仅中国高速发展，以越南为代表的其他社会主义国家，还有很多非社会主义的发展中国家，学习借鉴中国的改革开放经验，也取得了非常好的成绩，初步用实践证明了社会主义可以比资本主义更快更好发展社会生产力，不仅稳住了世界社会主义的阵脚，而且开辟了世界社会主义的光明前景。

所以说，中国特色社会主义是符合飞跃的三条标准，是真正的新飞跃。

新飞跃的性质是什么，是社会主义从传统到现代的飞跃。

第一，中国特色社会主义不仅是为传统社会主义增加了一个新的类型——中国类型，完成了社会主义从一国到多国的飞跃，更是实现了对传统社会主义模式的全面超越。

第二，中国特色社会主义对传统社会主义的发展不是一般的发展，而是实现了从传统到现代的飞跃，所谓"现代"不是时间概念上

---

① 参见习近平：《在庆祝改革开放 40 周年大会上的讲话》，《人民日报》2018 年 12 月 19 日。

的，而是现代化意义上的"现代"。

第三，中国特色社会主义实现了社会主义从传统到现代的飞跃，并不排斥21世纪社会主义实践的多样性，反而是以之为前提的。我们不会要求别国"复制"中国的做法，中国特色社会主义只会通过自身的先进性和实效性凸显人类社会发展规律和社会主义建设规律，从而吸引别人学习借鉴。

中国特色社会主义进入新时代，代表着中国特色社会主义取得了新的历史性成就和阶段性胜利，意味着世界社会主义发展到新高度和新水平。

后　记

　　本书以专题讲座的形式，对党史、新中国史、改革开放史、社会主义发展史作了扼要梳理叙述，可作为开展"四史"学习教育的辅助读本之用。

　　全书由主编拟定提纲并统改定稿，参加本书写作的主要是中央党校（国家行政学院）相关领域的专家学者，具体分工如下：前言、第八至十二讲，曹普教授；第一讲，祝彦教授；第二、第三讲，高中华教授；第四讲，李东朗教授；第五讲，张卫波教授；第六讲，李国芳教授；第七讲，程连升教授；第十三讲，沈传亮教授；第十四讲，张源副教授；第十五讲，李志勇教授；第十六讲，何海根副教授；第十七讲，李拓、徐浩然教授；第十八讲，郭强教授。

　　由于成稿时间仓促，书中错讹疏漏之处难免，敬请读者批评指正。

曹普

2021 年 7 月

责任编辑：吴继平
装帧设计：周方亚
责任校对：吕　飞

图书在版编目（CIP）数据

"四史"十八讲／曹普　主编 . — 北京：人民出版社，2021.9（2025.9 重印）

ISBN 978 − 7 − 01 − 023708 − 4

I. ①四… 　II. ①曹… 　III. ①中国共产党 − 党员 − 学习参考资料 　IV. ① D264

中国版本图书馆 CIP 数据核字（2021）第 173244 号

"四史"十八讲

SISHI SHIBA JIANG

曹普　主编

人民出版社 出版发行

（100706　北京市东城区隆福寺街 99 号）

北京汇林印务有限公司印刷　新华书店经销

2021 年 9 月第 1 版　2025 年 9 月北京第 13 次印刷

开本：710 毫米 ×1000 毫米 1/16　印张：23.5

字数：293 千字　印数：38,001 − 41,000 册

ISBN 978 − 7 − 01 − 023708 − 4　定价：68.00 元

邮购地址 100706　北京市东城区隆福寺街 99 号

人民东方图书销售中心　电话（010）65250042　65289539